韓國思想과 敎養

장삼현 편

KYOWOO CO. Publishing
敎友社

| 머리말 | PREFACE

한국은 기나긴 민족사를 가지고 있으면서도 구심점이 없는 정체불명의 사회다. 대체적으로 뚜렷이 나타나는 것은 삼국, 신라, 고려 사회는 불교사상이 백성의 구심점을 이루었고, 근세조선은 유교사상이 구심점을 이루었는데, 현실은 불교 · 유교 · 기독교 · 천주교 · 대순진리교 등 다양한 종교사상이 국민들 속에 뿌리를 내리고 있다. 그러므로 구심점이 없는 현재 한국사회를 사상적 공백기라고 한다.

한 나라의 지도자도, 정당도, 사회조직도, 그리고 국민도 그렇고, 사회가 총체적으로 공동운명체의식을 저버리고 분열과 갈등 속에서 구심점을 이루지 못하고 있다. 그러므로 사람들은 개인주의와 집단이기주의 속에서 이성보다는 감성에 치우쳐 있다. 그래서 본래의 자기, 한국인의 분수를 모르고 내것의 중요함을 가볍게 보고 남의 것의 가벼운 것을 중하게 보는 자기상실에 빠져있다.

국가를 구성하고 있는 구성원들의 자기상실은 공존공생을 위한 공동운명체인 국가 · 사회의 붕괴를 가져와 비참한 현실을 맞이하게 될 것이다. 그것은 우리의 후손들에게도 참담한 미래를 안겨준다. 그러므로 사회적 존재일 수밖에 없는 인간은 아무리 급변하는 세상에 살더라도 자신을 알고 국가와 민족을 지키는 것이 중요하다.

지정학적으로 불리하고, 일제식민통치를 경험한 우리민족은 자기를 바르게 인식하고, 전통사상을 배워 그것을 바르게 계승시키는 일이 매우 중대한 일이다. 급변하는 사회와 국제사회에서 우리의 전통사상을 올바로 알고 온고지신(溫故知新)하는 생활자세가 요구되고 있다.

본『한국사상과 교양』은 이러한 시대적 요청에 따라 우리민족 고유사상에서부터 민족사상으로 승화된 불교사상, 대의명분을 중시했던 유교사상 - 의리사상, 실사구시와 이용후생으로 나타난 실학사상, 실학에서 이어지는 개화사상, 외세의 침투라는 위기의식에서 나타난 위정척사사상 등 이러한 전통사상을 배워 우리의 현실 사회를 바르게 인식하고, 내가 누구이며 내가 해야할 일과 나 자신이 사는 길, 내가 소속된 공동체가 사는 길, 국가와 민족이 사는 길이 무엇인가를 깨우쳐주고 인식시키는 데에 그 목적을 두고 있다.

'개꼬리는 3년 동안 땅속에 묻어도 썩지 않는다'는 말이 있다. 이 말은 사람 못된 것은 고쳐지기 어렵다는 말이다. 지금 직장에서는 대학교에 인성교육을 강력히 주문하고 있다. 자기만이 옳고 위아래를 모르는 직장에 적응하지 못하는 부정적 인간보다는 자기의 위치와 위아래를 알고 분위기에 적응하는 긍정적 인간을 요구하는 것이 모든 공동체의 바람이다. 소속감을 가지고 근면하고 성실하고 정직하고 예의바르고 책임있는 사회인을 필요로 하고 있다.

세계정세는 물 흐르듯 급속도로 변하고 한국의 현실도 급속도로 변하고 있다. 이 변화는 필연적이고 거역할 수 없으며 변화에 대비하지 않으면 안된다. 그러나 변화의 물결에 휩싸여 자신을 돌아보지 않으면 위험에 처하게 된다. 파도와 같은 변화의 물결 속에서 간도문제, 독도문제, 동북공정, 정체성 없는 한국의 현실을 생각하며 집필에 몰두하였다. 그러나 부족한 점, 보강해야 할 점이 많다.

앞으로 여러 가지 미비한 점은 인성교육의 교재로써 도움이 되도록 계속 보충해 나아갈 것이다. 사계의 지도편달을 바라마지 않는다. 그동안 이 교재가 출판되기까지 수고하여주신 교우사 오판근 사장님과 직원 여러분께 감사한다.

세상 만사는 내 뜻대로 되는 것이 아니며 내 마음대로 사는 것도 아니다. '진인사대천명(盡人事待天命)' '알인욕존천리(謁人慾存天理)'란 말을 생각해본다.

단기4340(서기2007)년 2월 20일

편저자 識

| 차례 | CONTENTS

01부 人間의 理解

02부 祖上崇拜思想

03 부 韓國 傳統思想

04 부 韓國近代思想

05부 民族思想과 事大思想

06부 인간의 행복과 직업

부록(附錄)

1부 人間의 理解

01 절 克服해야 할 人間觀

1. 의인주의적 인간관

인간은 하늘과 땅 사이에서, 특히 생물계에서 특수한 지위에 있다. '인간은 만물의 척도'라고 하거나 '인간은 만물의 영장'이라고 하는 말들은 우주 만물 가운데에서 인간이 가장 우수한 존재요, 우주의 주인공임을 뜻하는 말이다. 그러나 개명되기 이전의 뭇 인간들은 자연에 대한 인간의 우월성을 인식하지 못하고 있다. 동물도 언어를 가지고 있고 밀림 속에서 그들 특유의 사회를 이루고 살아가고 있는 것으로 믿었으며, 인간만이 문화를 가지고 있다는 사실을 인식하지 못하였다. 그들은 인간의 힘으로는 불가능한 자연현상이나 동물의 본능적 활동에서 느껴지는 인간과의 유사성 또는 신비성 때문에, 자연이 성스러운 존재로 보였던 것이다.

그리하여 데모크리토스는 인간은 동물로부터 문화를 배운다고 생각했었다. 즉, 새로부터는 노래를, 거미로부터는 그물 사냥 법을 배웠다는 것이다. 희랍신화에 반수인(半獸人) 키론은 영웅들의 스승이었다. 그는 약초에 관한 지식과 거문고 탄주법(彈奏法)을 가르쳤다. 인도에서는 인간과 동물 사이에 아무런 장벽이 없는 영혼의 윤회(輪廻)가 존재한다고 믿는다. 원시적인 토템 사상에서는 인간은 특정 동물과 밀접하게 결부되어 있는 것으로 생각한다. 물활론이라든지 만유유령관(萬有有靈觀) 등이 의인관(擬人觀)에 사로잡힌 생각이다.

현대과학은 의인화된 인간의 사고방식을 완전히 붕괴시키지 못하였다. 그러나 인간은 만물의 영장으로서, 우주의 정복자로서 만물과 구별되고 세계가 인간과 다른 것으로 이해하고 있다.

이제 인간은 토테미즘 · 애니미즘 · 샤머니즘이나 신화 · 전설 등에서 벗어나 오로지 인간사는 인간에 의해서만 해결될 수 있음을 인식하여야 할 것이다. 인간은 인류의 공존적 · 보편적 의미를 가지고 있지 않은 어떤 굴레로부터 벗어나 우주의 주인공으로서 인간에게 존엄성과 최고의 가치를 부여하는 과학적 · 합리적인 생활 자세가 필요하다.

2. 종족중심의 인간관

인간은 자기 이해의 기준을 민족에 귀속시키고 있다. 식인종은 그만두고라도 지구상에 수많은 민족들은 자기 민족의 우월성을 내세우고 타민족을 멸시하고 있다. 고도로 발달한 이집트 문화에서도 특권층의 이집트인만 인간이었고 모든 이방인은 인간이 아니었다. 민족 특유의 언어 · 풍습 · 피부 · 골격 등이 자기 민족과 구별되는 것만 알고 모든 인간이 존엄하고 평등한 존재라는 것은 알지 못하였다. 그리하여 모든 인간은 자기 민족(종족)만 높이 보고 상대방은 낮추어 멸시하였던 것이다.

중국인은 가장 우수한 문화민족으로 자부하고 이웃 변방 국가들의 민족을 미개한 오랑캐라고 불렀다. 그리하여 사이(四夷)니, 팔만(八蠻)이니 하면서 중화사상(中華思想)에 빠져 있었다. 일본인은 자기민족이 아시아의 주체로서 일본 문화가 대륙으로 전파되었다며 백제 문화의 전파를 부정하고 있다. 미국인은 세계의 제1인자라는 자부심을 가지고 미국 문화의 세계 전파와 흑인에 대한 차별 정책은 물론, 타국인에 대한 차별 대우를 하고 있다. 대통령 관저를 백악관(白堊館), 죄인 명단을 블랙리스트라고 하며 검은 색을 불길하게 여긴다. 1992년 로드리킹 사건은 미국인의 인종 차별 의식을 드러낸 또 하나의 사건이다. 독일 민족은 신나치주의 청년들이 타국인에 대한 테러를 일삼고 있다. 프랑스 인은 타민족에게 불친절하다. 그러나 자기나라 언어를 사용하면 친절하다. 남아공화국의 백인 통치, 러시아인의 한국인 정책 등은 민족(인종) 중심주의적 인간 이해의 폐해이다.

한국 민족도 고구려와 그 주변국가, 고려의 북진정책, 조선조의 대외정책에서 주변국가의 타민족을 멸시하였던 것은 사실이다. 더욱 조선조 말기의 한국인의 외국인관은 우리는 사람, 왜양(倭·洋)은 금수라고 하였다.

존재한다는 사실은 내가 존재한다는 사실에서부터 가족, 이웃, 사회, 국가, 세계로 확대되어 간다. 팔이 안으로 굽지 밖으로 굽지 않는다는 속담은 민족주의 입장에서 어느 민족이나 공통된 말이다. 사랑은 자기사랑에서부터 시작되기 때문에 세계 여러 민족과 모든 인간이 천부적 권리를 가지고 있으며 모두가 존엄하고 평등하다고 하면서도 국지적인 틀 속에서 묶여버리기 마련이다. 그래서 전 세계 이익보다는 지역의 이익이 우선되고, 지역의 이익보다는 자국의 이익이 우선되며, 국가의 이익보다는 민족의 이익이 우선시되고 있는 것이다. 유엔에 가입한 모든 나라가 유엔 헌장을 준수하겠다 하면서도 주도권의 다툼, 경제블럭의 형성, 군사동맹의 체결 등은 표리부동한 민족(인종) 중심주의적 또는 국가 중심주의적 발상이 아닐 수 없다.

거인은 큰 키의 가치를 최고로 여기고 난쟁이는 작은 키의 가치를 최고로 여기며, 파란 눈동자를 가진 민족은 파란 눈동자를 최고로 여기고 까만 눈동자를 가진 민족은 까만 눈동자에 대한 고유한 가치를 최고로 여길 것이다. 그러하듯 검은 피부의 아내를 맞이하려 하거나 며느리로 맞이하려는 백인은 보편화되어 있지 않으며, 한국인의 경우도 백인이나 흑인을 아내로 맞이하거나 며느리로 맞이할 가문은 드물 것이다. 민족 중심의 인간 이해가 지구상에서 얼마나 많은 전쟁을 유발하였으며 지금도 국지적 비극이 전개되고 있음을 엿볼 수 있다. 즉, 남아공화국의 인종 차별 정책(백인통치), 말레이시아(말레이시아인 대 중국계인), 스리랑카(상할리족 대 타밀족), 짐바브웨(백인 대 흑인), 차드, 그리스, 이라크 등이 그러한 나라들이다.

우리는 언어 · 골격 · 피부 · 생활 풍습 · 혈통을 달리하여 자기 나름대로의 고유한 가치를 수용할 수 없다 하더라도 그들이 우리와 동등한 인류라는 점을 인식하지 않으려는 데서 윤리적인 극복의 문제가 있음을 알 수 있을 것이다.

3. 종교중심의 인간관

종교인들은 종교를 중심으로 인간을 이해하려 한다. 그들은 인간의 생사화복(生死禍福)을 좌우한다는 절대자(神)를 숭배하고 소원 성취를 빌며 어떤 의식 행위를 한다. 절대자(神)가 있을 수 없으며 인간사를 신이 좌우하는 것으로 보는 것은, 허무맹랑한 일이요, 혹세무민하는 일이라고 보는 무신론자의 입장에선 종교인의 신앙생활이 정상이 아닌 것으로 보인다. 또한 절대자를 숭배하는 종교인들 중에도 자기가 믿는 절대자(神) 이외의 신을 이단시하고 인정하려 들지 않는다. 그러므로 허약한 마음의 소유자는 신앙에 대하여 많은 갈등과 고민을 하게 된다. 따라서 종교적 행위에 있어서 윤리적 기본문제가 제기되고 있는 것이다. 즉, 보편적 윤리와 종교적 윤리가 그 가치를 달리할 때에 어느 것이 선과 악의 기준이 될 것인가에 어려움이 있다.

유태교와 기독교는 유일신교(唯一神教)로 하느님(神)의 존재를 믿는다. 인간은 신이 창조한 아담과 이브의 후손이다. 아담과 이브는 신의 계율 즉, 금단의 열매를 따먹지 말라고 하였는데 사탄의 꾐에 빠져 열매를 따먹었다. 그 죄로 에덴 동산에서 추방되었다. 이 죄인의 자손인 인간은 죄인일 수밖에 없다는 것이다. 인간의 아들인 종교인들은 하느님을 아버지라고 부른다. 그리고 아버지 곁(천국 · 별세계)으로 가기 위하여 일생을 신에 맡기고 의지하며 살아간다.

힌두교와 불교는 다신교로 여러 가지 신의 존재를 믿는다. 인간은 8고로 차 있는데, 이 고통으로부터 인간을 해방시키는 것이 궁극적 목적이다. 그리하여 사성체(四聖諦)와 팔정도(八正道)를 가르친다. 인간사는 절대자(부처)의 뜻에 좌우되고 해탈은 업과 인과관계를 갖는 것으로 윤회(輪廻)하는 삶을 강조하고 있다. 그들은 여러 개의 불상을 모시고 숭배하며 소원 성취와 극락왕생을 염원하며 기독교인이 하느님의 아들이라고 하듯 불자(佛子)라고 한다.

회교는 절대자 알라(하느님)를 숭배하는 유일신교다. 유태교와 기독교를 근거로 발전한 회교는 유태교와 기독교를 배척한다. 그들은 기독교인을 개(犬)라고 한다. 인간은 무조건 하느님에게 복종해야 한다. 알라는 우주 만물의 창조주이며 인간은 그 피조물이다. 알라 앞에 모든 인간은 동등하며 하느님 말씀대로 살면 누구나 천국에 갈 수가 있다는 것이다.

유교는 절대자(神)를 숭배하는 종교가 아니다. 공자의 가르침을 따라 인간으로서의 도덕적 실천을 중시한다. 기독교인처럼 인간이 신의 피조물이라거나, 회교인처럼 술과 돼지고기를 먹어선 안되며, 힌두교인처럼 쇠고기를 먹어선 안되고, 불교도처럼 육식을 금하는 것과 기독교인처럼 금주하는 등과 같이 음식에 금지되어 있는 것이 없다.

인간은 신의 아들, 부처의 아들이라는 생각도 없고 별세계(천국 · 극락)를 내세워 내세를 인정하지도 않으며 기독교나 회교 · 불교와 같이 절대자에게 바치는 계율도 없다. 또한 신부나 수녀, 비구니처럼 독신으로 신앙에 몰두하는 일도 없다. 오직 공맹의 도를 따라서 사람이 사람답게 사는 실천도덕만을 강조하는 것이 유교이다.

우리는 허다한 종교가 그들 나름의 교리를 진리라고 믿는다면 어느 종교의 교리가 전 인류가 공감할 수 있는 보편적 진리가 되고 어느 종교의 교리가 이단시되어야 하는가에 명확한 해답을 줄 수 없다. 불가능하고 불확실한 별세계를 꾸며내서 혹세무민(惑世誣民)한다는 비판을 변명하기 어렵다.

우리는 회교인이 기독교인을 개(犬)라고 하거나 불교인과 기독교인이 물과 기름 같고 유교와 기독교 등이 비판적이거나 불교와 힌두교, 회교와 기독교의 성전 속에서, 그들이 피 흘린 현장을 목격하였다. 인류 역사상 전쟁의 60%가 종교 전쟁이다. 그들 나름의 진리의 틀 속에서 성전(聖戰)이라는 미명으로 사랑이나 자비를 아랑곳하지 않고 얼마나 많은 인류의 희생을 치렀는가를 알고 있다.

천주교의 경우 한 때는 조상을 숭배하는 의식(제례)을 하지 말라고 교황이 포고령까지 내렸고, 어느 때에 와선 교리의 해석이 잘못되었다며 제사를 허락하는 일이나, 국가 · 민족의 원수인 이토히로부미를 죽인 안중근(1879~1910) 의사를 뮈델주교(조선 교구)가 살인자로 규정하여 죄인시한 것은 종교의 보편성이 없고 교리를 해석하거나 종교 지도자의 주장에 따라 다를 수 있음을 보여주는 것이다.

현재 종교적 갈등 내지 분쟁으로 홍역을 치르는 나라는 나이지리아(회교 대 기독교), 인도(힌두교 대 불교), 레바논(회교 대 기독교) 등이 있고 한국도 분쟁은 없으나 내심 갈등은 심각하다고 볼 수 있다. 종교마다 하느님도 다르고 구세주도 다르며 생활양식 · 의식구조 · 사고방식이 다름을 지적할 때에, 종교란 믿는 자의 세계에서만 통용될 수 있는 것(그들 나름의 진리일 뿐)이요, 보통사람들에게 공통된 평등 의식이나 행복 의식과는 거리가 멀다는 것을 인식할 수 있다. 보편적 세계에 통용될 수 있고 증명될 수 있는 것이라야 합리화가 아닌 진리로 만인의 설득력이 있을 것이다.

종교인들이 보편적 세계가 아닌 자기들만의 세계에서 나름대로, 자기들 의식의 교리로 사물을 규정짓고 판단하고 행동하는 것은 진리가 될 수 없다. 윤리적 가치나 기준도 될 수 없다. 인간은 누구나 죽을 수밖에 없는 것인데, 영생한다는 말에 현혹돼서 믿음을 갖는 것 자체가 어리석은 일이거니와, 시한부 종말론을 내세워 믿는 자만 구제될 수 있다는 허무맹랑한 감언이설로 혹세무민하는 태도는 우리 주변에서 허다하게 볼 수 있다. 사교집단이라고 하는 교인들의 행태나 1992년을 「휴거의 해」로 보고 종말론을 내세워 사회 전체에 물의를 일으켰던 다미선교회 교인들의 광신적 행위에서도 우리는 종교에 대한 새로운 인식이 필요함을 느낄 수 있을 것이다. 따라서 종교적 편견과 아집은 전 인류의 행복과 세계 평화를 위하여 보편화 될 수 없는 그 종교인만의 진리로서 극복되어야 할 문제라 아니할 수 없다.

02 절 人間의 存在

인간이란 무엇인가? 이 물음에 대한 대답은 철학, 인류학, 고고학, 정치학, 사회학, 경제학, 역사학, 인간학, 종교학, 윤리학 등 학문적 견해에 따라 다양한 대답이 나올 수 있다.

일반적으로 인간을 이해하는 데는 두 가지 견해가 있다. 첫째는 생물학적 견해고, 둘째는 규범적 내지 가치 체계적 의미의 견해이다. 전자는 생물학적 분류의 개념이다. 이 견해에 의하면 인간은 포유류에 속하여 원숭이에서 진화한 것이라고 일반적으로 정의된다. 호모 사피엔스(Homo sapiens)라는 것이 이것이다. 후자는 규범적 내지 가치 체계적 의미를 포함해서 특히 신(神) 또는 동물과 대립적으로 사용되는 경우이다. 철학 또는 윤리학에서 인간을 보는 견해는 이 후자의 경우라 하겠다.

'인간이란 무엇인가' 라는 문제는 동 · 서 철학자들의 연구의 대상이 되어왔다. 동양의 유교는 '인간이란 무엇인가, 인간이 현실 속에서 어떻게 스스로를 완성시켜 갈 수 있으며, 또 현실 속에서 자신의 모습을 어떻게 반영하는 것이 옳은가' 하는 실천위주의 인간관에 대한 문제를 중시하고 있다.

"너 자신을 알라"고 한 소크라테스의 충고는 인류에게 많은 교훈을 남겼다. 그 충고가 오늘날과 같이 절실한 시기는 많지 않을 것이다. 왜냐하면 한 인간의 무지(無知)와 반성 없는 사고와 행위가 다른 인간의 생명과 자유와 인격과 행복을 침해하고 인류 공동운명체의 질서를 파괴하는 일이 비일비재하기 때문이다. 자기 자신을 아는 일은 바로 인간이 무엇인가라는 물음에 대한 답을 알고 있는 것이나 다름이 없다.

'인간이란 무엇인가' 라는 물음에 대한 해답을 다음과 같이 다섯 가지에서 살펴보고자 한다.

1. 생물학적 존재

인간은 생물학적 존재다. 과학적으로 인간이 생명과 육신을 가진 동물이라는 것은 아무도 부인할 수 없을 것이다. 그러므로 인간도 다른 동물과 마찬가지로 생물학적 욕구를 가지고 있다. 즉 식욕 · 성욕과 같이 의식적 욕구도 있고, 공기 · 체온 조절과 같은 무의식적인 욕구도 있다.

인간의 가장 원초적 욕구는 자신의 생명과 육신을 유지하기 위한 욕구이다. 인간은 이 욕구를 충족하기 위하여 어떤 행동을 취하는데, 그 행동은 대부분 본능적이거나 충동에 의하여 일으켜진다. 인간의 행동은 본능적 또는 충동적으로 일어나지만, 대개는 사고(思考)를 하고 행동을 한다. 이 생각할 수 있는 능력을 철학자는 이성(理性) 또는 오성(悟性)이라 하고 심리학자들은 지능(知能)이라 하였다. 그리고 유교에서는 인간의 행동은 인(仁) · 의(義) · 예(禮) · 지(智)의 사단(四端)이라는 본성에 의하여 제어된다고 한다.

동물은 욕구 충족이 본능적으로 이루어진다. 그러나 사람은 이성적 판단이나 윤리적 테두리 내에서 욕구를 충족하려는 점에서 동물과 구분된다. 아무튼 인간이 생물학적 요구를 충족하기 위한 어떤 행동을 하는 것은 필요 불가피한 일이요, 이것을 제재하는 것은 신중해야하고 법률적 판단에 의해야 한다.

2. 사회적 존재

사람은 사회적 동물이다. 사람은 혼자서는 생존이 불가능하고 더불어 사는 존재이기 때문에 하는 말이다. 인간의 생존을 위한 욕구충족은 홀로 이루어지는 것이 아니고 더불어 사는 사회 속에서 가능한 것이다. 즉, 인간은 욕구충족을 공동으로 해결하기 위하여 크건 작건 공동체를 만들고, 민족적 단결, 종교적 결속, 가장 강력한 공동체인 국가를 형성하였다.

특히 민족의 성립은 국가의 성립과 대체로 시대를 같이하고 있다. 인간은 일정한 민족 안에서 태어나고 그 역사적 전통과 생활양식에 의하여 의식이 형성된다. 그러므로 인간은 어떤 국가의 구성원으로서 국민의식보다 민족의식이 우선되고 강력한 결속을 이룬다.

어떤 조직사회의 구성원으로서의 개인은 그것이 가정이든, 향토이든, 민족이든, 국가든 간에 공동체 안에서 공존공생(共存共生)이 가능하다. 그러므로 공존공생의 원리를 모르고 개인적 이기주의에 빠져 행동한다면 그것은 공동운명체로서의 공동목표를 벗어나는 것이요, 공동체에 해를 끼치게 된다.

사회와 그 구성원인 개인과의 관계는 마치 거미줄과 같은 것이다. 거미줄은 공동목표를 위하여 각기 제 기능이 있는 것이다. 긴 줄은 긴 줄대로, 짧은 줄은 짧은 줄대로 제 기능이 있고, 각자가 해야할 기능이 있다. 제 기능을 다하지 못한다면 목표를 달성할 수 없는 것이다.

개인 없는 사회는 존재할 수 없고 사회 없는 개인은 생존할 수 없다. 그러므로 개인과 사회와의 관계에서, 사회(국가)는 개인에 앞서는 것이며, 개인은 사회의 요청에 따라 봉사해야 하는 것이다. 사회는 개인을 위하여 만들어진 것이므로 개인의 복리증진에 봉사해야 하는 것이다. 그러므로 개인과 국가는 상호 유기적이다.

이것이 만약 유기적 관계를 유지하지 못하고 개인의 자유와 권리, 재산과 행복만 강조하면 국가의 기능이 약화되어 개인의 행복과 권리와 재산을 유지하기 어렵게 된다. 반대로 국가의 이익만 강조하게 되면 개인은 국가를 위한 희생을 강요당하게 될 것이다. 그러므로 개인과 사회는 공존의 원리 속에 상호 보완적이어야 한다.

3. 교육적 존재

인간은 교육을 받을 유일한 존재이다. 교육을 중요시하지 않는 사람이나 국가는 없다. 어느 시대, 어느 나라를 막론하고 교육은 인간을 양성해내는 국가의 백년대계로 중요시되어 왔다. 루소의 영향을 받은 칸트는 "사람은 오직 교육에 의하여서만 사람이 될 수 있다"고 강조하였다. 이러한 칸트 교육사상의 중심은 도덕교육에 있다. 동물은 도덕성이 없고 아무리 가르쳐도 두뇌가 사람을 능가할 수 없다. 인간은 교육에 의하여 사람이 될 수 있으므로 교육과정에 있어서 인격도야와 훈련의 비중을 높이 평가하고 있다.

훌륭한 인간을 생산하는 일은 모든 인류의 공통된 소망이다. 그래서 우리 조상들은 아들을 장가들일 때에 규수(閨秀)의 혈통과 가문을 중요시하고, 양친부모가 어떤 사람인지에 관심을 갖기도 하고, 학력을 따지거나 사주궁합(四柱宮合)이 어떤지를 알아보기도 한다.

혼인 후, 잉태하기 전까지는 생기복덕(生氣福德)을 보아 아들과 며느리의 합방을 허락하거나, 내외가 동침(同寢)을 금해야 하는 경우도 있다. 이인(異人)인 경우에는 자식을 잉태하면 태교를 하였다.

태교는 중국 주나라 문왕의 어머니 태임(太任)과 무왕의 어머니 태사(太

似; 문왕비)가 표본이 되고 있다. 율곡의 어머니 사임당(師任堂)은 바로 태임의 임자(任字)를 취해서 지은 호(號)이다. 훌륭한 아들, 훌륭한 손자를 두겠다는 할아버지나 부모의 바람은 고려의 명장 강감찬(948~1031)과 조선조의 대학자 송시열(宋時烈; 1606~1689)의 출생에 관한 전설에서도 알 수 있다.

이것은 모두 훌륭한 아들이나 훌륭한 손자를 보기 위해서다. 이렇게 하여 태어난 아이는 근본이 튼튼하기 때문에 보통사람과 다르고 큰 인물이 된다는 것이다. 큰 인물은 가문의 영광이요, 향토의 자랑이요, 국가 사회의 간성(干城)이요, 동량(棟梁)이 된다.

인류가 공동운명체로서 질적으로 우수한 구성원을 가지는 것과 조상들이 이룩한 문화가 자자손손 대대로 전승되는 것은 교육에 의해서 가능한 것이다. 그러므로 교육을 국가백년대계라고 하는 것이다. 예부터 군사부일체(君師父一體)라 하여 교육자를 중요시한 이유가 바로 여기에 있는 것이다.

사람이 천지 사이에서 부모가 아니면 태어나지 못하고, 스승이 아니면 알게 되지 못하여, 인군이 아니면 양성되지 못하는 것이다. 이 세 가지가 없으면 사람이 될 수 없는 것이기 때문에 성왕(聖王)이 교육을 베풀 때에 이 세 가지를 우선적으로 하여 섬기기를 한결같이 하여 그 도리를 다하게 하였던 것이다.

사람이 알지 못하면 자식이면서 부모 섬기는 도리를 다하게 되지 못하고, 신하이면서 인군 섬기는 도리를 다하게 되지 못할 것이고, 국민이면서 나라에 충성할 줄 모를 것이며, 젊은이면서 어른을 공경할 줄 모르는 것이다. 그러므로 어릴 적부터 가르쳐 각자의 위치에서 도리를 알고 그 도리를 실천하도록 하는 것이 교육자의 사명이다. 사람은 세상에 태어났으나 교육함이 없이 그대로 두면 늑대에 의하여 길러진 늑대인간처럼 되어버리고 말 것이다.

인간은 교육에 의해서만 사람이 될 수 있는 것이기에 옛 성인이 말하기를 "그 대하는 사람에게 배우고, 그 대하는 사물에게서 배운다"고 하였다. 여기서 말하는 교육은 물론 도덕성을 지닌 인간교육이다.

4. 전통적 존재

사람과 동물은 행동면에서 차이가 있다. 동물의 행동을 조종하는 본능은 생물학적으로 유전된다. 이와 반대로 인간의 행동은 인간 자신의 노력에 의하여 얻어지는 것이다. 그러나 그것은 문화적 여러 형상(形狀)에 의해서 조종된다. 문화적 여러 형상은 역사적 산물로서 유전될 수 없는 것이다. 역사 속에서 만들어진 선조들의 문화는 보존되어져야만 후손들에게 유용되며 새로운 문화발전에 초석이 될 수 있다. 이 보존이라는 정신적 형식이 곧 전통이다.

인간은 전통에 의하여 지식과 기술이 한 세대에서 다른 세대로 계승되어지고 모방과 반성과 교훈을 통하여 후대에 전승되어진다. 인간은 자신에게 주이진 문화적 전통을 그 자신 속으로 내면화시켜야 한다. 그것은 유전이 아니라 전통에 의하여 축적되어진 문화를 가르치고 배우지 않으면 인간은 원시상태에 머물러 있을 수밖에 없기 때문이다. 그것은 불행한 일이다.

가령 인간의 언어능력은 소질로서 다만 능력 그 자체일 뿐이다. 그래서 환경에 따라 달라질 수 있다. 한국에서 태어난 한국사람은 한국어를 잘하지만 한국사람이 미국에서 태어나 미국에서 자라면 한국어를 못하고 영어를 잘하게 된다. 아이가 늑대에 의하여 키워진다면 언어를 할 수 없는 상태에 머물러 있게 되는 것이나 마찬가지이다.

그러므로 인간은 그가 태어난 문화의 높이를 스스로 오르지 않으면 안 된다. 그리고 끊임없는 노력에 의하여 스스로 새로운 문화를 형성해내는 것이다. 전 세대가 이룩한 문화를 바탕으로 하여 후 세대가 다시 발전시키는 것이 문화의 탑이다. 전통은 선조의 유물로, 공동의 소유물로서 신성시되고 존중되면서 오늘날까지 보존되어 왔다. 그러므로 전통으로부터의 모든 이탈은 보다 높은 힘의 분노를 야기할 수 있으며 그 공동사회를 불행에 빠뜨릴 수 있다. 그래서 자신의 전통문화를 수호하면서 외래문화를 수용하고, 양자가 조화를 이룰 수 있어야 한다.

전통이 외래문화에 의해 당장에 단절되거나 파괴된다면 그것은 자신의 상실이다. 만약 인류의 전통문화가 계승되지 않았다면 인간은 원시상태에 머물러 있을 것이다. 그러므로 전통을 지키는 것은 자신을 지키는 것이다. 전통문화의 수호와 계승은 민족과 국가의 생존권과도 일치한다. 각 나라가 자기문화를 외국에 전파하려는 것이나 외래문화의 수용을 꺼리는 것이나, 종교집단이 외부종교를 이단시하여 배척하는 것은 이유가 있는 것이다.

5. 윤리적 존재

인간은 독립적 존재가 아니다. 나와 가족, 나와 남, 나와 이웃, 나와 국가라는 개인과 개인, 개인과 사회집단과의 관계를 유지하면서 살아가고 있다. 그러한 관계 속에서 강제적인 법규 이전에 사람으로서 지켜야 할 도리를 우리는 윤리 혹은 도덕이라고 한다. 윤리 · 도덕은 오랜 전통 속에서 반복되고 세련되어 구성원 간에 공감대를 형성한 규범들이다.

인간이 만물의 영장이라고 하는 것은 윤리 · 도덕이 있기 때문이다. 동물은 윤리 · 도덕을 모른다. 사람이 윤리를 외면한다면 인간 사회는 금수(禽獸)들의 세상으로 전락하여 사회관계는 파괴되고 말 것이다. 그러므로 개인에게는 개인윤리가 있고, 가족에는 가족윤리가 있고, 사회에는 사회윤리가 있다. 즉, 공직윤리, 정치윤리, 경제윤리, 생산윤리, 판매윤리, 소비윤리, 종교윤리, 교원윤리, 법 윤리, 의료윤리, 네티즌의 윤리, 직업윤리 등이 그것이다.

인간이란 본래 두 사람이 서로 의지하고 통합함으로써 살아갈 수 있는 공동체적 존재이기 때문에, 인간은 누구를 막론하고 자기의사와 관계없이 어떤 특정한 통합관계의 결합에서 태어나고 일생동안 여러 가지 인간관계를 맺고 삶을 영위하고 있다. 그리하여 우리가 살고 있는 인간관계의 결합체를 '인륜적 공동체' 라고 한다.

윤리란 인륜적 공동체 형성의 원리이며 그 공동체의 유지와 발전과 구성원의 화합을 위한 행위규범의 일종이다. 개인의 욕구가 사회적 충돌 문제나 내면적 갈등 문제들을 해결하는 처방으로써 지혜의 구실을 하는 것이 곧 윤리인 것이다.

인간은 윤리적 존재인 것이다. 동물은 윤리가 없고 이성도 없다. 만물 중에서 인간만이 '가장 존엄한 존재' 요, 신(神)도 인간보다 우위일 수 없다. 그러므로 인간의 생명과 자유와 행복은 철저하게 보호되어야 하는 것이다. 이러한 인간중심주의는 유교사상의 특징이기도 하다. 기독교가 신중심주의, 도교 · 불교가 자연중심주의 내지는 자연과 인간을 동일시하는 점과는 다르다. 공자는 "사람도 제대로 섬기지 못하는데 어찌 귀신을 섬기겠는가?"라고 하였고, 또 "삶도 잘 알지 못하는데 어찌 죽음을 알겠는가?"라고 하였다. 여기서 공자는 인간중심주의로 불확실한 인간의 사후나 신보다는 현실 문제를 중시하였음을 알 수 있다.

윤리가 인간 공동체와 공동목표를 향한 특수한 삶을 영위하는 기준이 된다면, 우리는 현실적으로 윤리도덕을 밝히고 실천하지 않으면 안 된다. 그러므로 정치, 경제, 법률, 교육, 문화 등이 모두 윤리적 바탕 위에서 이루어져야 하는 것이다. 맹자는 "상(庠) · 서(序) · 학교를 설치하여 이로써 가르친다는 것은 모두 인륜을 밝히기 위함이다"고 하였다. 윤리와 윤리교육을 중요시하는 것은 인간교육의 핵심인 것이다.

03 절 人間의 共存性

1. 인간의 사회성

인간이 자연으로부터 출생한 상태에서는 아직 미완성의 동물이고 사회 안에서 비로소 인간다운 삶이 가능하기에 인간을 사회적 존재라고 한다. 사회학적 개념에 의하면, 인간성이라는 것은 사회적인 환경 안에서 사회적인 상호 작용과 상호 행동에 의해서 이루어지는 것이다. 그러므로 사회화의 과정이 바로 사람됨의 과정이다.

이와 같이 인간이 사회화의 과정을 거쳐서 인간이 되는 것이라면 인간은 처음부터 본질적으로 사회적인 존재이다. 인간은 참으로 인간들 사이에 있어서만 인간이다. 이것이 또한 '인간(人間)'이라는 한자어의 뜻이기도 하다. 인간의 이러한 사회성에 대한 철저한 인식은 우리의 교육과 정치뿐만 아니라 우리의 모든 생활영역에서 큰 의미를 갖는다.

인간은 세상에 태어날 때 벌써 여러 가지 사회적 관계 속에 던져진다. 어떤 부모의 자녀로서, 그리고 어떤 국가의 국민으로서 태어나게 마련이다. 그리고 우리는 성장 과정에서 어른들의 보호와 간섭 그리고 사회의 문화적 영향을 크게 받는다.

사람들이 일정한 사회적 환경 속에서 다른 사람들과 일정한 관계를 맺어가며 살고 있다는 사실은, 그들의 행동에 많은 영향과 제약을 가한다. 다른 사람들과 직접 자리를 같이 했을 경우에 있어서 우리가 받는 행위의 제약은 더욱 심하다. 사람들의 행동을 제약하는 이러한 사회적 관계는 어느 곳에 가더라도 따라다닌다. 집에 들어가면 부모와 자녀의 관계가 기다리고 형제와 자매의 관계가 기다린다. 시장에 가면 파는 사람과 사는 사람의 관계, 직장에서는 상사와 부하 또는 동료들끼리의 관계에 부딪친다.

이러한 여러 가지 관계들은 모두 우리들의 행동을 제약하는 힘으로써 작용한다. 부모와 자녀의 관계, 남성과 여성의 관계, 국가와 국민의 관계 등 인생에 있어서 가장 중요한 관계들은 대체로 개인의 의사를 초월하여 운명적으로 주어질 경우가 많다. 사람과 사람 사이에 형성되는 사회적 관계를 우리는 편의상, 개인 대 개인의 관계, 집단 대 집단의 관계, 개인과 집단의 관계로 나누어 볼 수 있을 것이다. 개인 생활의 측면보다는 집단 생활의 측면의 비중을 차지했던 원시사회에서는 개인 대 개인의 관계보다 개인 대 사회의 관계가 더 큰 비중을 차지하였을 것이다.

개인이 사회의 엄격한 통제로부터 점차 해방되어 가는 과정으로써 이해할 수 있을 것이다. 개인의 생활에 대하여 가장 지배적인 영향력을 가진 집단이 가족으로부터 씨족과 부족을 거쳐 봉건적 지방국가로 바뀌어 가고, 다시 또 민족국가의 방향으로 변천해 왔다는 사실은 인류역사의 발전에 따라서 개인에 대한 사회의 관계가 구속보다도 보호 또는 자유에 비중을 더해 가는 방향으로 움직였다는 증거라고 보아도 좋을 것이다.

우리는 고전적인 물음 하나와 만나게 된다. 개인과 사회는 어느 편이 더 근본적이며 우선적이냐? 하는 문제에 관하여 세 가지 견해를 들 수 있다.

첫째, 사회는 개인에 앞서는 것이며 개인은 사회의 요청에 따라서 멸사 봉공의 정신으로 행동해야 한다.

둘째, 사회는 개인을 위해서 만들어진 것이며 개인의 행복을 위해서 봉사해야 한다.

셋째, 개인과 사회의 관계는 상호적이며 유기적이다. 개인은 사회가 요구하는 바에 따라서 봉사할 의무가 있으며, 사회는 개인의 행복을 위해서 봉사할 책임을 지고있다.

2. 인간과 사회규범

"윤리(倫理)란 무엇인가?"라는 질문에 대하여 속 시원하게 '이것이 윤리다' 라고 대답하기란 곤란하다. 자의(字義)로 살펴보면 윤(倫)자는 사람(人)과 윤(侖)이 합쳐진 글자이다. 여기서 '侖' 자는 다시 '亼' 자와 '冊' 은 책을 꾸미기 위하여 글을 모으는데, 그 차례에 따라 조리를 세운다는 데서 '순서를 잡다', '조리를 세운다' 의 뜻으로 나타난다. 그러므로 '侖' 자는 '둥글다' '순서를 잡다' '조리를 세우다' '생각하다' 의 뜻으로 풀이된다. 그러므로 윤리의 '倫' 자는 사람의 원만함, 사람의 이치, 사람의 도리, 사람의 질서 등으로 인간적 사회적인 의미를 가진다. 옥편에 보면 윤(倫)자는 상야(常也), 서야(序也), 도야(道也), 기야(紀也), 택야(擇也), 류야(類也) 등의 뜻으로 풀이되고 있다. 윤리란 윤(倫)의 이치로 떳떳한 이치요, 질서와 기강의 원리이다. 그러므로 "윤리란 사람이 사회관계에서 사람으로서 반드시 지켜야 할 떳떳한 도리요, 질서의 원리를 의미한다."고 하겠다.

영어의 에틱스(ethics)또는 모랄(moral)이 가리키는 사회적인 풍속 또는 습관으로부터 조문화된 법률이나 명령, 또는 성경에 나오는 십계명, 유교적인 삼강오륜에 이르기까지 행위의 규범은 우리의 생활 주변에 무수히 많다. 그러나 이러한 규범을 곧 도덕이라고 말할 수 는 없다. 이것들은 모두 어떤 타율적인 강제력으로 우리의 행위를 제약하는 것이므로 우리의 자율적인 의지의 결단을 거친 자유로운 행위를 보장해주지는 못한다. 그러나 아무리 개인의 자유로운 의지 결단에서 나온 자율적인 행위라 할지라도 개인이 처해 있는 사회적 규범을 지키지 않을 때에는 그 행위를 도덕적이라고 볼 수 없다. 도덕 즉 윤리는 사회적 규범과 개인의 자발적인 의지에 근거를 둔 행위에 성립하는 것이다.

사람이 사회생활을 함에 있어서 제약되는 규범은 대략 관습과 법, 그리고 윤리(도덕)로 구분된다.

첫째, 관습은 사회의 공동목표 달성을 위해, 또는 그 사회 구성원의 욕구 충족을 위해서 적합하다고 판단되는 행위에 대해서는 찬양의 반응을 보이고, 그 반대되는 행위에 대해서는 비난의 반응을 보이게 된다. 이러한 찬양과 비난의 반응이 어떤 고정관념을 만들어 내기에 이르렀을 때 관습이 생겨나게 된다.

둘째, 관습이 오랜 자기수정의 과정을 거쳐서 합리적이며 세련된 모습으로 발전하는 단계에 이르렀을 때, 그것이 바로 그 사회에 있어서 윤리 또는 도덕으로서의 권위를 차지하게 된다.

셋째, 한 사회의 도덕 · 윤리가 금지하는 행동 가운에서 특별히 사회적 악영향이 큰 것에 대해서는 사회 또는 국가의 간섭도 심하게 되며, 그 간섭이 강제적 제재를 동반하는 단계에 이르면 그것이 그 사회 또는 국가의 법을 형성하는 것이다.

이 관습과 법, 윤리 세 가지 중에서 가장 중요한 것은 윤리이다. 왜냐하면, 관습 가운데에도 존중해야 할 것과 타파해야 할 것이 있고, 법에서도 정당한 것과 부당한 것을 구별해야 할 필요성이 있을 때에 그 관습이나 법을 평가하는 기준은 도덕이기 때문이다. 그러므로 윤리란 모든 사회규범의 근간이라고 할 수 있다.

윤리의 역할은 평가이다. 정치, 경제, 법률, 예술, 문화 등의 잘잘못을 평가하는 것은 윤리이다. 즉 각자가 자기의 행위가 직분에서 벗어났을 때는 평가의 대상이 된다. 한 사회의 구성원의 행위가 그 사회공동목표의 달성에 해로운 경우에도 평가의 대상이 된다. 그 평가 기준은 윤리이다. 그러므로 공직윤리, 사회윤리, 정치윤리, 경제윤리, 법조윤리, 공연윤리, 의료윤리, 기업윤리, 상도덕 등의 평가기준이 생겨나고 있다.

고대 그리스시대 폴리스생활이 혼란과 위기에 빠진 때에 그리스 철인들은 폴리스생활의 좋은 점을 시민들에게 자각시키고, 또한 이상적인 폴리스를 건설하기 위하여 소크라테스, 플라톤, 아리스토텔레스 등에 의해 폴리스의 에토스(ethos ; 풍습)에 관해 이론적인 연구를 하는 동안에 윤리설의 탄생을 보게 된 것도 그 좋은 예라고 할 수 있다.

윤리란 도덕, 풍습, 혹은 관습, 예의 등을 합친 종합적 개념으로 「나 하나만이 아닌 모두가 보다 선하고 행복한 공동의 삶을 영위하려는 실천적 '당위규범' 이다」라고 정의할 수 있겠다.

3. 인간과 향토사회

1) 향토와 애향

향토란 조상들이 생활하던 곳이요, 자기가 태어나고 수년시절을 보내던 일정한 지역으로서 오랫동안 생활하던 곳을 말한다. 그러므로 향토는 사람들이 생활공동체로서의 의식을 갖는 지역사회이며 그 지역적 범위는 반드시 고정되어 있는 것이 아니라, 부락이나 마을 · 읍 · 시 · 특별시 · 직할시 · 도 등을 가리키는 경우도 있다.

혈연적 가정은 사회의 가장 기본적인 단위로써 인격 형성에 많은 영향을 받는데 반하여 지연적 향토는 사회화 과정에서 많은 영향을 받는 지역사회이다.

향토가 사람들의 인격 형성에 미치는 영향력은 매우 크므로 세계 각국에서는 국민교육의 기반으로서 향토에 입각한 교육의 실천에 노력하고 있다. 그런데, 우리의 윤리교육이란 측면에서 향토가 소외되고 있는 것은 생각해 볼 문제라 하겠다. 우리는 지방자치제 시대에 맞추어 지역 특성에 맞는 교재를 개발하여 지역사회의 주인이 될 학생들이 향토에 관심을 가지고 내 고장의 인물, 유적, 명승, 풍습 등을 배울 수 있어야 한다.

한국과 한국사, 한국문화를 보면 다르듯이 향토와 향토사 또는 향토문화는 엄연히 다르다. 국가교육에서 그 나라의 역사가 중요시되고 있듯이 향토가 국가를 이루고 있는 한 단위의 지역사회라면 향토사나 향토문화는 한국사나 한국문화의 바탕을 이루고 있다는 데 별다른 이의가 없을 것이다.

국가를 향토의 집합 결성체라고 본다면, 애향심은 애국심으로 승화된다고 볼 수 있다. 국가가 국사편찬을 위하여 방대한 자료를 수집한다고 해도 기본 줄기를 만드는데 불과하지 각 지방의 문화(文化)를 세세히 파악하여 지방별로 체계화 할 수는 없다는 것이 우리의 현실이다. 반면에 지방에 숨겨져 있는 귀중한 문화유산 등의 자료와 보존적 가치가 있는 자연경관이 국토개발의 명목 하에 진행되는 각종 개발사업으로 말미암아 많이 소멸되고 있음은 안타까운 일이다. 우리가 50년 전에만 향토문화에 관심을 가졌더라면 현재 사료의 50% 이상을 보전하게 되었을 것이다. 만약 500년 전(前)에 향토문화나 사료에 관심을 가졌더라면 현재 보존되고 있는 문화재의 100%는 더 보전하게 되었을 것이다.

근래에 지방마다 향토문화의 조사 · 발굴 · 연구에 관심을 가지고 문화원이 설립 된 것이나 국사편찬위원회에서 지방별로 사료조사위원을 위촉한 것은 그나마 다행한 일이다.

가치 있는 문화 유적과 유물들이 중장비에 의해 흔적도 없이 파괴되거나 묻혀버리고 있으며, 유형 · 무형의 자료를 기억하고 있는 지방의 노인들도 세상을 떠나는 시점에 있다.

더구나 서양 문물의 전래와, 또한 더불어 전파된 서양종교는 내 나라의 전통문화에 대해 무관심하고 몰가치적인 것으로 여겨 우리들로 하여금 스스로 한국 문화를 비하시키는 역할을 하고 있다. 한국인이 한국 문화를 부정적으로 보고 향토인이 향토문화에 무관심하고 부정적이라면 우리의 뿌리는 어디서 찾을 것이며 우리가 설 곳은 어디란 말인가. 과거 우리 조상들의 문화를 사대라면서 왜 자기네들은 외래문화, 외래종교에서 헤어나지 못하는 것인지 이해가 되지 않는다.

우리는 스스로 내 것의 훌륭함과 가치를 발견(發見)하여 내 향토 내 문화(文化)에 대한 자부심과 긍지를 가질 수 있어야 한다. 왜래 문화(文化)에 현혹돼서 억대의 문화유산을 몇 만원짜리 서양식 물건과 바꾸는 어리석음을 범해서는 안될 것이다.

향토문화의 연구는 향토의 전통문화를 조사, 발굴, 보호하여 고장의 뿌리를 북돋우고 국사의 한 부분, 국사의 한 자료를 보존하는 기능을 수행한다는 점에서 애착을 가지고 적극적이어야 할 것이다.

조상 대대로 살아온 유서 깊은 고장과 고장을 떠나 내가 살고 있는 향토에 관심과 애착을 갖는 것은 사람의 공통된 감정일 것이다. 그래서 정지용(1902~1950)은 향수에서 「흙에서 자란 내 마음 파아란 하늘빛이 그리워 함부로 쏜 화살을 찾으려 풀섶 이슬에 함초롬 휘적시던 곳」을 꿈엔들 잊을 수 없다고 그 실상을 그리고 있다.

고장을 꾸며 주고 있는 나무 한 그루, 풀 한 포기, 흙 한 덩이, 돌 한 개 라도 소중히 여기고 조상들의 문화유산을 보존하면서 고향을 지키는 애향심을 발휘할 때에 우리는 도도히 밀려오는 외래 풍조 속에서 살아 남을 수 있는 것이다. 향토를 지키는 마음은 강토를 지키는 마음이요, 향풍을 지키는 마음은 도덕을 밝히는 마음이다. 그러므로 향토애는 곧 바로 애국애족의 바탕인 것이다.

2) 향토 자료의 분류와 조사 의의

문화(文化)란 인간(人間)이 남긴 생활(生活)의 총체라고 한다. 내 고장에 조상들이 남긴 문화를 조사 발굴 보존하는 일은 향토를 사랑하는 마음에서 비롯되는 것이다. 한 지역의 문화(文化) 유적을 조사(調査)대상으로 한다면 자료의 분포는 지역마다 차이가 있을 수 있으나 대략 다음과 같이 분류할 수 있겠다.

① 정치 · 인물	② 지리 · 환경
③ 분묘 · 단	④ 유적 · 유물
⑤ 미술 · 공예	⑥ 문집 · 간찰
⑦ 사우 · 정자	⑧ 서원 · 향교
⑨ 사찰 · 암자	⑩ 소지 · 계
⑪ 문서 · 교지	⑫ 금석문
⑬ 특산물	⑭ 사건일지 · 일기
⑮ 民俗 · 生活	⑯ 표창 · 서훈
⑰ 신화 · 전설	⑱ 읍지 · 군지
⑲ 근 · 현대사	⑳ 기타 자료

이상과 같은 광범위한 자료의 분류는 분류 방법에 의한 것이 아니라 필자의 견해로 나열한 것이다. 그것은 향토문화 자료의 분류나 조사는 전문가나 향토연구가에 의해 구분될 수 있지만 전문 지식인이나 연구가 아니더라도 고장을 지키는 애향인(愛鄕人)이 이 방면에 관심을 갖는다면 향토문화의 보전적 측면에선 큰 수확이 있을 것이기 때문이다. 우리가 향토문화 자료의 조사 · 수집 · 발굴 · 보전을 다루는 것은, 빠른 속도로 변화(變化)되어 가는 시대적(時代的) 상황을 감안하여 각자가 애향심(愛鄕心)을 가지고 사라져가는 자기 고향(自己 故鄕)의 향토 자료들을 구해보고자 하는 노력을 갖도록 하는데 의의를 가지고 있는 것이다. 많은 사람들이 지역 향토 문화(文化)에 관심을 갖는다면 비록 그들이 전문가나 연구가가 아니더라도 전문가와 연구가에게 자료 연구 · 보전의 응급 처치 역할이나 가교적 역할을 할 수 있을 것이다. 또는 행정적 지원을 받을 수도 있을 것이다.

▲ 한음 이덕형 묘역(양서면 목왕리)

▲ 양창석의 용문팔경 시비(용문산)

▲ 청강 이제신 신도비각(서종면)

▲ 설악면 경현단(12위 배향)

▲ 장회진 · 벽진이씨 부부 효행비

▲ 임장서원 건립사적비

▲ 양평군 서종면 정배리 마을비

▲ 동오 안광욱 묘갈

▲ 이호민 신도비

▲ 서종면 노문리 벽계마을비

3) 향약의 전래와 기본정신

향약이란 조선시대에 권선징악(勸善懲惡)·상부상조(相扶相助)·사회교화(社會敎化)·향리인보(鄕里隣保)를 목적으로 한 향리의 자치 규약을 말한다. 우리나라에서는 각 지방에서 향리의 탐관오리를 규탄하고 향풍(鄕風)을

▲ 평창군 봉평면 봉산서재 사적비

▲ 상존 이정숙 화갑시비

▲ 장술흠 묘표

▲ 화서 이항로 친필 시비

바로잡는 것을 목적으로 하여 설치되었던 유향소(留鄕所)라는 자치단체가 문제점이 생겨 폐지 위기에 직면하였다. 그러자 이를 대신할 수 있는 향약을 실시할 것을 요구하는 유생 김인법의 상소와 대사헌 조광조(1482~1519)의 진언으로 1517년(중종12)에 향약이 정책적으로 본격적 시행되었는데, 그 모체를 이룬 것은 중국의 여씨향약(呂氏鄕約)이었다. 여씨향약은 북송말(北宋末)에 도학으로 이름 높던 섬서성 감전현 출신의 여대균(呂大鈞)이 일가 친척은 물론 향리 전체를 교화 · 선도하기 위하여 제정한 것이었다. 그 후 여씨향약은 주자(朱子)에 의해 수정 · 증보되어 「주자대전(朱子大全)」에 실리게 되었다. 그러므로 향약은 고려 말 주자학의 전래와 함께 우리나라에 소개되었던 것으로 추정된다.

1398년(태조7)에 태조는 그의 향리인 풍패향(豊沛鄕)을 위해 향가조목(鄕家條目) 41조를 제정하고 효령대군으로 하여금 그것을 증본하여 향리에 반포, 실시케 하였는데, 이것을 우리나라 향약의 시초로 본다. 여씨 향약의 기본 정신은 향약의 사대덕목(四大德目)에 잘 나타나 있다.

덕업상권(德業相勸) : 훌륭한 일은 서로 권장한다.

과실상규(過失相規) : 잘못은 서로 살펴 고쳐 준다.

예속상교(禮俗相交) : 서로 사귐에 있어서 예의를 지킨다.

환난상휼(患難相恤) : 환란을 당하면 서로 도와준다.

이러한 기본 정신을 근거로 하여 향약은 정신문화의 창조와 교양, 경제생활의 향상, 예의바른 사회생활의 권장과 자치 · 자위역량의 강화 등을 통하여 공동생활의 안정과 질서를 유지하는데 기여했다. 그러나 여씨향약은 중국의 향리 풍토를 전제로 만들어진 것이기 때문에 우리나라의 고유한 풍습과 실정(實情)에 알맞은 향약을 제정할 필요가 생기게 되었다.

이에 퇴계 이황(李滉)은 1556년(명종11) 여씨향약을 참작하여 예안향약을 만들었는데, 이것은 후에 영조 때의 유학자 최흥원(崔興遠)에 의해 증보되어 최흥원의 향리인 달성군 부인동(夫仁洞)의 동약(洞約)으로 시행되었다. 또한 율곡 이이(李珥)는 1571년(선조6) 여씨향약과 예안향약을 기초로 서원향약(西原鄕約)을 만들어 청주(淸州(西原)) 지방에 시행하였다. 1577년(선조10)에는 해주향약과 해주일향약속을 제청 · 시행하였는데, 이것은 여러 향약들을 참고하여 각 지방의 실제 사정에 맞도록 가감하였다는 점에서 우리나라의 향약으로는 가장 완비되었던 것으로 평가된다. 이는 그 후 숙종 · 영조 · 정조 때에 이르기까지 각 지방에 실시되었다.

사회교화(社會敎化) · 향리인보(鄕里隣保) 등을 목적으로 실시하였던 향약은 다소 폐단이 있었으나 사회윤리에 끼친 공적은 높이 평가된다. 먼저 향약의 공적을 보면,

첫째, 향약은 자치적으로 사회의 윤리도덕을 확립하는데 크게 이바지하였으며, 미풍약속을 계승하고 상부상조하며 권선징악하는 사회윤리를 조성하였다.

둘째, 향약은 사대덕목(四大德目) 실천에 그치지 않고 성(誠) · 경(敬)을 생활 속에서 실천하는 도덕 규범이었다.

셋째, 향약은 지역 주민에게 상부상조의 협동정신을 진작시켰고 향리(鄕里)에 대한 향토 연대의식을 고취시켰다.

넷째, 향약은 주로 양반 중심의 유교적인 도덕규범이 강조됨으로써 일반 서민들의 생활에 유교정신이 보다 깊게 보급되는데 기여했다.

그러나 향약의 폐단도 없지 않았다. 향약의 폐단은 조선 말기에 이르러서 일부 지역의 향약 임원들이 탐관오리와 결탁하거나 그들에게 주어진 권력을 남용하여 상민(常民)을 협박하는 등 풍속을 문란케 한 일도 없지 않다. 또한 사화나 당쟁에 의하여 관계(官界)에서 밀려난 사림(士林)들의 은거지가 되어 파벌의 조성, 당쟁의 근거지로 이용되기도 하였다.

4. 개인과 국가

인간은 먼저 개인으로 이 세상에 태어나서 그 다음에 필요에 따라서 사회를 구성하고, 그리고 국가의 시민이 되는 것이 아니다. 인간이란 하나의 국가사회 안에서 문화적인 전승을 내면화함으로써 비로소 인간이 되는 그러한 존재다. 따라서 국가와 사회는 인간의 생활을 위한 외부적인 또는 우연적인 조건이 아니고, 그의 생활과 불가분으로 연결된 조건이며 그의 자아 실현을 위한 본질적이고 필연적인 조건이다.

우리의 국가관과 윤리이념은 우리의 인간 이해에 의존한다. 우리가 인간을 어떻게 이해하고 있느냐에 따라서 우리의 국가관과 우리의 윤리이념이 달라질 수 있다는 것이다. 인간은 다른 동물들과는 달리 자기의 존재에 대한 이해를 필요로 하는 그러한 동물이다. 인간의 자기 이해는 국가관과 윤리 이념을 포함한 전체적인 세계관의 기초가 된다는 것이다.

이성을 가진 인간은 단순한 생존만으로는 만족할 수가 없다. 생물학적 생존과 아울러 문화적 생활을 추구하는 것이 인간의 본성이다. 이 두 가지 목표를 달성하는 일은 개인의 힘만으로는 도달하기 어려운 인간의 과제다. 인간이 생물학적 욕구와 문화적 욕구, 사회적 욕구를 충족시켜 가며 자아의 실현을 도모하는 것은 사회 또는 집단 가운데 가장 강력하고 영향력이 큰 것은 국가다.

국가를 개인의 자유와 보호를 위한 수단으로써 법적 조직체에 불과한 것으로 보는 견해와 국가를 그 자체의 생명과 가치를 보유하는 유기적 전체로 보고 국민 각자는 그 전체를 위해서 봉사할 부분에 해당한다고 주장하는 견해가 있다. 이 두 견해는 인간존재의 참모습을 어떻게 보느냐 하는 문제와 깊이 관련되어 있다. 개인 각자를 독립된 주체로 보는 인간관이 개인주의의 바탕인 반면에, 인간 상호간의 유대를 중요시하고 유기체적 집단을 인간의 본연의 모습이라고 보는 인간관은 전체주의의 바탕이다.

민주주의란 말은 사람에 따라서 여러 가지 의미로 쓰여 왔다. 자유민주주의라고 했을 때 우리의 선택한 바가 개인주의였음에 의심의 여지가 없다. 자유민주주의는 인간의 존엄성에 대한 믿음과 개인의 자유 및 평등에 대한 이념의 토대 위에서만 성립할 수 있다. 국가는 고유한 전통과 문화를 가졌으며, 이 전통과 문화에는 그 자체의 생명과 가치가 담겼다고 보아야 할 것이다. 민족국가는 혈연과 지연이 한데 얽힌 공동체인 까닭에, 그 생명체적 성격이 더욱 뚜렷하다고 볼 수 있다. 민주주의란 본래 인간의 존엄성과 그 평등을 믿는 신념에서 출발한 것이었다. 따라서 나의 인격과 권익을 존중하는 것과 같은 마음으로 남의 인격과 권익도 존중할 것을 요구한다. 민주주의의 핵심은 이성을 가진 인간이 인간답게 행세하는 생활 태도에 있다고 보아야 할 것이다. 국가가 귀중한 근거는 인간의 귀중함에 있다는 사실과, 한 사람의 행복보다는 여러 사람의 행복의 실현을 위한 공동체라는데 있다.

그러므로 개인주의적 국가관이나 전체주의적 국가관은 배제되어야 한다. 그것은 국가 전체의 이익이 곧 국민 개개인의 대부분의 이익과 거의 같은 것으로 보아야 하며 국가의 주체는 국민이며, 전체로서의 국민의 이익에 배치되는 '국가이익' 은 따로 있을 수 없기 때문이다.

04 절 倫理道德의 필요성

1. 도덕현상

인간은 항상 어떤 행위를 해가며 살아가기 마련이다. 삶이란 곧 행위의 연속이며 여러 가지 행위를 잇달아 한다. 행위 가운데는 마음대로 해도 좋은 것과 그렇지 않은 것이 있다. 예를 들면 직장에 출근할 때 버스와 택시 또는 지하철 가운데서 어느 것을 이용해도 무방하다. 그러나 버스표를 가지고 지하철을 타거나, 요금을 안 내고 탈 자유는 없다. 우리 국토 어느 곳에 살아도 주거의 자유는 가지고 있다. 그러나 공원, 유원지 또는 남의 땅에 집을 짓고 살 자유는 없다. 인간은 여러 가지 규범의 제약을 받아가며 살게 마련이다.

이러한 규범을 관습과 법과 도덕으로 나눈다. 예컨대 '모든 보행자는 좌측으로 통행하라' 는 규범은 관습이요, '모든 차량은 우측으로 통행해야 한다' 는 것은 법적 규범이다. 그리고 '자식은 부모에게 효도를 해야 한다' 는 것은 도덕적 규범이라고 볼 수 있다. 이 세 가지 가운데 가장 근본적이며 중요한 것은 도덕 또는 윤리의 규범이다.

우리의 관습 또는 법을 평가하는 기준이 되는 것은 도덕 또는 윤리이기 때문이다. 참된 도덕이 요구하는 관습과 법만이 올바른 규범으로써의 자격을 인정받을 수 있는 것이며 국민 모두가 도덕적으로 완전무결하면 관습이나 법은 따로 없어도 사회 질서를 유지할 수 있을 것이다.

우리가 지금 문제로 삼고 있는 도덕현상은 실은 욕구 충족을 돕거나 방해하는 행동 또는 인품에 대하여 사람들이 취하는 태도를 바탕으로 삼고 형성된 일종의 사회 현상이다.

인간은 각각 자기의 욕구 충족을 위해서 도움이 되는 행위를 가상히 여기고 방해가 되는 행위를 못마땅하게 여기는 원초적 심리가 있다. 이것이 도덕적 가치의 기준이 되는 것은 물론 아니다. 도덕적 평가의 바탕이 되는 것은 개인적 이해관계에 좌우되는 개인적 호악(好惡)의 심리가 아니라, 사회 전체의 공익을 염두에 두고 관찰할 때 느껴지는 시인 또는 비난의 감정이다. 다만 사회 전체의 공익을 소중히 여기는 심리와 개인의 사리를 소중히 여기는 심리는 모두 욕구의 충족을 희구하는 원초적 심리의 두 가지 형태일 뿐이다.

인간은 본래 사회적 존재인 까닭에 비록 개인적 욕구의 충족이라 할지라도 사회의 공동생활을 통하여 이루어지는 것이 보통이다. 한 사회의 공동 목표의 달성 및 그 사회의 여러 성원들의 욕구 충족을 위해서 적합하다고 판단되는 행위에 대해서는 찬양의 반응을 보이고, 그 반대라고 판단되는 행위에 대해서는 비난의 반응을 보이게 되거니와 이러한 찬양과 비난의 반응이 어떤 고정관념을 만들어내었을 때 관습의 탄생을 보게 된다. 관습이 합리적이며 세련된 모습으로 발전하는 단계에 이르렀을 때 그 사회의 윤리 또는 도덕으로서의 권위를 차지하는 것이다.

현실적으로 통용되는 도덕이 완전한 것이 아닐 가능성이 있다는 사실은 현행 도덕을 비판의 대상으로 삼고 분석 검토하여, 보다 완전한 도덕의 체계를 세우도록 꾀하는 노력이 한편으로 진행될 필요가 있다는 것이다. 그러나 현행 도덕이 반드시 완전한 것이 아니며 개조의 여지가 있는 규범이라 하더라도 함부로 무시하고 위반해도 좋다는 뜻은 아니다. 보다 나은 도덕의 체계가 대신 설 때까지는 현행 도덕을 그런대로 소중히 여기는 편이 바람직할 경우가 많다. 유배지에서 국가로부터 내려지는 사약을 마시는 우리 조상들의 엄정한 정신은 도덕의 경우에 있어서도 귀중한 교훈이 될 수 있을 것이다.

2. 절대론적 윤리설과 상대론적 윤리설

고래로 많은 사상가와 생활인들이 절대적 윤리가 존재함을 믿어 왔다. 그리고 많은 학자들이 그 절대적 윤리의 법칙을 밝혀내려고 애를 썼다. 실로 윤리학의 역사는 절대적 윤리의 탐구의 역사라 하여도 과언이 아니다. 그러나 오늘에 이르기까지, 아직도 절대적 윤리의 원리 또는 그 체계를 확실하게 밝혀 준 사람은 없다.

절대적 윤리설에는 목적론과 법칙론이 있다. 목적론에 따르면 인생에는 모든 사람이 그것의 실현을 위해서 최선을 다해야 할 목적이 있다. 그것은 삶의 궁극적 목적으로써 인간이 마음대로 정할 수 있는 것이 아니라, 이미 선천적으로 주어진 절대적인 것이다. 법칙론에 따르면, 우리 인간에게는 사람인 이상 누구나 지켜야 할 행위의 법칙이 주어져 있다. 그 법칙은 인간이 편의에 따라서 정할 수 있는 것이 아니라 인간의 의지를 초월하여 미리 주어진 것으로 절대불변의 것이다. 그 절대적 법칙이 구체적으로 어떤 조목들로 되어 있으며, 그것을 우리에게 준 것이 누구냐에 관해서는 법칙론자들 사이에도 이견이 많다. 그러나 행위의 시비는 선천적으로 주어진 도덕 법칙에 비추어서 결정해야 한다고 믿는 점에 있어서 그들의 견해는 근본적으로 일치한다.

목적론의 계열에 속하는 것이든 법측론의 계열에 속하는 것이든 모든 절대론적 윤리설에는 이론적 난점이 있다. 논자가 제시하는 어떤 목적 또는 법칙이 우리 모두가 반드시 따라야 할 절대적인 목적 또는 법칙이라는 것을 빈틈없이 논리로써 증명할 수가 없다.

어떤 목적 또는 법칙이 선천적이요, 절대적인 도덕의 원리라는 것은 증명을 기다릴 필요도 없이 자명하다고 주장하는 길만이 남아 있다.

첫째의 난점은 논자들이 내세우는 '자명한 원리' 들 사이에 불일치가 심하다는 사실이다. 사람에 따라서 '행복' 을 자명한 인생의 목적이라고, '자아의 실현' 이 삶의 궁극 목적이라고, '양심을 따르라' , '삼강(三綱)' 또는 '오륜(五倫)' 을 자명한 원리로써 제시할 수도 있기 때문이다.

둘째의 난점은 '자명한 원리' 가 지나치게 추상적이어서 상호간에 충돌이 생겼을 때 조절할 수 있는 제3의 원리를 찾아보기 어렵다는 사실이다. '완전' 또는 이 '실천이성의 근본법칙' 은 너무나 추상적인 개념이어서 구체적이며 명확한 윤리의 규범을 그로부터 연역해 내기는 어렵다.

절대론적 윤리설은 플라톤(Platon)의 이데아설에 근원을 두었다. 플라톤의 이데아설에 대해서는 일찍이 아리스토텔레스의 예리한 비판이 있었다. 그러나 플라톤의 학설이 완전히 타도된 것은 아니다. 그의 학설을 확고하게 입증한 사람도 없지만, 그 부당성을 완전히 증명한 사람도 없다. 플라톤의 이데아설은 하나의 형이상학(形而上學說)이요, 형이상학설은 경험을 초월한 세계에 대한 사변(思辨)의 체계인 까닭에 그것의 타당성 또는 부당성을 완전히 증명한다는 것은 본래 불가능한 일이다. 그것은 결국 믿음을 바탕으로 삼는 이론이며, 그것을 긍정하느냐 부정하느냐 하는 문제도 필경은 믿음에 따라서 좌우될 문제일 따름이다.

절대론적 윤리설은 결국 믿음의 문제로 귀착된다. 어떤 믿음에 토대를 둔 형이상학설이며 그것이 선천적이요, 절대적인 규범의 체계라는 점에 있어서 결론이 일치한다.

오랜 세월동안 수많은 철학자들이 목적론 또는 법칙론을 전개하여 절대적 윤리의 원리를 제시했으나, 그 증거를 요구하고 따져 들어가는 견지에서 볼 때 논리적으로 만족스러운 것은 하나도 없었다. 이에 20세기 초엽에 이르러 상대론적 윤리설은 과거 어느 때보다도 강하게 일어났다. 특히 현대에 이르러 상대론적 윤리설이 크게 대두된 것은 두 차례의 세계대전과 과학 기술의 놀라운 발달로 인한 사회의 양상과 생활의 조건이 급격한 변화를 일으켰다는 역사적 사실에 그 원인을 둘 수 있다. 또한 자연과학의 방법을 적용한 경제적 인간학은 인간을 진화의 산물로 보는 동시에 이성 또는 양심까지도 경험을 따라서 발달하는 것으로 보는 경향이 있다. 인간성 전체도 가변적인 것으로 보아야 할 것이며 고정불변한 선천적 인간성을 생각하기도 어렵게 된다. 특히 문화적 배경을 달리하는 여러 민족과 부족에 대한 민속학적 연구는 전통과 인종이 다르면 도덕감 내지 양심도 크게 다르다는 것을 발견했고 이것은 절대적 윤리의 신빙성을 크게 약화시키는 결과를 가져왔다.

어떠했든 간에 윤리학적 회의는 극복되어야 할 문제를 안고 있는 정신상태이다. 왜냐하면 시간과 공간의 제약을 받지 않고 보편적으로 타당한 절대 윤리의 존재를 의심하는데 그치지 않고 윤리 자체를 자의적인 것으로 본다면 도덕적 무정부 상태를 방지할 이론적 근거가 무너지기 때문이다. 이러한 윤리학적 회의론을 어떻게 극복하느냐하는 문제는 현대 윤리학의 큰 과제이다.

3. 삶의 지혜로써의 윤리

도덕 현상은 인간 사회에 있어서 보편적인 현상이다. 우리들의 삶을 위하여 도덕은 절대로 필요한 규범이다. 도덕을 갖지 않는 사회는 있을 수 없기 때문이다. 인간 사회를 위하여 필요 불가결한 현상이라는 뜻에서 도덕은 인간에게 필연적이다.

도덕은 인간이 지켜야 할 행위의 규범이다. 그리고 인간이 행위를 하는 것은 다른 무엇을 위해서이기보다는 그가 봉착한 문제를 해결하기 위해서이다. 행위의 처방으로의 도덕이 타당성을 갖기 위해서는 첫째로 행위자 또는 그의 사회가 부딪치고 있는 문제를 해결하기에 가장 적합한 행위의 지침을 밝혀 줄 수 있어야 한다.

도덕이 관여해야 할 사회적인 문제들의 대부분은 욕구의 대립에서 오는 문제들이다. 도덕이 관여할 심각한 문제들의 대부분은 개인과 개인 또는 집단과 집단 그리고 개인과 집단 사이에 일어나는 욕구의 대립에 연유하는 것들이다.

이러한 욕구의 사회적 갈등을 원만히 해결하기에 적합한 행위의 처방을 제시하는 일은 도덕이 맡아야 할 구실의 가장 큰 것이다. 이 구실을 유감 없이 수행하기에 부족함이 없도록 지혜로움은 완벽한 도덕이 갖추어야 할 첫째 조건이다.

욕구의 사회적 갈등의 해결을 위한 처방을 제시하는 것은 법의 임무이자 또 도덕의 임무이기도 하다. 이상적인 국가에 있어서는 법(法)은 '최소한의 도덕'에 해당한다. 욕구의 사회적 갈등을 해결함에 있어서 도덕은 법보다도 더 넓은 범위를 담당해야 한다는 차이가 있을 뿐이라고 이해하면 족할 것이다. 우리가 현행 도덕을 평가하거나 새로운 윤리를 모색할 경우에 기본으로 삼아야 할 것이 이성의 판단, 특히 그 공정성의 원리라는 것을 의미한다.

선천적 절대윤리설 가운데도 이성을 원리로 삼고 '윤리의 원형'을 찾아낼 수 있다고 보는 견해가 있다. 칸트의 윤리설은 그 대표적인 것이다. 다만 인간의 심리와 생활의 조건을 비롯한 여러 가지 사실에 대한 지식을 근거로 삼고 이성적 숙고를 통하여 하나의 길을 선택함으로써 윤리의 기본원리를 정립해야 할 것이라는 뜻을 말하는 것이다.

윤리를 역사의 과정에서 경험적으로 생기는 삶의 지혜라고 보는 것은 윤리의 근거를 인간성 안에서 찾으려 하는 견해의 한 유형이다. 이때 윤리의 근거로써 인정되는 인간성은 반드시 형이상학자들이 말하듯 신비롭고 성스러운 그것이 아니라 생물학 내지 심리학으로 파악되는 경험적 인간의 그것이다. 선천적 근거를 가진 윤리라면 절대성과 권위를 인정받을 수 있겠지만, 경험적 근거밖에 없는 윤리라면 상대적일 수밖에 없고 따라서 우리가 그것을 존중하지 않으면 안될 만한 권위도 인정할 수 없지 않느냐 하는 의문이다. 이러한 의문에 근거를 두고 경험론적 윤리설은 윤리 그 자체의 성립을 근본적으로 위협하는 사설(邪說)이라고 걱정하는 사람들도 있다. 그러나 이러한 의문과 걱정은 종교적 사고방식의 영향을 받은 선입견에서 유래되는 것으로써 정확한 이론에 근거한 것은 아니다.

사람은 목적 의식을 가지고 산다. 아무런 목적의 체계도 가치의 서열도 갖지 않고 산다는 것은 불가능한 까닭에, 우리는 반드시 어떤 행위 규범 즉 윤리를 가져야 한다. 욕구와 지성을 아울러 가지고 있는 까닭에 우리는 평가를 떠나서 살 수 없으며, 행위와 인격도 평가의 대상이 되지 않을 수 없다는 사실이 윤리를 불가피한 것으로 만든다. 우리가 주체적으로 하나의 윤리체계를 선택했을 경우에 그 선택된 체계는 그것을 선택한 우리들에 대해서 일종의 절대성을 갖는다.

그리고 인간이 주체적으로 선택한 삶의 지혜로써 우리는 준수해야 하는 것이다. 국민 스스로가 참여해서 만든 국법이면, 국민으로서 그것을 지켜야 할 책임은 더욱 무겁다. 그와 마찬가지로 인간 스스로가 깊은 숙고를 거쳐서 스스로 결단을 내림으로써 선택한 윤리 내지 가치의 체계라면, 우리 인간이 그 길을 따라야 할 책임과 의무는 더욱 뚜렷한 것이다.

2부 祖上崇拜思想

01 절 나의 根本은 祖上

1. 성씨의 기원

성(姓)은 혈족관계를 표시하기 위하여 제정된 것인데, 언제부터 발생하였는지 자세히 알 수가 없다. 부부에 의하여 가족이 형성되고 가족이 공동 혈연 집단으로 발전하여 씨족집단이 형성된 것이다. 씨족 집단은 모계중심에서 부계중심으로 변화하면서 거대한 사회 조직의 기초 단위를 이루었다.

씨족사회는 씨족 전원의 공동운명체로서 씨족장이 존재하며 중대사는 씨족회의에서 전원 합의에 의하여 결정하였다. 이러한 씨족 집단은 같은 씨족 중 혈통에 가까운 사람들끼리 모여 살면서 여러 개의 씨족 집단이 나타나게 되었다. 이를 우리는 부족사회라고 한다. 부족사회는 다시 부족국가로 발전하였다.

이와 같이 혈연 집단으로 발전한 선사시대의 사회는 씨족에 대한 관심과 결합이 강하여 자기집단의 조상을 숭배하게 되고 동족끼리 공동 생산, 공동 방어, 공동 생활, 공동의 명예를 존중하였다. 그리고 다른 씨족과의 구별을 위하여 각기 다른 명칭을 사용하였을 것이며, 그 명칭을 문자화한 것이 성(姓)의 표현이었을 것으로 보고 있다.

우리의 성씨(姓氏)는 대개 중국에서 전래한 것으로 본다. 중국에서는 처음에 그들이 거주하는 지명(地名)이나 산 · 강의 이름을 성으로 삼았다고 한다. 신농씨(神農氏)의 어머니가 강수(姜水)에 있었으므로 강씨(姜氏)라 하고, 황제(黃帝)의 어머니가 희수(姬水)에 살았으므로 희씨(姬氏)라 하였으며, 순임금의 어머니가 요허(姚虛)에 살았으므로 요씨(姚氏)라 한 것은 그 예이다. 이는 모계혈족의 호칭이라고 본다. 즉 성은 모권 또는 여계(女系)시대의 씨족장 또는 씨족인이 가진 공동 명칭이라고 한다.

그러나 성(姓)은 부계혈족을 표시하는 명칭에서 시작되었다고 보는 것이 유력하다. 그것은 장구한 중국역사 속에서 모계적 흔적은 인정할 정도이고 일처다부의 흔적도 없으며 그런 전설도 없다는 것이 파커(E. H. Parker)교수의 주장이다.

씨(氏)의 기원에 관여하는 고염무의 설에 의하면 「氏」란 것은 경대부(卿大夫)에게서 생긴 것이요. 王이나 제후에게는 씨(氏)가 없고 왕후(王侯)의 자손이나 공자(公子) · 공손(公孫)도 씨가 없었다. 그러나 후대에 와서 선조가 공손이었기에 공손씨(公孫氏)가 되었다는 것이다. 성과 씨와의 관계는 요컨대, 성의 분족(分族)을 이룬 것이 씨(氏)라는 것이다. 씨란 같은 성(姓)의 계통을 표시하는 말이다. 성(姓)과 씨(氏)의 유래가 같은 경우와 다른 경우도 있고 성이 씨가 되고 혹은 씨가 성이 되어 후대에서 혼용하게 되었을 뿐만 아니라. 사성(賜姓) · 변성(變姓)에 의하여 성(姓)으로 반드시 혈통을 가릴 수 없게 되어 성씨(姓氏)니, 씨족(氏族)이니 하게 되었다.

2. 성씨와 본관

성(姓)과 씨(氏) 외에 혈통을 나타내는 말이 본관(本貫)이다. 김씨든 이씨든 성(姓)이 동일하다고 하여 혈통이 같을 수 없으며, 성씨 앞에 붙는 본관에 따라 특수한 경우를 제외하고 혈통이 같다. 본관은 본(本) · 관(貫) · 관향(貫鄕) · 관적(貫籍)이라고도 한다.

삼국사기 열전(列傳)에 「강수중원경사량인야(强首中原京沙梁人也)」라고 한 것이나, 「향덕웅천주판적향인야(向德熊川州板積鄕人也)」라는 기록은 관향(貫鄕)에 관한 최초의 기록이다. 이것은 출향지(出鄕地)를 표명한 것이고 향관의 본질인 혈통을 표시한 것이라고 보기는 어렵다. 그러나 성(姓)에 본관이 붙는 것은 혈족을 표시하는데 보다 명확할 수 있기 때문에 불가피하다.

그러므로 더욱 성씨에 특수성을 부여하는 관향이 붙여지게 되었는데 분관(分貫)이 그것이다.

본관이란 시조 혹은 중시조의 출신지 또는 씨족의 세거지(世居地)의 지명을 뜻하는 것인데, 성씨에 따라 단일본을 쓰거나 분적 되어 본을 바꾸는 경우가 많았다. 성씨와 본관과는 혈족의 분속(分屬)과 문지(門地)를 표시하는데 '전주+이씨' 하듯 병칭(竝稱)하여 독자적 혈통임을 나타낸다. 그러나 본관이 다르거나 같아도 혈통이 같거나 다른 경우도 있다.

① 이조동성이본(異祖同姓異本)
전주 이씨, 경주 이씨, 한산 이씨, 개성 이씨 등

② 이조이성동본(異祖異姓同本)
廣州金氏, 廣州邦氏, 廣州安氏, 廣州李氏, 廣州崔氏

③ 이조동성동본(異祖同姓同本)
南陽洪氏 : 始祖 洪殷烈(唐洪系)
始祖 洪先幸(土洪系)
金海金氏 : 始祖 金忠善系
始祖 金首露王系
安東金氏 : 始祖 金叔承系(舊)
始祖 金宣平系(新)

④ 동조동성이본(同祖同姓異本)
慶州朴氏 : 彦儀, 月城大君派
高靈朴氏 : 彦成, 高陽大君派
密陽朴氏 : 彦忱, 密城大君派
商山朴氏 : 彦昌, 沙伐大君派
이상은 모두 신라 제29대 景明王의 子이다.

⑤ 동조이성동본(同祖異姓同本)

金海金氏와 金海許氏

⑥ 동조이성이본(同祖異姓異本)

仁川李氏와 金海許氏, 慶州金氏와 安東權氏,

文化柳氏와 延安車氏.

이상과 같이 동성동본도 혈통이 다른 경우가 있고 이성이본(異姓異本)도 혈통이 같을 수가 있다. 그러나 동성동본은 백대지친(百代之親)이라는 우리 조상들의 관념에 따라 통혼(通婚)이나 종중사(宗中事)에 있어서 문중관행에 어긋남이 없어야 할 것이다.

3. 한국성씨의 유래

중국 한(漢)나라 허신(許愼)의 「설문해자 說文解字」에는 "태어나는 바에 따라 성(姓)을 삼는다(因生以爲姓)"라고 하고 있다. 중국의 영향을 받은 우리나라에서는 삼국사기 삼국유사에 의하면 고구려의 시조 주몽은 고씨(高氏)라 하였으며 그의 신하 재사(再思)에게 경씨(京氏), 무골(武骨)에게 중실씨(仲室氏), 묵거(默居)에게 소실씨(小室氏)의 성을 사성(賜姓)하였다. 백제의 시조 온조는 부여 계통에서 나왔다고 하여 부여씨라 하였으며, 신라에는 박(朴) · 석(昔) · 김(金) 3성이 있고 제3대 유리왕 때에 6촌에 사성하여 이씨(李氏) · 최씨(崔氏) · 정씨(鄭氏) · 손씨(孫氏) · 배씨(裵氏) · 설씨(薛氏)의 성을 주었다고 하며 수로왕은 황금 알에서 나왔다 하여 김씨로 하였다. 그러나 진흥왕의 4개 순수비에 나타난 인명(人名)에 성이 하나도 보이지 않는 것을 보면 6부(部)의 성은 진흥왕 이후의 일로 추정된다.

한서(漢書) 이후 중국 정사(正史)에 의하면 고구려는 장수왕(413~491) 때에, 백제는 근초고왕(346~376) 때에, 신라는 진흥왕(540~576) 때부터 성을 사용한 것으로 보인다.

고구려는 장수왕 때부터 중국에 보낸 문서에 고씨(高氏)의 성을 썼으며 을(乙)·예(禮)·송(松)·목(穆)·우(于)·주(周)·마(馬)·손(孫)·동(董)·예(芮)·연(淵)·명임(明臨)·을지(乙支) 등의 10여종이, 백제는 근초고왕 때에 여씨(餘氏)라 하였다가 무왕 때부터 부여씨(扶餘氏)라 하였으며 사(沙)·연(燕)·저(刕)·해(解)·진(眞)·국(國)·수(水)·묘(苗)의 8족과 왕(王)·장(長)·사장(司長)·수이(首彌)·고이(古이)·흑치(黑齒) 등의 10여 종이, 신라는 앞에서 언급된 3성·6성과 장(張)·요(姚) 등 10여 종이 있다.

우리나라는 고려 초기에 사성(賜姓)이 많고 성을 쓰는 사람이 많이 나타나 귀족 관료계급들은 성을 쓰지 아니한 사람이 없었다. 그런데, 1055년(문종 9)에 성을 붙이지 아니한 사람은 과거에 급제할 자격을 주지 아니하였다. 그러므로 우리나라의 성은 이후부터 일반 대중에게 보편화되었다고 본다. 그러나 노비나 천민 계급은 성을 사용하지 아니하였다.

각 성씨에는 성씨를 갖게 된 연유나 시조(始祖), 명조(名祖)에 대한 기담이 많다. 단군신화는 물로 박씨 시조 박혁거세, 석씨 시조 석탈해, 김씨 시조 김알지, 고주몽의 설화, 제주도의 고(高)·부(夫)·량(梁)의 삼성혈(三姓穴), 여우와 강감찬, 금돼지와 최치원, 경주이씨와 자라, 파명윤씨와 잉어 등은 성씨와 관련된 전설이나 기담들이다.

4. 한국성씨의 특성

우리나라는 예부터 출가한 딸이 남편의 성을 따르거나 이성양자(異姓養子)의 경우도 성을 변경할 수 없게 되어 있어 다른 나라와 대조를 이루는 특색이 있다.

첫째, 우리나라 사람은 모두 부계중심(父系中心)의 남계의 성을 따라 정해지고 신분이나 호적의 변경이 있더라도 성을 변경하지 않는다. 그러나 2005년 호주제 폐지에 따른 새로운 법률에 따라 성을 변경할 수 있게 되었다. 여기에는 천륜과 도덕을 무시한 모순과 위험이 있다.

둘째, 자식(男女)은 생부의 성을 가지며 아들이 분가하거나 딸이 출가하더라도 성은 변경할 수가 없다.

셋째, 타인에게 입양되어 수양자의 성을 따르는 자도 아버지가 판명되면 본성으로 돌아가는 것이 원칙이다.

넷째, 타인에게 입양된 자라도 성을 고쳐서는 안 된다. 그러나 호주제 폐지로 성을 바꿀 수 있게 되었다.

다섯째, 사용하던 성(姓)이 잘못되었다는 확증이 있으면 본성으로 돌아가는 것이 보통사람들의 관행이다.

외국의 예를 보면, 일본은 혼인 시에 협의에 의하여 남편 또는 아내의 성을 따른다. 이탈리아 · 스위스 · 독일 · 브라질 등은 원칙적으로 아내는 남편의 성을 따른다. 1930년 중국 민법에서는 복성주의(複姓主義)를 원칙으로 하고 있으나 계약에 의해 달리할 수도 있다. 미국 · 영국은 아내가 남편의 성을 따르는 것이 보통이나, 본래의 성을 갖든, 변경하든 자유이다. 러시아는 혼인당시 협의에 의하여 그 어느 일방의 성을 갖거나 혼인전의 성을 사용할 수 있다. 북한은 어떤 경우도 성을 바꿀 수 없다.

김씨를 이씨라고 할 수 없는 것과 이씨를 김씨라고 할 수 없는 것은 지극히 당연한 이치이다. 이는 같은 팥이라도 적두팥이 비단팥이 될 수 없고 같은 강낭콩이라도 그냥 강낭콩이 넝쿨콩이 될 수는 없는 것이나 같은 이치이다. 또한 박서방이 뿌린 좁씨가 옆에 있는 김서방네 밭에 떨어져 나도 조가 되고 김서방의 부인이 박서방과 통정하여 잉태하면 그 아이는 김씨가 아니고 박씨가 되는 것은 바꿀 수 없는 천리(天理)이다.

인간이 인종을 달리하고 민족을 달리하며 씨족을 달리하는 것은 각기 나름대로 자부심과 긍지를 가지고 있을 뿐만 아니라 혈통을 달리하기 때문이다. 한국이나 북한이 우리 전통의 성불변(姓不變)을 고수하고 잇는 것은 과학적이요 윤리적이라 아니할 수 없다.

한국인의 성씨(姓氏)를 보면 조선조 9대 성종 때에 나온 동국여지승람에는 277성, 21대 영조 때의 도곡총설에는 298성(姓), 26대 고종 때의 증보문헌비고에는 496성을 수록하고 있다. 그리고 1930년 일제 때의 조사에서는 250성이었다.

1985년 11월 경제기획원 조사통계국이 실시한 인구센서스에 의하면 김(金)·이(李)·박(朴)·최(崔)·정(鄭)·강(姜)·조(趙)·윤(尹)·장(張)·임(林) 등의 순으로 대성(大姓)을 비롯하여 274개 성에다 본관은 3,435개로 나타나 있다. 그 중에 복수성으로는 남궁(南宮)·황보(皇甫)·저갈(諸葛)·사공(司空)·선우(鮮于)·서문(西門)·독고(獨孤)·동방(東方)·강절(綱切)·강전(岡田)·소봉(小峰)·장곡(長谷) 등이 있다.

〈뒷면의 〔표1〕 전국 성씨와 인구 순위 참조〉

〔표1〕 전국 성씨와 인구 순위 (북한 지역 제외)

(단위 : 명)

순위	성씨	인 구	순위	성씨	인 구	순위	성씨	인 구	순위	성씨	인 구	순위	성씨	인 구	순위	성씨	인 구	순위	성씨	인 구	순위	성씨	인 구
1	金	8,785,554	36	丁	165,381	71	宣	33,664	106	晉	8,696	141	施	2,203	176	麻	527	211	曲	189	246	丕	☆51
2	李	5,985,037	37	成	163,513	72	周	33,220	107	史	8,660	142	尙	2,117	177	弓	520	212	鳳	179	247	榮	☆46
3	朴	3,435,640	38	郭	163,413	73	吉	30,930	108	夫	8,565	143	簡	2,074	178	大	499	312	松	177	248	順	37
4	崔	1,913,322	39	車	159,679	74	馬	30,864	109	皇甫	8,529	144	化	1,990	179	氷	464	214	東方	174	249	端	36
5	鄭	1,780,648	40	具	157,526	75	延	27,852	110	昔	7,959	145	偰	1,952	180	道	459	215	介	165	250	謝	30
6	姜	958,163	41	禹	155,456	76	表	24,562	111	賈	7,888	146	公	1,881	181	堅	452	216	米	156	251	鄒	25
7	趙	877,050	42	朱	153,474	77	魏	24,257	112	太	7,406	147	彊	1,862	182	斤	450	217	凡	154	252	欒	☆17
8	尹	834,081	43	羅	150,008	78	明	23,371	113	卜	7,370	148	彬	1,856	183	馮	449	218	俊	154	253	苗	☆16
9	張	810,231	44	任	147,694	79	奇	22,689	114	睦	7,088	149	柴	1,538	184	箕	427	219	淳	141	254	橋	☆14
10	林	672,755	45	田	146,662	80	房	22,519	115	桂	5,945	150	韋	1,527	185	袁	424	220	洙	140	255	郝	☆14
11	韓	628,388	46	閔	141,328	81	潘	21,548	116	皮	5,440	151	眞	1,511	186	連	398	229	夜	137	256	傅	☆13
12	申	620,950	47	辛	137,839	82	王	20,377	117	邢	5,430	152	胡	1,487	187	菊	381	222	慈	136	257	齊	☆10
13	吳	619,615	48	池	125,624	83	琴	20,355	118	菜	5,241	153	路	1,484	188	永	359	223	宗	133	258	影	9
14	徐	611,148	49	陳	123,087	84	玉	20,194	119	杜	5,076	154	于	1,381	189	異	359	224	西	129	259	譚	☆8
15	權	567,768	50	嚴	116,002	85	陸	18,837	120	智	5,028	155	班	1,364	190	浪	328	225	汝	122	260	桓	☆5
16	黃	564,265	51	元	104,472	86	印	18,278	121	甘	5,012	156	天	1,351	191	漢	326	226	水	113	261	候	☆5
17	宋	557,137	52	蔡	97,634	87	孟	17,635	122	董	4,644	157	段	1,265	192	阿	315	227	雲	110	262	網切	☆5
18	安	556,391	53	千	97,412	88	諸	17,392	123	陰	4,522	158	甄	990	193	莊	310	228	雷	106	263	辻	☆5
19	柳	509,077	54	方	81,416	89	卓	16,938	124	温	4,395	159	國	978	194	乃	308	229	燕	104	264	興	☆5
20	洪	457,567	55	楊	81,267	90	秦	16,435	125	章	4,329	160	荀	956	195	邱	307	230	頓	100	265	頭	☆3
21	全	430,055	56	孔	72,382	91	南宮	16,227	126	景	3,691	161	陶	943	196	萬	282	231	彈	94	266	鎬	☆3
22	高	384,012	57	玄	72,148	92	蔣	16,106	127	諸葛	3,652	162	唐	932	197	采	275	232	肖	93	267	椿	☆3
23	文	375,765	58	康	69,776	93	牟	16,037	128	司空	3,634	163	强	901	198	海	270	233	剛	87	268	頼	2
24	孫	368,717	59	咸	65,186	94	鞠	15,527	129	扈	3,529	164	毛	873	199	倉	258	234	舍	87	269	樓	☆1
25	梁	343,985	60	卞	64,143	95	魚	15,349	130	左	3,046	165	邦	824	200	伊	249	235	森	85	270	邸	☆1
26	裵	323,004	61	魯	54,472	96	余	14,733	131	鮮于	3,032	166	龐	794	201	鷹	243	236	敦	83	271	岡田	☆1
27	白	309,572	62	廉	54,445	97	殷	13,626	132	葛	3,021	167	昌	700	202	判	238	237	雍	80	272	小峰	☆1
28	曺	304,810	63	邊	50,379	98	片	13,264	133	范	3,018	168	樑	700	203	包	238	238	奈	68	273	長谷	☆1
29	許	264,228	64	呂	48,914	99	龍	12,320	134	夏	2,866	169	獨孤	695	204	楚	232	239	扁	68	274	初	☆1
30	南	222,246	65	秋	48,626	100	芮	10,937	135	錢	2,748	170	邕	687	205	梅	230	240	艾	☆66			
31	沈	219,737	66	都	46,528	101	丘	10,859	136	賓	2,647	171	平	648	206	君	229	241	襄	59			
32	劉	218,445	67	愼	40,769	102	奉	10,547	137	彭	2,471	172	昇	643	207	姚	229	242	星	56			
33	盧	196,284	68	石	40,387	103	庾	10,279	138	西門	2,328	173	鍾	621	208	弼	209	243	後	55			
34	河	184,621	69	蘇	39,709	104	慶	10,069	139	邵	2,300	174	葉	604	209	占	198	244	芸	☆52			
35	兪	168,078	70	薛	34,262	105	程	9,243	140	承	2,297	175	墨	567	210	舜	196	245	單	51			

자료 : 인구센서스(경제기획원, 1985). ☆표는 1975년 이후 새로 나타난 성.

02 절 이름과 序列

1. 이름과 항렬

이름(名)은 성(姓) 밑에 붙이는 호칭이다. 우리나라 사람들의 성명(姓名)을 살펴보면 성(姓)은 혈통 또는 가문을, 이름은 가문의 대수를 나타내는 항열과 개인을 구별하는 명칭으로 문화민족의 으뜸이 될 만하다. 우리나라는 태어나면서부터 아버지의 성을 따르게 되어있고 문중에서 소목(昭穆)에 따라 정하여 놓은 항렬자(行列字)에 의거하여 이름을 짓고 있다. 항렬(行列)이란 혈통 사이의 세계(世系)의 위치를 명백히 하기 위하여 이름짓는 기준을 정한 것으로 문중율법(門中律法)이기도 하다.

항렬자는 성씨별로 다르며 그 기준도 달라 각파가 통일된 경우와 각파가 단독으로 정하여 작명하는 경우가 있다. 또한 항열자를 정하는 것도 오행상생법(五行相生法)에 의한 경우, 천간법(天干法)에 의한 경우, 지지(地支)에 의한 경우, 일이삼사오(一二三四五)…의 숫자 순으로 정한 경우와 천간(天干)에서 지지(地支)로, 천간(天干)에서 오행(五行)으로, 오행(五行)에서 천간(天干)으로, 천간(天干)의 양(陽)에서 음(陰)으로, 숫자 순에서 오행(五行)으로, 수곡토(水穀土) 수곡토(水穀土)를 반복하는 경우 등 다양하다. 몇 가지 예를 들어보면 다음과 같다.

① 오행상생법(五行相生法)에 의한 항렬(行列)

… 會鎭	→ 學洙	→ 逑欽	→ 龍煥	→ 基德	→ 三鉉	→ 敬淳	→ 來奎
金	水	木	火	土	金	水	木

金生水, 水生木, 木生火, 火生土, 土生金, 金生水 …

② 숫자 순(數字順)에 의한 항렬(行列)

丙一 → 重基 → 峻泰 → 寧贊 → 五錫 → 赫植 → 駿虎 → 容九 → 光旭
一 二 三 四 五 六 七 八 九

昇圭 → 右直 → 相元 → 鼎玉 → 德醒 …
十 一 二 三 四

③ 천간(天干)에 의한 항렬(行列)

周範 → 漢九 → 昞千 → 漢寧 → 成龜 → 紀讚 → 庸載 …
甲 乙 丙 丁 戊 己 庚

이상과 같이 우리는 조상 대대로 내려온 성(姓)을 바꿀 수도 없거니와 문중 율법인 항렬자를 외면하고 그 자손(子孫)의 이름을 지어서는 안될 것이다. 그 이유는 다음과 같다.

① 같은 혈족이면서 세대(世代)를 분간할 수 없어서 항렬간의 질서가 어지러워지고
② 후손이 조상의 이름과 동일한 이름을 지어서 조상에 죄를 짓기 쉬우며
③ 문중에서는 법도(法度)가 없는 가문에서 태어난 무식한 사람으로 인식되기 쉽고
④ 문중의 율법을 어겼기 때문에 대하는 문중 사람들로 하여금 경계심을 갖게 하며
⑤ 후손들에게 조상 숭배와 전통의 중요성을 교육하기가 어렵다.

항렬을 무시하고 이름을 지었을 경우 집성촌(集姓村) 생활에 있어서나 문중 회의 때에 어려운 문제가 많다. 사랑의 감정이나 종교에 몰입하여 동양적인 한국의 전통과 문중의 전통사상을 어겨서 이름을 짓는다면 후대에 가서 반드시 책망하는 소리를 듣게 될 것이다. 또한 최근 국어로 작명하는 경우가 늘어나고 있는데, 이것도 한글로 항렬자를 정하여 짓는 것이 기준 없이 짓는 것보다 좋은 방법일 것이다.

이름을 항렬자에 의하여 짓는다면 소목서열(昭穆序列)이 뚜렷하며 형제인 경우 더욱 친근감이 있고 상호 형제라는 인식과 정이 두터워진다. 그리고 이름을 지을 때에는 일상에 흔히 사용되는 말이거나 거북한 말은 삼가야 한다. 즉 아지(姜娥芝) · 선거(尹宣擧) · 교수(李敎受) · 자지(金自知 : 형조판서) · 보지(張輔之: 이조판서) 등은 호칭할 때에 편리하지가 않다.

이름 대신 호(號)를 지어, 호칭할 때에 구별되기 쉽고 노소가 부르기에 편리하게 하는 것이 좋다. 가령 율곡의 자손이 「이이(李珥)할아버님」이라고 할 수는 없어도 「율곡할아버님」 「율곡공」이라고 할 수는 있다. 또, 몇 대 조라고 하는 것보다 이해도 쉽다. 조상의 이름은 직접 호칭할 수 없으나, 호는 부를 수 있어 편리하다. 특히 사회적으로 이름이 있는 사람은 후손의 어려운 점을 생각하여 호를 짓고 저서도 이름을 따서 율곡집(栗谷集), 퇴계집(退溪集)이라고 하듯이 호를 지어 사용하는 것이 바람직하다.

호를 지을 때는 의미가 담겨 있어야 한다. 고향 · 본관 · 이름 · 자평(自評) · 성격 · 신조, 사상 등과 관련된 의미를 가지고 짓는 것이 대부분이다.

2. 자 · 호 · 시호

자(字)란 사람의 이름을 소중히 여겨 본 이름 외에 부르기 위하여 짓는 이름으로 흔히 장가든 뒤에 본이름 대신으로 부르는 이름이다. 그러나 이미 장가들기 전에 지어놓고 실제 사용은 거의 하지 않는 편이다. 그러나 서당에서 상호간 사용하거나 서간문에 사용하기도 한다.

호(號)란 역시 사람의 본 이름과 자를 소중히 여겨 함부로 부르지 않고 호를 지어서 상하의 관계없이 호칭으로 사용하고 있다. 별호(別號) · 아호(雅號) · 당호(堂號)라고 한다. 예전 학자들은 대개 호가 있다. 退溪(이황) · 栗谷(이이) · 尤菴(송시열) · 華西(이항로) · 荷居(양헌수) · 勉菴(최익현) · 白凡(김구) 등이 그것이다. 현대에도 화가 · 서예가 · 한문학자 등은 대개 호를 가지고 있다. 불교인들이 법명을 가지거나 천주교 · 기독교인이 세례명을 가지는 것도 같은 이치다. 예전에는 아낙네(부인)들도 마내댁 · 숙골댁 · 대골댁 · 춘천댁 등의 댁호를 가지고 생활이나 기록에 쓰고 있다.

조상이나 아버지의 이름을 자식이나 후손이 함부로 부를 수 없고, 명현(名賢)이나 스승의 이름을 제자가 함부로 부를 수 없는 것은 존조존현이나 상하 질서로 보아 당연하다고 보면, 호는 아무나 부를 수 있기 때문에 필요하다. 고명한 학자이거나 명사(名士)일수록 호가 있어야 한다.

호는 스승이나 명사가 짓기도 하지만 스스로 짓기도 한다. 호를 지을 때에는 아무렇게나 짓는 것이 아니라 의미가 담겨있어야 한다.

화서 이항로가 제자에게 지어준 호를 예로 들면, 重菴(김평묵) · 省齋(유중교) · 勉菴(최익현) 등처럼 경계와 격려의 의미가 담겨있다.

호를 가지고 여러 이름을 짓기도 한다. 책이름 · 빌딩이름 · 대학이름 · 학회이름 · 연구소이름 · 재단이름 · 회사이름 등이 그것이다.

시호(諡號)란 제왕(帝王), 경상(卿相), 유현(儒賢)들이 죽은 뒤에 그들의 공덕을 칭송(稱頌)하여 추증(追贈)하는 이름이다. 시호를 받는다는 것은 가장 영예로운 표창으로써 족보나 묘갈(墓碣)과 재사(齋舍), 호칭에 사용되었다. 그러므로 어떤 시호를 받느냐 하는 것은 그 자손이나 일족의 명예에 관계된다. 시호를 정하는 절차는 해당자의 자손이나 관계자들이 죽은 이의 행장(行

狀)을 적은 시장(諡狀)을 예조에 제출하면 예조에서 심의하고 봉상시(奉常寺)를 거쳐 홍문관에 보내어 시호를 정하게 된다.

3. 성명과 존칭어

성명은 부르기 위하여 지어진 것이라 하여도 아무 이름이나 함부로 부를 수 없는 것이요, 이름을 부르더라도 상대방을 높여 이름 밑에 존칭어를 붙여서 부르는 것이 인간사회의 윤리 · 도덕적 측면이다. 부모와 스승의 이름을 함부로 부를 수 없고 어른의 이름을 함부로 부르지 못하며 문자로 쓸 경우도 존칭어를 붙이는 것이 우리 조상들의 생활이었다면 오늘의 우리는 너무나 무식한 것 같다. 조부(祖父)의 이름이나 스승의 이름을 함부로 부르며, 성현이나 대통령의 이름을 함부로 부르고, 친구와의 사이에도 경어를 쓰지 않는다. 또한 상대방에게 맞지 않는 경어를 쓰는 경우도 있어서 존칭어 사용에 대한 교육도 인격 존중과 사회 질서유지 차원에서 실시되어야 하겠다.

상대방을 호칭 할 때에 상대방을 존대하여 성이나 이름, 시호, 아호 끝에 붙이는 높임말은 다음과 같다.

① **선생(先生)** ; 성(姓)과 이름, 아호 밑에 붙여서 쓰는 가장 높임 존칭어이다.

② **공(公)** ; 남자의 성(姓), 별호, 시호, 직함 밑에 붙여서 선생 다음으로 쓰이는 존칭어이다.

③ **옹(翁)** ; 남자 노인(老人)의 성(姓), 성명(姓名) 밑에 붙여 쓰이는 존칭어이다.

④ **재(才)** ; 손윗 남자의 별호 밑에 붙여서 어른이란 뜻으로 쓰이는 존칭어이다.

⑤ 씨(氏) ; 성(姓), 성명(姓名) 아래 붙여서 쓰이는 존칭어이다.

⑥ 님 ; 직함이나 호칭 밑에 붙여서 부르는 존칭어이다.

⑦ 군(君) ; 손아래 남자의 성(姓) 또는 성명(姓名) 밑에 붙이는 존칭어이다.

⑧ 여사(女史) ; 부인(婦人)의 성 또는 성명 밑에 붙여 쓰는 높임말이다.

⑨ 부인(夫人) ; 부인을 높여 부르는 말 즉, 남의 아내를 높여서 부리는 말이다.

⑩ 양(孃) ; 미혼 여자의 성(姓) 또는 이름 밑에 붙여 쓰는 처녀란 말이다.

⑪ 낭자(娘子) ; 처녀란 뜻으로 이름 밑에 붙여 쓰였다.

03 절 家門의 역사와 族譜

1. 족보의 의의와 목적

족보란 한 종족의 계보로 부계(父系)를 중심으로 한 혈연관계를 기록한 책이다. 보(譜)란 원래 계도(系圖)를 중심으로 한 것이며 한 종족의 역사를 나타내기 위한 각종 문헌, 자료, 규정 등이 부가되기도 한다. 대개 씨족은 그 선조 중에서 특히, 충(忠) · 효(孝) · 절(節) · 의(義)로 세상에 나타난 인물에 대하여 그 공적을 족보에 기록한 것이 많다. 족보는 일가(一家)의 역사를 표시하는 것이며 가계(家系)의 연속을 실증하는 것이다. 그러므로 선조 중에서 국가 사회에 현저한 공적을 남겼거나 표본이 될 만한 삶을 살아 세인의 숭앙의 대상이 되는 인물이 있으면, 그 위업을 찬양하고 그 후예임을 긍지로 여기며 삶의 표준으로 삼아야 한다. 따라서 기록이 객관성이 있고 진실 되고 정확해야 한다.

족보에 기록될 내용은 각 성씨마다 약간의 차이가 있으므로 기준이 될만한 어느 것을 제시하긴 어렵다. 그러나 대략 큰 차이는 없으므로 다음과 같이 순서를 정해보고자 한다.

① 초상화 · 사우 · 묘소 · 신도비 등의 사진류 ② 서문(신 · 구) ③ 항렬도 ④ 세덕록 ⑤ 행장 · 유사 · 비문 · 시장 등 ⑥ 분묘도 ⑦ 계보도 ⑧ 계보표 ⑨ 기타 발문 순서로 편집된다.

족보의 필요성은 다음 소동파 집안의 소씨족보(蘇氏族譜) 서문에 잘 나타나 있다.

소씨족보 서(蘇氏族譜序)

소씨 족보는 소씨의 종족을 족보로 만든 것이다. 소씨는 고양(高陽)에서부터 세상에 퍼졌는데, 당(唐) 고조(高祖) 초기에 장사(長史) 미도(味道)가 미주자사(眉州刺史)로 있다가 미주에서 세상을 떠났고 그 아들 하나가 미주에 남아 있는 바, 미주에 소씨가 있게 된 것은 이때부터이다.

그런데도 족보에 기록이 되지 않은 것은 친분이 다하였기 때문이니, 친분이 다하면 어찌하여 족보에 기록되지 않는가? 족보란 친목을 위해서 만드는 것이기 때문이다. 족보에 아들은 모두 기록하면서 손자를 기록하지 않는 것은 代를 나타내기 위해서이며, 내 아버지부터 고조(高祖)에 이르기까지 벼슬하고 벼슬하지 않음과 모씨(某氏)와 결혼함과 정년(亭年)이 얼마인가와 모일(某日)에 세상을 떠났는지를 모두 기록하되, 다른 사람에 대해 기록하지 않은 것은 나의 근본을 자세히 하기 위해서이다. 아버지에서 고조까지는 휘(諱) 아무개라고 하고 다른 사람은 그냥 이름을 적은 것은 나의 근본을 높이기 위해서이다. 이 족보는 소씨를 위하여 만든 것인데, 유독 나의 근본이 자세하고 높여진 것은 족보를 내가 만들었기 때문이다.

아! 내 족보를 보는 사람은 효제(孝悌)의 마음이 저절로 생겨날 것이다. 정(情)은 친함에서 생기고 친함은 상복(喪服)으로 나타난다. 상복은 최복(衰服; 3년복)에서 비롯하여 시마복(緦麻服; 3개월복)까지 있는데, 상복을 입지 않는 경우에 이르러서는 친함이 끝나게 된다. 친함이 끝나게 되면 정이 없고 정이 없으면 기쁜 일에도 축하하지 않고 근심스런 일에도 위로하지 않게 되니, 이렇게 되면 나와는 전혀 상관없는 길을 가는 사람처럼 되고 만다. 내가 길가는 사람처럼 서로 보는 사람도 그 처음에는 형제였으며, 형제도 그 처음에는 한 사람이었다. 슬프다. 한 사람의 몸이 나뉘어서 서로 길가는 사람처럼 보게 되니, 내가 족보를 만들게 된 까닭이다.

내 생각에는 한 사람의 몸이 나뉘어서 길가는 사람처럼 보게 되는 것은 어쩔 수 없는 형편이어서 내가 어떻게 할 수 없는 일이거니와. 그래도 아직 길가는 사람처럼 보게 되지 않았을 때에, 서로 소홀함이 없도록 해야 할 것이다. 아! 내 족보를 보는 사람은 효제의 마음이 저절로 생겨날 것이다.

족보를 만드는 주요 목적은 종족의 단결, 종족 질서 확립, 조상 숭배사상의 고양에 있다고 하겠다.

첫째, 종족의 단결을 굳게 함은

① 족인(族人)은 모두 동일 시조에서 나왔다는 동족관계를 깊게 하고

② 동족(同族) 상호간에 상부상조하게 함이다.

둘째, 질서 확립의 의도는

① 동근혈족(同根血族) 집단의 구성원임을 인식시키며

② 혈족으로서의 소목(昭穆)에 대한 예의를 갖추고

③ 동족 남녀간의 성도덕의 문란을 예방하며

④ 선조의 훌륭한 공적과 덕성을 자신의 생활 표본으로 삼고

⑤ 종족을 교화하여 조상의 명예를 실추시키고 자신에게 욕되는 일이 없

도록 하고자 함이다.

셋째, 조상숭배사상의 고양은

① 나의 생명의 근원은 조상이다. 그러므로 조상이 어떤 종교나 절대자의 신앙 때문에 도외시 당해서는 안 된다.

② 인간은 만물의 영장이듯 세상에 존재하지 않는 조상도 인간적으로 예우를 하여야 하며

③ 재앙을 당하더라도 사람의 자손 된 도리를 다하고

④ 후손에게 그 근본을 저버리지 않는 모범을 보이는데 의의가 있다.

한 가정이나 문중에 있어서 족보(族譜)는 나라의 역사에 비등한 것으로, 족보를 통하여 나를 자각할 수 있고 조상을 높이고, 종족을 공경하고, 흩어진 동족을 찾는 의미를 명백히 하여 후손으로 하여금 ㄱ 원근(遠近)을 불문하고 효제(孝悌)의 마음을 내키게 하며, 동족으로 하여금 그 친소(親疎)를 불문하고 화목의 가풍을 이루게 하는 것이다. 조상 숭배나 혈통을 중요시하는 예는 어느 나라나 마찬가지이거니와 미국 명문대학에 족보학이 설강되어 있음은 주목할 일이다.

2. 족보의 기원

족보는 대개 왕실의 계보에서부터 시작되었다고 본다. 그러나 각 씨족의 족보가 발달한 것은 언제부터인지 정확하게 알 수 없다. 대략 중국 한나라 시대부터 시작되었다고 보고 있다. 중국에서는 후한이래 중앙과 지방에서 대대로 고관을 배출한 우족(右族)관 관족(冠族)이 성립됨에 따라 문벌과 가풍을 중요시하는 풍조가 대두하게 되어, 이때부터 보학(譜學)이 발달한 것으로 본다. 특히 문벌에 전성기였던 남북조에 있어서는 각 집안의 족보를 수집

심사하여 갑 · 을로 구분하고 세족(世族)이 아니면 고관에 오를 수 없기 때문에 족보의 작성과 보학이 성립하게 된 것이다.

수 · 당에 이르러서는 문벌을 중요시하지 않고 학력과 인물을 중요시하는 과거제도가 행하여졌으나 천거하는 표준은 역시 문벌이었다. 송대에 이르러서는 그동안 관에서 정한 공적 성격을 띤 족보가 사적인 성격으로 변하고 관리를 추천하는 자료가 되었으며 수족에 중점을 두어 민간에게 널리 발달하게 되었다. 특히 북송의 대문장가인 삼소(三蘇: 蘇洵 · 蘇軾 · 蘇轍) 세 부자에 의하여 편찬된 족보는 후세인의 족보 편집에 표본이 되고 있다.

수족(收族)에 중심을 두고 발달한 족보는 명(明)나라에 와서는 가정각본이 대표적인데, 이는 우리나라 족보 간행에 직접적인 영향을 준 것으로 추정된다.

우리나라에서는 대략 고려 말엽부터 족보가 시작된 것으로 전해지고 있다. 그러나 왕실계통(王室系統)을 기록한 것뿐이고 일반에 보편화 된 것은 아니었다. 고려 사회는 문벌 귀족의 형성으로 족보가 유행하고 신분에 따라 사회활동 및 출세의 제한, 혼인의 조건이 성립되었다. 고려의 권문귀족(權門貴族)들은 족보의 형식을 갖춘 세계(世系) · 항렬(行列)의 방식을 구비한 것이 적지 않았다. 문종(1047~1083) 때에는 성씨(姓氏) · 혈족(血族)의 계통을 기록한 명부를 관내에 비치하고 과거 응시자의 신분을 밝혔는데 당시 송(宋)과의 교류를 통하여 그 영향을 받은 것으로 추측된다.

이긍익(1736~1806)의 『열려실기술』에 의하면 우리나라 족보의 간행은 1562년(명종17)에 만들어진 '문화유보(文化柳譜)'가 최초라고 하는데 현존하지는 않는다. 그러나 문헌적으로 믿을 만한 최초의 족보는 1476년(성종7)에 만들어진 안동권씨 성화보(成化譜)로서 문화유씨 족보보다 86년이나 앞선다. 안동권씨는 우리나라에서 최초로 족보를 만들었다고 자부하는데, 서거정(1420~1488)은 그 서문에서 조선 초기에는 완비된 족보가 없었다고 한다. 그런데 문화유씨 가정보 서문에는 그것보다 140년이나 앞선 세종 5년에 간행한 문화유보가 있었던 것으로 기록되어 있다. 아무튼 문화유씨나 안동 권씨 등의 족보 간행은 다른 문중의 족보 간행에 견본이 되고 촉진제가 되었을 것이다.

조선조에 와서 족보는 신분 제도와 더불어 중요시되었고 그동안 만들어진 족보는 왜란으로 많은 문헌들과 함께 소실되었다. 영조 · 정조 때에 이르러 많은 족보가 쏟아져 나왔다. 일제시대에는 이민족 지배 하에 있는 동족의 결함과 흩어진 동족의 수족(收族)을 목적으로 족보에 대한 관심이 고조되기도 하였다. 족보는 일제시대까지만 해도 국가의 허락을 받아 간행하였으나 오늘날은 자유롭게 간행할 수 있다.

오늘날 족보가 없거나 분실한 집에서는 족보를 새로 만들고, 이미 있는 족보를 현대인이 쉽게 볼 수 있도록 개편하면서 뿌리 찾는 일에 관심이 높아지고 있다. 그러나 일부 지각없는 사람들은 동성동본(同姓同本)이라고 하여 남의 집 족보에다 계대를 연결시키는 경우가 있다. 더구나 소목도 맞지 않는 경우가 있고, 없는 관직도 조작하여 기록해서 조상에 대한 죄를 스스로 짓는 결과를 초래하고 사회적 물의를 일으키고 있다. 조상을 모르거나 족보가 없으면 상고할 수 있는 데에서 새로 시작하고 그 연유를 밝혀두면 된다. 명나라 태조 주원장이 족보를 편집할 때에 조상이 누구인지를 모르기 때문에, 누구를 시조로 할 것이며 누구의 후손으로 할 것인지를 몰라 신하들이 어려움에 처하여 있을 때, 한 신하가 주자를 조상으로 하는 것이 좋겠다는 의견을 제시하였다. 그러자 주원장은 "조상을 모르면 그만이지 조상인지 아닌지 모르면서 名人이라고 해서 조상으로 삼을 수 있겠는가."하면서 "한 장부가 칼을 차고 동쪽으로 오니 그 선조는 알 수 없다.(維一才夫 材劍東來 其先不知)"라고 기록하라고 하였다. 조상을 알 수 없고 족보가 없는 사람은 이 말의 의미를 깨닫고 윤상에 어긋남이 없도록 삼가야 하겠다.

3. 족보의 종류

족보를 어떤 범위로 어떻게 편집하느냐에 따라 이름이 다르고 문중(門中)에 따라 명칭과 체제를 달리하고 있다. 족보의 종류는 가승(家乘) · 가첩(家牒) · 가보(家譜) · 계보(系譜) · 세보(世譜) · 파보(派譜) · 종보(宗譜) · 대동보(大同譜) 등이 있다.

가승(家乘)이란 자기를 중심으로 하여 편찬된 것이다. 시조부터 시작하여 자기의 직계 존속과 직계 비속에 이르기까지 이름과 행적을 기록한 것으로 모든 족보의 기본이 된다.

가보(家譜) · 가첩(家牒)이란 각자 집안에 소장되어 있는 보첩(譜牒)을 말한다.

계보(系譜)란 한 가문의 혈통관계를 표시하기 위하여 이름만을 계통적으로 나타내는 도표로서 어느 한 씨족 전체가 수록되거나 시조부터 몇 대까지만 수록하고 또는 한 파만 수록하는 경우도 있다.

세보(世譜)란 한 종파 이상의 합보로 편찬된 것이다. 그러나 어느 한 파에 국한된 것이라도 세보라고 칭하기도 한다.

파보(派譜)란 관향 또는 명조를 단위로 같은 씨족의 세계를 수록한 것으로서 한 가문의 역사를 표시하고 가계의 연속을 실증한 기록물이다. 이를 보첩(譜牒)이라고도 한다.

대동보(大同譜)란 같은 시조 밑에서 분관된 시조마다 각각 다른 관향을 가지고 있는 종족의 합보(合譜)로서 종합 편찬된 족보이다.

또한 족보는 편찬하는 방식에 따라 줄보라고 하는 종보(縱譜)와 보통 볼 수 있는 횡간보로 대별된다.

4. 족인의 자격

족보에 기록될 수 있는 사람은 종족과 그 배우자이다. 그러나 종족 내의 출생자나 배우자라 하여도 무조건 입보하는 것이 아니다. 이에 대하여 신석호는 연령적 · 사회적 · 행위적 · 종교적 · 혈연적 · 상속적 · 혼인적 조건을 들고 있다.

① **연령적 조건** : 어려서 사망한 자는 기재하지 않는다. 남자의 경우 15세 이하에 사망한 자는 부친 이름 밑에 그 이름만 기재한다. 또 결혼하지 않고 사망한 자는 기재하지 않는 등 문중에 따라 제한을 달리하고 있다.

② **사회적 조건** : 일반적으로 사회적인 신분이나 직업이 가족의 명예를 손상시킬 우려가 있는 자는 기재하지 않는 경우가 있다.

③ **행위적 조건** : 범법 행위를 하거나 문중 율법을 배반한 자, 혹은 가족의 명예와 이익에 배치된 행위를 한 자로서 그 정도가 심한 자는 족보에서 삭제한다.

④ **종교적 조건** : 승려가 되거나 기독교인 등 기타 종약과 배치된 자는 족보에서 삭제한다.

⑤ **혈연적 조건** : 동성동본 결혼자와 동성동본이 아니라도 혈통이 같은 경우는 입보(入譜) 하지 않는다.

⑥ **상속적 조건** : 후사(後嗣)가 없어 후계를 정할 때에 이성(異姓)의 양자는 기재하지 않는다.

⑦ **정절적 조건** : 재가부인은 입보를 인정하지 않는다. 족인의 자격 조건을 두는 것은 족보의 목적상 필요한 것이며 아무나 올려 족보의 목적을 혼란하게 하는 것을 방지하고자 하는 것이다. 같은 동성동본(同姓同本)

이라고 하여, 또는 딱한 사정을 뿌리칠 수 없어 함부로 족보에 등재시키는 것은 피차간 조상에 대한 죄악이다. 그리고 재산 상속에서 어려운 문제가 발행할 소지가 있다.

04 절 子孫이 해야 할 일

1. 기일의 추모행사

기일이란 제삿날을 의미한다. 제삿날이란 사람이 죽은 날을 말한다. 제사는 죽은 날 새벽에 지내는 것이 통례이다. 가령 3월 15일에 사망하였으면 매년 3월 14일 저녁에 제수를 준비하여 자정이 넘어서 제사를 지낸다. 그러므로 대개 3월 14일을 제삿날이라고 한다.

나를 낳고 기른 부모나 함께 살던 식구가 죽었을 때에, 가족이 모여서 제사를 지낸다. 조선조 시대의 제사는 전적으로 주자가례에 의하여 지낸다. 그러나 제례를 소홀히 하기도 하고, 무식하기도 하고, 몰라서 제례에 어긋나는 일이 많다. 그러므로 제사지내는 방식이 지방마다 다르며, 문중마다 다르고 집집마다 다른 현상이 나타난다.

제례는 나라, 종족, 종교, 씨족, 지방, 개인 의견 등에 따라 다를 수 있다. 아무튼 제사는 부모에 대한 효도요 조상에 대한 효도이기도 하지만, 근본을 망각하지 말라는 의미가 있다. 어떤 방식으로든 돌아가신 종족에게 제사라는 행사가 있어야 한다.

2. 행장의 준비

행장은 사람이 죽은 뒤에 그의 평생의 행적을 중요한 것만 대강 적은 글이다. 자손 된 자는 선조나 아버지의 행장을 스스로 기록하거나 부조(父祖)와 유대관계가 깊은 사람에게 부탁하여 행장을 받아 두는 것이 도리이다. 행장은 한 사람의 일생의 주요 행적으로 비문(묘비, 신도비, 기념비)이나 묘지(墓誌)나 시장(諡狀) 등을 짓는데 기초 자료가 된다. 고려 말 망국의 한을 품고 절개를 지켜 두문동(杜門洞) 72현의 한 사람으로, 성남시 중원구 금광동에 은거하였던 광산인 김약시(金若時,1335~1406)의 행장(行狀)을 실례로 들어보면 다음과 같다.

김약시(金若時)의 행장(行狀)

공(公)의 휘는 약시(若時)이고 호를 음촌(陰村)이라고 한다. 나라에서 충정(忠定)이라는 시호를 내렸다. 72세를 수(壽)하였다.

김씨의 계보는 신라 왕자 흥광(興光)에게서 유래되었는데 흥광이 장차 나라가 어지러워질 것을 알고 광주(光州)에 피하여 은둔하였는데 그대로 그곳이 관향이 된 것이다. 그 뒤 8대를 계속하여 평장사(平章事)를 지냈다.

고조의 휘는 사원(士元)으로 삼중대광 첨의 찬성사사를 지냈고 시호는 정경공(貞景公)이다. 비(妣)는 순흥안씨 유(裕)의 딸로 순정군부인(順政郡夫人)이다. 증조의 휘는 진(稹)으로 광정대부 정당문학과 대제학을 지냈는데, 시호는 장영공(章榮公)이며 비(妣)는 복주권씨(福州權氏)로서 광정대부를 지낸 권윤명(權允明)의 딸로 영가군부인(永嘉郡夫人)이다. 조(祖)의 휘는 영리(英利)이니 판군기감사(判軍器監事)를 지냈고 비(妣)는 남양홍씨로서 선공시(繕工寺) 부령(副令)을 지낸 홍승연(洪承演)의 딸이다. 고(考)의 휘는 정(鼎)이니 보리공신으로서 광성군(光城君)에 봉해졌으며 비(妣)는 연안이씨로서 전법사(典法司)의 판서를 지낸 이방(李昉)의 딸로 숙신택주(肅愼宅主)에 피봉(被封)되었는데 지원(至元) 원년(元年)인 을해년(1335)에 공을 낳았다. 공은 삼형제 중 셋째로서 형님 두 분(若采 · 若恒)이 있다. 공은 사마시에 합격, 계해년(1383, 우왕9)에 대과(大科)에 급제한 후 벼슬이 직제학에 이르렀고 병술년(1406, 태종6)에 졸(卒)하였다.

공은 대 · 소과에 모두 태종과 나란히 합격했을 뿐만 아니라 또한 태조대왕과는 동갑으로서 벼슬길에 나가기 전부터 교분이 매우 두터웠다. 그 후 태조가 등극하게 되자 공은 부인과 함께 걸어서 광주 금광리 산골짜기에 이르러 나무를 얽어 지붕으로 삼아 비바람을 막고 살았다. 마을 사람들이 그의 의관을 괴상하게 여겨 이따금 와서 물어봐도 대답하지 않고, 혹은 술과 음식 등을 가져다가 대접해도 받지 않으매, 그가 살고 있는 동네를 「부전어(不傳語)」라고 이름하였다. 항상 하늘을 쳐다보고 비상(悲傷)해 함이 얼굴에 나타나나 사람들은 그의 뜻을 헤아릴 수 없었고, 또한 그가 누구인지도 알 수 없었다. 태조가 물색하여 그를 찾아내어 원래의 관직을 주고 억지로 벼슬하게 하매, 공을 병을 앓아 앞을 보지 못한다고 핑계하고 나아가지 않았다. 태조는 끝내 그의 뜻을 꺾을 수 없음을 알고 대접을 더욱 후하게 하였다. 그리하여 어서(御書)로서 특별히 성명방(誠明坊)의 집 한 채를 하사하고 말미에 임금의 호 「송헌(松軒)」 두 글자를 써 주었으니, 이는 옛날의 교분으로서 대접한 것이다.

일찍이 집안 사람들에게 말하기를 "내가 좋지 못한 시기에 태어나서 종묘사직(宗廟社稷)의 망함을 직접 보고도 죽지 못하고 또 훌쩍 속세를 벗어나 멀리 숨지도 못하는 것은 선인(先人)의 무덤이 여기에 있기 때문이다. 내가 죽거든 곧 여기에 장사하되 봉분(封墳)도 하지 말고, 비석도 세우지 말고 다만 둥근 돌 두 개를 좌우에 놓아두어 망국(亡國)의 천부(賤夫)임을 표시하는 것으로 족하다."고 하였다. 졸(卒)하자 자손이 그의 유명(遺命)을 따라 행하였다.

이조 현종 때에 공의 8대손 우형(宇亨)이 승지로서 야대(夜對)를 당하여 공의 유사(遺事)에 관해 언급하였더니, 임금이 재삼 찬탄하며 "너의 할아버지의 절조(節操)는 가히 기이하다고 할만하다."고 하였다. 아! 공의 고상한 풍도와 절조는 실로 길야은(吉冶隱) 제공(諸公)들과 대등한데 공은 다만 그 사적이 민몰(泯沒)되었기 때문이요, 후인들이 또 감이 포장천양(褒奬闡揚)하지 못하는 것은 공의 평소의 뜻을 상하게 할까 우려하기 때문이다. 그리하여 세상에서 공의 지조와 절개를 아는 자가 적었던 것이다.

그러나 성주(聖主)의 한마디 말씀의 포장이 가히 백세에 끼칠 수 있고 우암송문정공(尤菴宋文正公)이 일찍이 공을 일컬어 "신라·고려시대에 미자(微子)·기자(箕子)와 견줄만한 두 어진이가 있다."고 하였으니 이는 곧 공의 시조와 공을 가리킨 것이다. 도암(陶菴) 이문정공(李文正公)이 또 공의 묘표(墓表)에서 가로되, "한결같은 적심(赤心)은 금석(金石)을 꿰뚫기에 족하고 천지를 통할 수 있다."고 하였으니 공의 절의는 여기에서 드러난 것이다. 그 현회(顯晦; 나타남과 죽음) 또한 때가 있어서 그런 것인가?

부인은 여산송씨로서 정랑(正郞)을 지낸 송완(宋完)의 딸이고 후취 부인은 원주원씨(原州元氏)이다. 아들 췌((萃)는 목사이고, 절(節)은 현감을 지냈으며 셋째 아들 원우(元祐)는 감무를 지냈다. 손자 순성(順誠)은 서윤(庶尹), 철성(哲誠)은 감찰, 녹(祿)은 밀직을 각각 지냈다. 증(曾)·현손(玄孫) 이하에도 현달한 이가 많으나 이루 다 기록할 수 없는데 그 중에 제학(提學)을 지낸 굉(硡), 검열을 지낸 신동(神童), 전적을 지낸 세우(世愚), 좌랑을 지낸 세묵(世默), 전한(典翰)을 지낸 ○, 박사를 지낸 수(脩), 정랑을 지낸 간, 부윤을 지낸 영남(穎男), 감사를 지낸 지남(止男), 통례를 지낸 위남(偉男), 참판을 지낸 질간(質幹), 정언을 지낸 진원(振遠), 판서를 지낸 우형(宇亨) 장령을 지낸 만주(萬胄), 문학(文學)을 지낸 태수(台壽), 정자를 지낸 성동(聖童), 지평을 지낸 수석(壽錫), 사간을 지낸 화중(和中), 공신록에 오른 득남(得男) 같은 인물이 있다.

수석(壽錫)이 명동(命童) 등과 의논하기를 "우리 선조의 유명(遺命)이 비록 저와 같을지라도 세월이 수백년 지나갔고 분묘도 다 허물어졌으니 지금 묘표를 세우지 않으면 후손이 또한 어떻게 알겠는가"하고 자그마한 빗돌을 세우고 도암에게 글을 빌어서 기록하고 천양(闡揚)하지 못하는 것은 공의 명을 어기게 될까 염려해서이다.

연전에 광주(廣州)의 많은 선비들이 서로 의논하기를 "충정공 같은 고상한 절개로서 아직까지 현양(顯揚)되지 못하는 것은 우리들의 수치이다."하고 일제히 연로(輦路; 임금님의 행차길) 곁에서 소리 높이 아뢰어 정경(正卿)으로 증직하라는 명을 받게 되었다. 또한 易名(시호를 받는 것)의 은전을 내릴 것도 청하여 해조(該曹)에서 복계(覆啓)하여 윤허를 받았으니 성조(聖朝)에서 포장(褒奬)하는 거조는 이에 이르러 유감이 없다고 하겠다.

공의 관력(官歷)과 훌륭한 행실은 세대가 오래되고 사람이 없어서 다만 가전(家傳)의 유사(遺事)와 도옹(陶翁; 李縡)의 갈문(碣文)에 의거하여 가장(家狀) 한 통을 만드는 바, 이는 당세에 입언(立言; 세상에 의견을 발표함)하는 군자의 서술을 격려하고 태상(太常; 제향 · 贈諡를 맡아보는 관아인 奉常寺의 별칭)의 절혜(節惠; 시호를 내리는 일)의 의논에 도움이 되고자 하는 바이다.*

3. 비문의 준비

비는 어떤 인물, 사실, 사건, 사적을 기념하여 길이 전하기 위하여 글을 지어서 빗돌이나 쇠붙이에 글을 새겨 세우는 것을 비석이라고 한다. 비석에 새겨진 글을 비문이라 한다.

비석에는 무덤에 세우는 묘갈(墓碣) · 묘표(墓表) · 단비문(壇碑文) · 신도비(神道碑)와 사당 앞에 세우는 묘정비(廟庭碑) · 사적비, 어떤 인물을 추모하여 세우는 추모비, 선정을 베푼자의 선정비 · 송덕비, 효자를 기리기 위한 효행비, 좋은 일이나 덕을 베푼 사람들을 기리기 위한 송덕비, 열녀를 기리기 위한 열녀비, 충신 · 열사를 추모하고 기리기 위한 충열비, 경사스런 일을 기념하기 위하여 기념비, 마을의 유래를 고증하여 세운 마을비 등이 있다.

묘갈이나 신도비에 새기는 글은 묘갈명(墓碣銘) · 신도비병(神道碑)이라고 하는데, 명(銘)이란 작자의 평(評)이고 서란 주인공에 대한 행적(行蹟)이다. 묘표에는 이런 평가가 없고 역사만 기록한다. 묘갈과 묘표와의 구분은, 묘갈은 갓이 있고 묘표는 갓이 없으며, 별도의 갓이 아니더라도 비의 상부를 동글게 하여 무늬를 넣으면 묘표와 구분되고 있다.

묘표는 보통사람의 무덤에 세우는 비석이고 묘갈은 정삼품 이하의 벼슬을 지낸 사람의 무덤에 세우는 비석이다. 그러나 가문에 따라서는 정삼품 이상의 벼슬을 지냈거나 벼슬이 없어도 묘갈을 세우는 경우가 많다. 신도비는 종이품(증직 포함) 이상의 벼슬을 지낸 사람에게 세울 수 있었으며 비문은 통정대부 이상(당산관) 벼슬을 지낸 사람이 찬술(撰述)하는 것이다. 묘갈명과 신도비명은 큰 차이는 없으나 신도비명이 규모가 큰 것뿐이다.

묘표 · 묘갈 · 신도비문은 비석을 당장 못 세우더라도 후일에 대비하여 일단 받아두는 것이 좋을 것이다.

4. 묘지의 필요

묘지명(墓誌銘)이란 죽은 사람의 이름 · 신분 · 행적 등을 새겨서 무덤 앞에나 옆에 파묻는 돌이 새긴 글을 말한다. 묘비문과는 큰 차이는 없다. 이것은 묘에 비석을 세웠더라도 지표의 것은 훼손될 가능성이 있기 때문에, 만일에 대비하여 영구하게 땅에 묻어 묘의 주인공을 알 수 있게 하는데 의미가 있다. 묘에 비석 · 상석 · 망주석 등과 지석을 묻었을 경우, 족보에 간략하게 기록하는 것이 일반적이다.

다음은 병조참판 장취오(張聚五)의 현손 장회진(張會鎭,1808~1835)의 묘지명을 예로 들어본 것이다. 이 묘지명은 효자 장회진의 스승이요, 장인이 되는 화서(華西) 이항로(李恒老,1702~1868)가 지었다.

동우 장회진의 묘지명(東雩張會鎭의 墓誌銘)

아! 이곳 벽계 남쪽 가마봉 부사원(負巳原)에 바라보이는 무덤은 사문(士文) 장군(張君)의 묘다. 사문의 묘를 여기에 정한 지 33년이 되는데, 그 아들 학수(學洙)가 울면서 내게 "아직 건강하실 적에 명(銘)을 지어 산천(山川)의 변천에 대비하게 해 주십시오"라고 청하였다. →(ㄱ)

아! 사문은 나의 사위인데 불행히도 일찍 죽어 내 딸로 하여금 붕성(崩城)의 아픔을 갖게 하였다. 사문은 또 뜻을 가다듬어 유자(儒者)가 되었는데 진실로 그 지업(志業)을 이루어 밝혔더라면, 내 도(道)를 전수해 줄만한 사람이 사문이라 하지 않을 수 있겠는가! 돌아보건대 백풍(伯豊) · 정사(正思)와 같은 사람들처럼 훌륭한 싹으로 꽃을 피우지 못한 사람이 되고 말았으니 매우 가슴 아프다. 내 어찌 차마 붓을 들고 글을 쓰겠는가마는 사문의 훌륭함은 또한 끝내 명(銘)을 하지 않을 수 없다. →(ㄴ)

사문의 선조는 고려태사(高麗太師) 충헌공(忠獻公) 휘(諱) 정필(貞弼)이니, 김선평(金宣平公), 권행공(權幸公)과 더불어 고려 태조를 도와 삼한(三韓)을 통합한 공로가 있어 태상(太常)에 기록되었다. 우리나라에서는 휘 유인(有仁)이 홍문관 교리였으며, 그 6대손 휘 세문(世文)은 학행이 뛰어나 재랑(齋郎)에 임명되었는데, 춘추존양(春秋尊攘) 의리에 엄격하여 병자호란 이후 은

거하고 벼슬하지 않았다. 또 그 5대손 휘 취오(聚五)는 문과에 합격하여 벼슬이 병조참판에까지 이르렀는데, 이 분이 사문의 고조(高祖)가 된다. 증조는 진원(震元)이요, 조(祖)는 이신(履信)이요, 고(考)는 집성(集星)이며 비(妣)는 완산이씨(完山李氏) 택제(宅濟)의 따님인데, 깨끗한 덕망이 있어 온 집안이 그 보호를 받았다. →(ㄷ)

사문은 비범한 자질이 있어서 어려서부터 장난을 하지 않고 장기 · 바둑 · 쌍륙 따위의 놀이를 구경조차 한 적이 한 번도 없었다. 10세에 청풍(淸風) 이상우(李相佑)에게 공부하였는데, 아무리 춥고 더워도 게을리 한 적이 없었다. 길가에 좋은 구경거리가 많아도 단정한 걸음걸이로 한번 눈길을 보내지 않았으므로, 이공(李公)이 몰래 살펴보았는데 늘 변함이 없었다고 한다. 점점 자라면서도 더욱 단정하고 깨끗하며 행실이 반듯하여, 선한 일은 자신의 일처럼 좋아하고 악한 일은 자신을 더럽히는 것처럼 미워하였다. 18세에 우리 집의 사위가 되어 경전(經傳) · 성리(性理)의 책들을 배우게 되었는데, 내가 강론한 내용을 보면 늘 좋아하여 싫어함이 없었으니 그 취미가 참으로 특이하였다. 사문이 처음에는 불경 · 도가서 · 의서 · 복술서 등을 손으로 베끼고 입으로 외우며 꽤 정신과 정력을 기울였었는데, 이때에 이르러서는 일체 털어 버리고 오직 성경(誠敬) · 격치(格致)와 집의(集義) · 양기(養氣)의 학설을 평생의 사업으로 삼았다. 정자(程子)와 주자(朱子)의 글을 가장 좋아하여 높이 두고 외우며 생각하였는데, 절실하고 긴요한 부분을 만나게 되면 좌우에 써서 붙여 놓고 늘 자신을 경계하고 반성하였다. 심경(心經) 한 권의 책에 특별히 힘을 썼으며, 역사를 읽다가 죽음을 무릅쓰고 직언(直言)한 대목이나 의리를 지켜 죽은 사람의 대목에 이르러서는 반드시 세 번 반복하여 읽어 공경을 표하고 사모하는 마음을 가졌다. 이용헌(李用獻) 계문(季文) · 임규직(任圭直) 용숙(容叔) 및 내 아들 준(埈)과 더불어 일찍이 친구가 되어 서로 기대함이 적지 않았었다. →(ㄹ)

그러다가 그 모부인(母夫人)이 병환이 있었고 마침 내 딸이 친정에 다니러 왔었음으로, 사문이 이곳 벽산(蘗山)으로 들어와 아내를 집으로 데리고 가서 함께 간호하자고 하였다. 출발에 임하여 사문이 시내의 물고기를 잡아 어버이를 봉양하러 하다가, 잘못 시내에 빠졌는데, 사람이 미처 구조하지 못하였다. 아! 차마 말할 수 있겠는가! 사문은 낙정자(樂正子)의 경계를 평소 강론하였었는데, 지금 이렇게 되었으니 어찌 운명이 아니겠는가? 비록 그러나 그의 죽음은 효도를 위해 죽은 것이니, 군자는 마땅히 슬퍼하고 용서해야 할 것이다. 사문이 순조무진년(純祖戊辰年) 칠석일(七夕日)에 태어나 헌종(憲宗) 을미년(乙未年) 5월(月) 13일(日)에 세상을 떠났으니, 나이는 28세였다. →(ㅁ)

아들은 학수(學洙)이고, 딸은 양문환(梁文煥)에게 시집갔다. 학수가 2남 4녀를 두었는데 큰아들은 술후(述厚)이고, 나머지는 아직 성혼(成婚)하지 않았다. →(ㅂ)

사문은 어버이를 효성으로 섬겨 그 대인(大人)이 여질(癘疾)을 여러 달 앓을 적에 밤에 잠자리에 들지 않으면서 몸소 간호하기를 게을리 하지 않았는데, 집안 사람들이 몹시 초췌해진 모습을 보고 교대하여 간호할 것을 간청하였으나 듣지 않았다. 매양 집 밖으로 출입할 때에는 언제나 사당(祠堂)에 참배하였으며, 새로운 음식이 생기면 부모에게 드리지 않고서는 먼저 먹지 않았다. 무당을 집안에 들이지 않고 기녀(妓女)를 몸에 가까이 하지 않았으며, 집을 다스림에는 정돈과 엄숙을 위주로 하고 남을 대할 때에는 자신을 낮추는 것을 위주로 하였다. 몹시 춥고 굶주리는 사람을 만나면 옷을 벗어 주고 음식을 먹이면서 조금도 아까워하는 생각이 없었다. 어른과 말할 때에는 자제를 잘 가르칠 것을 말하고 젊은이와 말할 때에는 부형에게 효도하고 순종할 것을 말하였으며, 농부 · 공인(工人)의 무리들에게도 그 사람에게 적당한 말로 잘 인도하였다. 음양(陰陽) 사정(邪正)에 분변에 있어서는 더욱 반듯하고 엄격하였는바, 한번은 최완성(崔完城; 최명길)의 후손이 병자호란에 대해 "그때 우리 할아버지가 아니었으면 국가가 위태로웠을 것이다."고 하자, 사문은 "삼학사(三學士)가 아니었다면 의리가 없어졌을 것이다."고 곧장 대답한일이 있었는데, 이에 그 사람은 아무 말도 못하고 얼굴이 붉어졌다고 한다. 사문은 학문을 하고자 하는 의지가 견고하여 반드시 실천하는 것을 위주로 하였는데 일찍이 말하기를, "말과 행동이 어긋나고 밝은 곳과 어두운 곳에서 서로 다르게 한다면 다른 것은 얘기할 것도 없다."하였다. →(ㅅ)

아! 사문과 같은 사람은 어찌 쉽게 찾아 볼 수 있는 사람이겠는가? 좋은 출발이 봄철에 싹이 자라듯 활발하였는데, 하늘이 그 나이를 막아 조금도 빌려 주지 않았으니, 기운이 밝은 자는 운수가 막힌다는 이치를 하늘도 어쩌지 못한 것이 아니겠는가? 그 후 계문과 용숙, 그리고 준이 계속하여 일찍 죽어 나 홀로 외롭게 함께 할 이웃이 없이 서양의 충돌을 당하고 있으니, 주자(朱子)가 말씀하신 바, "맹진(孟津)의 거센 물결을 흙을 움켜 막는 것과 같다." 고 하신 것이 참으로 좋은 비유라 하겠다. 아! 늙어서 죽지 않고 이 세상을 보게 하는 하늘의 마음은 또 무엇이란 말인가! 사문은 결성(結城人)이니, 이름은 회진(會鎭)이고, 스스로 동우거사(東雩居士)라 호를 하였다. →(ㅇ)

다음과 같이 명(銘)한다.

아, 사문이여!
그대가 나를 곡해 주리라 여겼는데
내가 그대를 곡하게 되었네.
그대가 내 명(銘)을 지으리라 여겼는데
내가 그대의 명을 지었네.
진실로 하늘은 아득하고 말이 없으니
누구에게 물어보란 말인가?

아! 오묘한 도는 형체가 없어서
하루아침에 밝힐 수 없는 것이네.
그대는 젊은 나이에 뜻을 간직한 채 이루지 못했는데
나는 백발이 되어 애만 쓰고 이룬 게 없다네.
이것은 오십보 백보의 차이이니
내 곧 죽거든
장차 사문과 함께 구천에서 업을 마치리라. →(ㅈ)

동우거사의 묘지명은 9문단으로 구성되어 있다. 각 문단의 내용이 무엇인가를 보면 묘지명은 대략 어떻게 작성하는가를 알 수 있다.

(ㄱ)은 장사문의 묘지명을 짓게 된 동기,
(ㄴ)은 장사문의 소개,
(ㄷ)은 장사문 선조(先祖)의 세계(世系),
(ㄹ)은 장사문의 일생기(一生記),
(ㅁ)은 장사문이 세상을 떠나게 된 이유,
(ㅂ)은 장사문의 자손록(子孫錄),
(ㅅ)은 장사문의 일생(一生)에 특별한 점, 효행과 의리를 중점적으로 서술하였다.
(ㅇ)은 장사문과 지은 자와의 관계에서 그 죽음을 슬퍼하는 이유 등을 서술한 것이다.
(ㅈ)은 장사문에 대한 평가 즉, 명(銘)이다.

묘지명은 대체로 위의 (ㄱ) ~ (ㅈ)까지 8개 항목의 서술과 마지막 1개 항목의 평가를 갖추고 있어야 한다. 그러나 이 순서가 묘지명 찬술(撰述)의 기준이 되는 것은 아니고 작자의 견해에 따라 순서를 달리할 수도 있다. 무덤 앞에 세우는 묘갈(비문)도 이와 대동소이한 내용의 문장이면 된다.

5. 문집 · 유고의 간행

부모나 선조가 남긴 글은 그 분량에 따라 달리하여 점(帖)자나 책(册)으로 발간하여 후세에 전하여야 한다. 여기에는 해당인의 역사와 철학, 일생과 그 발자취가 담겨있기 때문이다. 글은 대단히 중요한 것이다. 하나라도 소홀히 해선 안된다.

아울러 선조 한 사람 한 사람의 아름다운 행적을 모아서 책으로 발간하여 후세에 전하여야 한다. 그렇게 함으로써 후손이 자부심을 가지고 선조를 본받으며, 후세인이 배워서 미래의 밝은 사회를 이룩하는데 기여하게 된다.

3부 韓國 傳統思想

01 절 韓國思想의 源流

1. 선사시대의 사상

우리 겨레는 구석기 시대와 신석기 시대를 지나 서기전 3세기쯤부터 독자적인 청동문화를 이룩했고 서기전 4세기 말부터 연맹왕국으로 발전했다고 본다.

서기전 10세기쯤에 무문 토기문화를 가지고 남만주와 한반도 곳곳에 나타난 우리 겨레는 부족적인 새로운 요소도 나타난다. 서기전 7세기 전후에 청동기문화를 이룩한 연후에 부족을 바탕으로 한 성읍국가가 나타나기 시작한다. 이것은 언덕 위에 토성을 쌓고 그것을 중심으로 지역의 농민을 지배하는 작고 소박한 정치세력을 말한다.

서기전 3세기쯤부터 초기 철기문화를 이룩한 우리 겨레는 연맹왕국을 맞이하여 중국 민족을 비롯한 강대한 민족과 맞설 수밖에 없었기 때문에 연맹왕국들이 통합을 위해 서로 정복을 거듭하는 동안에 3세기가 지나가 어느 정도 본격적인 국가가 이루어졌다. 이것이 철기문화를 바탕으로 한 고대 국가로서의 고구려, 백제 및 신라이다.

선사시대의 사상을 연맹왕국 이전과 이후로 나누어 그 이전을 선사사상(先史思想)이라 부르고 그 이후의 것을 경천사상(敬天思想)이라고 한다.

원시사상이란 어떤 비인격적인 놀라운 힘을 믿거나 만물이 독립적인 영혼을 가지고 있다고 믿는 원시 종교를 말하고, 경천사상이란 모든 신령보다 하느님을 가장 높이 받드는 제천 의식에 나타난 사상을 말한다.

우리 겨레의 씨족적인 신앙인 원시종교도 다양한 형태를 보여주고 있다. 토테미즘, 주물숭배(呪物崇拜), 자연숭배, 조상숭배, 샤머니즘, 다신교 같은 여러 형태가 보인다. 이러한 형태는 오늘날 우리들의 생활 속에서 얼마든지 볼 수 있다.

2. 태양숭배사상

주몽의 설화나 태양거석문화(太陽巨石文化)를 이룩하였던 청동기인의 선민사상에서 볼 때에 우리 민족은 태양을 숭배하였음을 알 수 있다. 하늘의 중심인 태양은 온 누리에 생명과 광명을 준다. 이 생명(生命)과 광명(光明)을 나타내는 말이 바로 「밝 · 밝음 · 부리」이며, 태양과 하늘의 질서와 규범(天理)을 따라 광명과 생명의 세계를 구현하자는 말이 「밝은 뉘」이다.

이에 대한 예증을 몇 가지 들어보면 다음과 같다.

① 한민족은 예부터 배달민족(倍達民族)이라 불러 왔다. 배달은 「밝」을 한문의 반절(反切)로 표현하는 동시에 넓게 뻗어나간다는 뜻이다.

② 한민족이 태양의 날빛인 백색의 옷을 즐겨 입었다. 그러므로 우리민족을 백의민족(白衣民族)이라고도 한다.

③ 한민족은 최초로 세운 나라의 이름을 조선이라고 한다. 조선(朝鮮)이란 대륙 동방에 위치하여 맨 먼저 해가 뜨고 밝은 햇살을 맑고 선명하게 흠뻑 받는 땅이라는 뜻이다.

④ 우리나라를 동방(東方), 동국(東國)이라고 부른다. 동(東)은 동(動)을 뜻하며, 춘방(春方)이란 뜻인데, 이는 모든 생명이 비로소 움트고 자란다는 뜻이다.

⑤ 동방(東方)을 푸른빛으로 대표하는 청구(靑丘)라고 한다. 청(靑)은 푸르다, 맑다, 아름답다, 살아있다는 우리의 땅을 부르는 말이다.

⑤ 우리나라를 진역(震域) 또는 진국(震國)이라고 한다. 주역에서는 동방의 생명이 약동하는 괘(卦)를 진(震)이라고 한다. 즉, 우레 소리와 함께

생명과 광명이 처음 터져 나오는 나라가 바로 우리나라인 것이다.

이상과 같이 우리 민족은 태양을 숭배하면서 태양의 광명과 생명의 세계를 구현하고자 하였다. 이는 경천사상(敬天思想)과 홍익인간(弘益人間)의 이념과도 상통하는 것이다.

3. 경천사상

가장 높은 신(至上神)을 믿는 예는 다른 겨레에서도 찾아볼 수 있다. 「삼국유사」를 지은 일연(1206~1289)은 환인(桓因)을 「지석(提釋)」이라고 풀이했다. 제석이란 인도 베다(Veda)신화에 나타나 있는 「가장 높은 신」이다. 이 제석을 「제환인(提桓因)」이라, 혹은 「석제환인(釋提桓因)」이라고도 한다. 불교에서는 이 신을 받아들여 불교를 지켜주는 매우 중요한 신으로 삼고 있다.

환인과 환웅을 하느님이라고 볼 때 단군신화는 하느님을 중심으로 하고 있다고 볼 수 있다. 하느님이 사람을 내서 세상을 다스리게 한 줄거리는 좀 체계적이다. 그러므로 이 신화는 어떤 강대한 성읍국가의 건국설화일 가능성이 높다. 우리 겨레는 일찍부터 하느님의 관념을 가지고 있었다는 것을 확인할 수 있다. 그리고 중국 기록에도 우리 겨레가 하느님에게 성대한 제사를 지낸 사실이 잘 밝혀져 있다.

섣달에 하느님에게 제사를 지낸다. 사람들이 모여 여러 날 계속 마시고 먹고 노래하고 춤춘다. 이것을 영고(迎鼓)라고 부른다. 이때 여러 가지 재판을 하고 죄인을 풀어 준다. 군사(軍事)가 있어도 하느님에게 제사를 지낸다. 이때 소를 잡아 그 발굽으로 좋고 나쁨을 점친다(「후한서(後漢書)」東夷列傳 夫餘國). 동맹(東盟) · 무천(舞天) · 기우제(祈雨祭) 등은 제천의식으로 경천사상의 형태이다.

이와 같이 연맹왕국의 성장과 더불어 발전된 하느님 신앙은 우리 겨레가 일신교적인 단계에 가까워졌다는 것을 뜻한다. 우리 겨레가 이미 이러한 신앙 단계에 와 있었기 때문에 곧 이어 동양의 선진 종교를 받아들일 수 있었다. 이를테면 고대 국가를 완성한 고구려, 백제 및 신라가 유교, 불교, 도교를 다같이 받아들이게 되었던 것이다.

단군의 참성단, 고구려의 동맹, 동예의 무천, 부여의 영고, 조선시대의 소격서의 설치, 기우제, 서민들의 정성과 탄식하는 소리에서 우리는 우리 민족의 경천사상을 엿볼 수 있다.

4. 단군의 건국사상

가정적으로 조상이 있고, 종교적으로 개종자가 있고, 나라에는 국조가 있다. 단군은 한국의 국조(國祖)가 된다. 단군의 건국신화는 그동안 한국 전통사상의 논의에서 흔히 제외되는 경향이 있었다. 그러나 이 짤막한 기록에는 우리 조상들의 원시적인 사고 형태 곧 그들의 우주관 · 세계관 · 역사관 · 국가관이 포함되어 있다. 뿐만 아니라 한민족의 이상적 국가생활과 아울러 민족의 미래운명을 시사하는 내용이 들어있다. 외국의 경우도 건국신화는 그 민족과 국가의 미래를 암시하는 것으로 특별히 중요하게 다루고 있다. 단군의 건국신화 속에 어떠한 의미가 함축되어 있는가를 고찰에 앞서 그 내용부터 검토하여 보기로 한다.

삼국유사 고조선(古朝鮮)을 왕검(王儉朝鮮)이라 하여 다음과 같이 적고 있다.

지금으로부터 2000년 전에 단군왕검이 있어 도읍을 아사달에 정하고 나라를 조선이라고 하였는데 중국의 요(堯)와 같은 때였다. 고기(古記)에 옛날 환인(桓因)의 아들 환웅(桓雄)이 항상 천하에 뜻을 두고 인간세상을 탐하거늘, 아버지가 아들의 뜻을 알고 삼위태백(三危太伯)을 내려다보매 가히 인간을 널리 이롭게 할 만한지라 이에 천부인(天符印) 세 개를 주어 세상 사람을 다스리게 하였다. 환웅이 그의 무리 3000명을 거느리고 태백산 꼭대기 신단수(神壇樹) 밑에 내려와 이곳을 신시(神市)라 이르니, 이 분을 환웅천왕이라 한다. 그는 풍백(風伯), 우사(雨師), 운사(雲師)를 거느리고 곡(穀)·명(命)·형(刑)·선(善)·악(惡) 등 무릇 인간의 360가지 일들을 맡아서 인간 세계를 다스리고 교화하였다.

그 때 한 곰과 범이 같은 굴에서 살면서 늘 환웅에게 사람으로 변하게 되기를 빌고 있었다. 어느 때 환웅은 신기한 쑥 줄기와 마늘 20쪽을 주면서 "너희들이 이것을 먹고 100일 동안 햇빛을 보지 않으면, 곧 사람이 될 것이다"라고 하였다. 곰과 범은 이것을 받아서 먹었다. 100일을 견뎌 곰은 여자가 되었으나 범은 견디지 못해서 사람이 되지 못했다.

곰이 변한 여자는 함께 결혼할 사람이 없으므로 늘 단수 밑에서 주문(呪文)을 외어 아이를 밸 수 있도록 빌었다. 이에 환웅이 잠깐 변하여 결혼해서 아들을 낳았는데 그를 단군왕검이라 불렀다. 그는 중국 요임금이 즉위한 지 50년인 경인에 평양성에 도읍하고 비로소 조선이라고 일컬었다. 또 도읍을 백악산(白岳山)의 아사달에 옮겼는데 그곳을 궁홀산(弓忽山) 또는 영며달(今旀達)이라고도 한다. 왕검은 1500년 동안 나라를 다스렸다. 주(周)의 무왕(武王)이 즉위한 을묘에 주가 기자(箕子)를 조선에 봉하자, 단군은 이어 장당경(藏唐京)으로 옮겼다. 그 뒤 돌아와 아사달에 숨어서 살다가 산신이 되었다. 나이가 1908세였다(三國遺事, 卷第一紀異第一古朝鮮).

한편 신이대전(神異大全)에서는 이화(理化), 교화(敎化), 치화(治化)의 신(神)의 관계를 다음과 같이 말한다.

"한얼님은 한임, 한웅, 한검이시니, 한님은 조화의 자리에 계시고, 한웅은 교화의 자리에 계시니라. 한울에서는 그보다 더 위에 계신 이가 없으시며 만물에는 그보다 더 비롯된 것이 없으시며 사람에게서는 그보다 더 먼저 된 이가 없으시니라. 나누면 셋이나 합하면 하나니 셋과 하나로써 한얼 자리가 정해지니라. 따로 말하면 세 자리가 되고 통합하여 말하면 한 자리가 되나니 하나는 체(體)를 말함이요 셋은 용(用)을 말함이니라."

이러한 설화를 현대적 시각에서 풀이하면 다음과 같다. 첫째, 환웅이 천상(天上)의 생활에 만족하지 않고 늘 인간 세상에 와서 살기를 원하였다. 그의 부신(父神)인 환인은 아들의 뜻을 헤아려서 전 세계의 인류를 이롭게 할 수 있는 길지를 택한 후 천부인을 줌으로써 아들의 출발을 축하해 주었다. 여기서 우리는 한국에 대한 하느님의 사랑, 부자간의 사랑, 권능자와 종자간의 사랑을 볼 수 있다. 아울러 인류에 대한 간절한 사랑을 느낄 수 있다. 또 곤란을 극복하려는 기질과 용기를 엿볼 수 있는 것이다.

둘째, 환웅은 태백산 신단수에 내려오자 곧 신시를 세웠다. 이것은 지상에 세운 최초의 하느님의 나라이다. 하늘의 모습을 닮은 지상천국, 모든 사람이 열락(悅樂)하는 복락사회(福樂社會)를 만들고자 한 것이라고 볼 수 있다. 그 목적으로 풍백(風伯) · 우사(雨師) · 운사(雲師) 등 기능 엘리트를 대동하여 선정을 위한 360여 가지 일을 돌보았다. 이것은 한국의 정치가 무엇을 지향해야 하는가, 또 통치자가 어떠해야 하는가를 가르쳐 준 것이라 한다.

셋째, 신시를 건설하는 방법은 외국에서처럼 정복이나 투쟁 방법이 아니라 교화와 화합의 방법이었다. 그는 3000명의 무리를 이끌고 왔으나 원주민들에게는 교화와 결혼의 방법으로 대하였다. 실제로 이상국가의 건설은 무력이나 침략의 방법으로는 이루어질 수가 없을 것이다. 우리나라의 정치가 화합과 교화 그리고 무위이화의 방법으로 출발했다는 것은 오늘의 정치에 큰 시사를 주는 것으로 본다.

넷째, 이상국가, 복락국가를 만드는 방법이다. 환웅 왕검이 세운 나라는 한얼의 나라이다. 한얼은 대덕(大德) · 대혜(大慧) · 대력(大力)을 가졌고, 인지용량형(仁 · 智 · 勇 · 量 · 衡)을 고루 갖추어야 완전한 인간이 될 수가 있다는 것이다. 하늘의 모습을 닮기 전에 사람들을 한얼을 닮은 도덕적 인격체로 만듦으로써 이상 국가, 복락사회를 만들려고 하였던 것이다. 이것을 보아도 한민족의 정치는 처음부터 도덕정치이며 국가는 교육국가를 표방한 것이라고 볼 수가 있다. 여기서 정치=종교=도덕=교육의 등식이 성립된다. 현대의 정치가가 귀감으로 해야할 점일 것이다.

다섯째, 환웅이 가히 홍익인간을 할 수 있는 길지를 찾은 것이 태백산이었다고 함은 한국이 홍익인간의 원천이며 세계 평화의 중심지임을 시사한 것이다. 또 환웅에 의하여 교화된 백성이며 단군의 다스림을 받을 사람들의 후예, 곧 한민족은 특수한 사명을 떠맡은 신의 선민(選民)임을 말하는 것이라고 하겠다.

단군은 나라의 조상이다. 국조를 숭배하는 것은 민족의 도리이다. 단군신화가 비과학적이라고 하여 우상시하는 것은 잘못이다. 왜냐하면 단군은 우리 한국 민족의 구심점이 되어야 하기 때문이다. 어느 민족이든 그 민족, 그 국민의 구심점이 있다. 그것은 현실적인 것이든, 상징적인 것이든, 신(神)이든 인간이든, 제도화되어 있든 아니든 모든 국민 · 민족이 하나로 뭉칠 수 있는 구심점이 있는 것이다. 그러나 우리는 아무것도 없다. 누구를 중심으로, 무엇을 구심점으로 단결될 것인가는 요원한 얘기다. 그래서 콩가루 같은 민족, 제일 불친절한 민족, 사대하는 민족이란 이름이 붙게 된 것 같다. 역사 속에는 불교를 중심으로, 또는 유교를 중심으로 뭉치기도 했었다. 그러나 이제는 이것도 저것도 아니다. 그래서 민족 · 국가를 외면하고 애국 · 애족은 개인주의 속에 매몰되고 있다.

단군을 우상으로 여기는 종교인들은 대오 각성해야 할 것이다. 내나라의 국조를 우상이라고 하면서 다른 나라 종교에 빠져 우상을 숭배함은 불합리한 일이다.

신앙과 조상 숭배는 다르다. 신앙과 단군을 섬기는 일도 다른 것이다. 아들이 어버이를 섬기는 일과 하느님을 섬기는 일을 똑같이 소중하게 여겨야지 부모보다 하느님을 더 소중히 여기면 인륜 도덕은 몰락하고 말 것이다. 종교인이 절대자를 숭배하는 일과 국조 단군을 섬기는 일은 아버지와 하느님을 섬기는 일과 같은 것이다.

02 절 韓國佛教思想

1. 초기의 한국불교

불교는 한국종교는 아니다. 그러나 한국전통사상을 논의함에 있어서 불교사상을 빼놓을 수 없다. 삼국시대, 신라시대, 고려시대의 경우는 더욱 그러하다.

삼국시대 불교의 전래를 보면, 고구려에 불교가 전래된 것은 서기 372년(소수림 2) 여름에 전진 왕 부견이 순도라는 승려와 사자로 하여금 불상과 불경을 전하였다. 2년 후(374)에 진승 아도가 고구려에 당도하자, 그 다음해 소문사(肖門寺)와 이불란사(伊弗蘭寺)를 세워 그 절에 있게 한 것이 우리나라 최초의 불사였다.

백제의 불법이 시작된 것은 서기 384년(침류왕 1) 호승(胡僧) 마라난타가 동진(東晋)으로부터 전하였다. 신라의 불교가 전해진 과정은 고구려 불승인 정방이 불교를 전하러 왔다가 순교하고, 그 후 눌지왕 때에 고구려 묵호자라는 승이 일선군(一善郡) 모례(手禮)에 잠입 전도하다가 우연히 왕실의 환영을 받게 되었다. 그 후 법흥왕에 이르러 이차돈(506~527)의 기이한 죽음을 계기로 불교는 갑자기 유포하게 되어 삼국 중 신라에서 가장 성행하게 되었다. 신라의 초기 불교는 왕실과 결합하여 발전하였는데, 법흥왕, 진흥왕이 계속 출가할 정도로 왕실의 불교 신앙은 대단하였다.

549년 565년에는 각각 중국에 건너갔던 학덕(學德)과 명관(明觀)이 돌아오면서 염(染)의 불교를 들여왔으며, 551년에는 혜량(惠亮)이 고구려로부터 와 승려의 교육과 대중교화의 중임을 맡았다. 그 후 백좌강회(百座講會)와 팔관회(八關會) 등이 열리고, 화랑이 불교 정신을 자기 것으로 삼아 독창적인 청년 엘리트 집단으로 크게 성장하였다. 화랑도는 불교가 신라에 성공적으로 토착화한 하나의 탁월한 실례이다.

신라가 삼국을 통일하는 기반을 세운 것은 668년(문무왕 8)의 일이다. 이 시기에는 누구보다도 원효의 활약과 공적이 지대한 것이었다. 원효는 불교를 사상적으로 신라에 토착화시킨 이론가일 뿐만 아니라, 민중 속에서 인생의 정도를 가르친 위대한 교육자다. 신라는 고구려나 백제와 비교해 볼 때 불교가 지닌 활기찬 생명력에 주목하게 된다. 신라 불교의 생명력은 국민들이 지닌 불교 이해의 정확성, 불심을 무엇보다 중시하는 공통된 국민들의 마음가짐에서 연유한 것이라 하겠다.

2. 불교사상의 본질

불교는 인류의 영원한 스승의 한 사람인 불타(佛陀)의 가르침이다. 불타란 '깨친 사람(覺者)' 이란 뜻이다.

불타는 태자로 태어나서 무엇 하나 부족함이 없는 환경에 있으면서도 삶의 의미를 찾을 수가 없었다. 총명과 사색적인 천품을 타고난 그는 깊은 자기 성찰을 통하여 늙고 병들고 죽어야 하는 한계 상황에 던져진 자신의 모습을 볼 수 있었기 때문이다.

나는 문제와 죽는 문제, 늙고 병드는 괴로움을 해결하기 위하여 왕궁을 떠나 출가한 구도자 고타마 싯다르타(B.C.563~483)는 6년 동안 뼈를 깎는 수행 끝에 드디어 서른 다섯 살 때 '큰 깨침(大覺)'을 이루어 불타가 되었다. 그로부터 45년의 생을 그는 인류의 영원한 스승으로 모든 사람을 위하여 진리의 횃불을 밝히는 데 바쳤다.

불타의 가르침은 그의 '깨침'을 원천으로 한다. 모든 교설(教說)은 그것의 연역이요, 설명이다. 따라서 그 깨침의 내용을 아는 일은 바로 그의 가르침의 내용을 아는 일이다. 한 경전(經典)은 그의 깨침에 관하여 이렇게 적고 있다. "참으로 진지하게 사유한 끝에 일체의 존재가 밝혀졌을 때 그의 의혹은 씻은 듯이 사라졌다. 연기의 법을 알았기 때문이다." 불타가 문제삼았던 인간의 근원적인 문제, 즉 나고 병들고 죽는 괴로움으로부터 자유로울 수 있었던 깨침의 내용은 바로 존재하는 모든 것의 기본 원리인 연기의 법칙이다.

연기란 말은 말미암아(緣) 일어나는 것(起)이란 뜻이다. 잡아함경에는 이 연기의 뜻을 간명하게 "이것이 있으므로 저것이 있고, 이것이 생기므로 저것이 생긴다"(此有故彼有 此起故彼起)고 하고 있다. 이 말은 이 세상에 존재하는 모든 것은 첫째, 공간적으로 고립하여 있지 않고 '더불어' 있으며, 둘째, 시간적으로 계기적(繼起的)인 관계에 있고, 셋째, 서로 영향을 주고받는 상관관계에 있다. 그리고 넷째로 그럴만한 조건이 있어서 생긴 것이므로 그럴 만한 조건이 없어지면 그 존재도 있을 수 없다는 뜻을 가진다. 즉, 존재하는 모든 것이 '더불어' 있으며 서로 분리할 수 없는 깊은 관계 속에 있다는 것이다. 이러한 연기의 진리는 불교사상의 기본이다. 불교가 깨침을 이상으로 하는 것도, 연기의 진리를 가르치는 까닭도 그것 자체로써의 의미보다도 이 자타불이(自他不二)의 실천적 삶인 자비의 실현을 위한 것이다.

연기의 법칙을 구체적으로 실천하기 위하여 체계 지은 것이 사성체(四聖諦)이다. 이는 불타가 깨친 후 처음으로 설한 가르침(初轉法輪)으로 인간에게 어째서 괴로움이 발생하며 그것을 멸할 수 있는 길은 무엇인가를 알려 주는 가장 체계적인 불교의 실천이론이다. 諦(체로 읽음)란 진실 · 진리란 뜻으로 사성체는 인생을 참되게 살기 위해 깨달아야 할 고(苦), 집(集), 멸(滅), 도(道)의 네 가지 진리를 가리킨다.

고체(苦諦)란 우리가 살아가는 인생은 괴로움으로 차 있다는 현실 판단의 진리이다. 괴로움의 구체적인 내용을 나고, 늙고, 병들고, 죽는(生老病死) 네 가지 괴로움과 사랑스러운 것과 헤어지는 괴로움(愛別離苦), 보기 싫은 것과 만나는 괴로움(怨憎會苦), 구하는 것을 얻을 수 없는 괴로움(救不得苦), '나'라는 몸을 가짐으로써 생기는 괴로움(五陰盛苦)을 합하여 인생팔고(人生八苦)라고 한다. 여기서 괴로움이란 단순한 감각적 느낌이 아니라 유한한 존재로서의 실존적인 불안과 고뇌를 말한다. 즉, 돌이킬 수 없는 시간과 공간의 제한 속에서 던져진 우리 존재의 유한성으로써 나온 근원적인 고뇌인 것이다.

집체(集諦)란 괴로움의 원인을 밝히는 것으로 존재의 실상을 모르는 무명(無明)으로 인하여 탐착하기 때문이라고 한다. 원인이 규명된 괴로움은 멸할 수 있다는 확신과 이상의 제시가 세 번째 멸체(滅諦)로서 이는 열반(Nirvana)을 가리킨다. 도체(道諦)는 괴로움을 멸하기 위한 실천의 진리로 그 구체적인 내용은 팔정도(八正道)이다. 즉 열반에 이르기 위해서는 바른 견해(正見), 바른 생각(正思), 바른 말(正語), 바른 행위(正業), 바른 생활(正命), 바른 노력(正精進), 바른 관찰(正念), 바른 선정(正定)의 여덟 가지 실천이 있어야 한다는 것이다.

그러면 불교의 특성은 어떤 것일까? 첫째로, 불교는 인간의 종교이다. 불교가 문제로 삼는 것은 신이 아니라 인간이다. 인간이 어떻게 하면 근원적인 괴로움으로부터 벗어날 수 있을까 하는 것이 불교의 문제이기 때문이다.

둘째로, 불교는 인간의 가능성을 가장 높이 평가한다. 인간은 누구나 깨칠 수 있고 불타가 될 수 있는 능력을 가진 존재이며 진리에 눈 뜬 사람이 바로 불타이다. 따라서 부처됨은 어느 특정인만이 아니라 모든 사람에게 열려 있는 길이다.

셋째로, 평등을 기본으로 한다. 신과 인간과의 건널 수 없는 강을 전제로 하는 서양 종교와 달리 불교에서는 불타와 인간은 본질적으로 다르지 않다. 각자가 지닌 가능성을 실현한 사람이 불타요, 그러한 가능성을 실현 할 수 있는 사람이 중생(衆生)이기 때문이다.

3. 불교사상의 수용과 전개

삼국이 왕권의 강화와 국가체제의 중앙집권화를 서두를 때에, 불교를 받아들이는데 선봉적 역할을 한 것은 왕실이다. 이는 왕권 중심의 새로운 관념체계를 수립하는데 불교가 기여할 수 있으리라는 짐작을 가능케 한다.

그러나 불교가 삼국의 뿌리를 내리기까지는 상당한 어려움을 겪은 다음이었다. 그것은 외래종교요, 외래사상인 불교로부터 적지 않은 이질감을 느꼈기 때문이다. 삼국은 농업을 중심으로 살고 있었기 때문에 가족 중심적 혹은 부락 공동체적 생활을 하였다. 그들의 종교적 심성 또한 농본생활에 밀접한 관계가 있는 하늘에 대한 소박한 것으로 지금의 현세를 중시하고 인간을 중심으로 하는 것이었다.

우리나라에 전래된 불교는 계율이나 교리를 해석하는데 있어서 사회적이며 포용력이 넓은 대승불교였다는 점을 간과할 수 없다. 대승의 넓은 방편문은 때와 장소에 따라 융통성이 있는 적용을 가능케 한다. 따라서 불교는 처음부터 속세의 생사 번뇌에서 해탈(解脫)하여 깨달음의 세계에 이름을 강조하기보다는 현세적인 복락 관념에 어긋나지 않는 인과응보적(因果應報的)인 교리로 접근하여 갔다. 그런가 하면 바른 국가관과 정법치세(正法治世)의 역할도 담당했다. 그러면서 서서히 한국적인 불교의 새로운 전통을 형성하여 갔다. 통일신라 전까지 삼국의 불교에 두드러지게 나타나는 점은 국가와 불교사상의 접목이라 할 수 있다. 그러나 이는 단순한 정치와 종교의 결합이기보다 지금 이 땅에 그대로 불국정토(佛國淨土)라는 격조 높은 현실정토적 사상으로 발전되었으며, 이러한 전통은 뒤를 이어 면면히 이어져 오고 있는 것이다.

통일신라기를 전후한 한국의 불교는 난숙한 사상체계를 정립하여 독특한 회통적(會通的) 전통의 초석을 놓기 시작한다. 원측, 원효, 의상 등의 대승들이 출현하여 불교철학의 금자탑을 높이 쌓아 올려 한국 불교사상의 원융회통적 진면목을 세계에 떨쳤다.

삼국의 뒤를 이은 고려 불교는 처음부터 국가의 안위를 불법에 의지하는 왕건태조의 신불(信佛)로 국가적 성격이 강하게 나타났다. 이러한 고려 불교는 국민 정신을 귀일시키어 빈번한 외침 때에 국난을 극복하는데 이바지하였으며, 고려 대장경과 같은 찬란한 민족문화의 꽃을 피우기도 하였다. 한편 사상적인 면에서는 신라 말에 전래된 선(禪)불교가 고려 초에 이르기까지 이른바 구산선문(九山禪門)을 형성, 발전하면서 교리를 중시하는 재래적인 교가 불교와 어떻게 하면 조화로운 하나를 이룰까 하는 문제였다.

조선조의 불교는 유교입국(儒敎立國)이란 국시(國是)에 따라 억압과 배척의 수난을 맞이하였다. 그러나 이러한 수난 중에도 한국 불교 본래의 생명을 잃지 않았다. 함허당(函虛堂) 기화(己和)는 「현정론(顯正論)」 등의 저술을 통하여 유교, 불교, 도교의 상통하는 융통성을 보이면서 불교의 바른 뜻을 폈다. 서산대사(1520~1604)와 사명대사(1544~1610)는 나라가 위급할 때 산사(山寺)를 박차고 나와 나라와 겨레를 구하는데 전력하였다. 이러한 구국의 높은 정신은 면면히 전승되어 일제치하에 만해 한용운 같은 항일 애국지사들이 나왔던 것이다.

불교의 수용과 전개 과정에서 나타난 한국 불교의 사상적 전통은 불교와 우리 민족의 만남의 산물이며 따라서 우리의 숨결이 담긴 사상적 전통일 것이다. 우리는 한국 불교가 줄기차게 추구하고 가꾸어 온 사상적 전통은 종파와 이론을 귀일시켜 묘한 조화를 이룩한 원융회통 사상이며, 다른 하나는 우리의 현실 국토가 그대로 불국정토라는 현실 정토적인 사상이라고 하겠다.

4. 원융회통사상

원융(圓融)이란 원만하며 막힘이 없는 것이며 회통(會通)이란 대립과 갈등이 높은 차원에서 해소된 '하나' 로의 만남이다. 따라서 원융회통은 어설픈 절충이 아니라 '하나' 인 세계의 조화이며 종합이다.

이러한 원융회통의 노력이 처음부터 줄기차게 계속되었다. 이 회통의 정신이 여러 종파로 분열, 갈등하는 상황에 살아 움직일 때 그것은 여러 종파의 소리를 하나의 화음(和音)으로 모으려는 이론적 노력으로 나타났으며, 선(禪)과 교(敎) 간에 불화와 대립이 같을 때는 선 · 교를 아우르는 창조적 움직임이 나타났다. 그러한 결과로 한국 불교는 종파적 색채가 지양된 통불교적 전통을 확립할 수 있었던 것이다.

원융회통적 사상의 구체적인 내용은 세 가지 측면에서 고찰해 볼 수 있다. 첫째, 우리의 고유사상 혹은 고유신앙과의 조화로운 만남이다. 둘째, 불교 내의 다양한 이론과 종파의 묘한 종합이다. 셋째, 선과 교의 원융한 아우름이다. 이제 그 내용을 고찰해 보면, 한국 불교는 이 땅에 정착하면서 우리나라의 고유한 사상이나 신앙과 대립 · 갈등하고 배격하기보다는 서로를 이해하여 평화로운 공존을 이루었다. 그러한 예를 우리는 한국의 사찰에서 쉽게 볼 수 있다. 한국의 사찰에서 우리는 법당과 함께 산신각(山神閣) · 칠성각(七星閣) 등이 조화로운 공존을 누리고 있음을 본다. 산신이나 칠성에 대한 신앙은 불교적인 신앙이 아니라 불교 전래 이전부터 있어 온 우리의 민속신앙인 것이다. 한국의 불교인들은 법당에서 예경을 올리고 다시 산신각, 칠성각에서 기원하는 것을 이상하게 생각하지 않았던 것 같다. 뿐만 아니라 민속적인 제천의식이 불교 속에 무르녹아 팔관회, 연등회 등으로 조화를 이루었다. 실로 한국 불교는 우리 민족의 고유한 사상과 신앙을 포용하여 조화를 이루었다 하겠다.

원효는 한국 불교의 원융회통적 사상의 초석을 굳건히 다진 사람이다. 그에 의하면 원래 불교의 모든 교설은 불타의 깨침을 원천으로 하는 것이다. 일체의 모든 경륜(經論)과 교설(敎說)은 '깨침'의 연역이다. 각기 다른 모든 종파가 소의(疏意)로 하는 경론도 그 근원은 '하나인 마음'일 뿐이다. 다양한 이론의 어느 한 입장에 서서 보면 이렇게 분명한 사실도 제대로 보이지 않는 것이다. 한가지 입장에 집착되어 있기 때문이다. 원효는 '하나인 마음'의 투철한 깨침의 종교인이었다. 그 깨친 바 한 마음에서 조명해 볼 때 모든 갈래의 이론과 입장은 밝게 드러날 수 있었다.

즉, 모든 경론이 '한 마음'의 펼침이며 그것들을 모으면 그대로 일심으로 귀일되는 것이다. 또 여러 갈래의 종파 또한 일심의 펼침에 불과하며 요약하면 역시 일심뿐이다. 이것이 일심을 즉(卽)한 일즉다다즉일(一卽多多卽一) 개합과 종요의 회통원리인 것이다. 여기서 우리가 주목할 일은 이러한 원효의 화쟁(和諍)은 모든 이론과 종파의 특수성과 상대적 가치를 충분히 인정하면서 전체로서의 조화를 살리는 원융회통한 것이라는 것이다. 그의 화쟁과 회통은 따라서 단순한 논리나 이론만이 아니라 우리의 존재의 원천이며 바탕인 '하나의 마음'에 돌아가는 실천성을 띠고 있다.

의상(義湘,625~702)은 원융회통의 큰 별이다. 우리는 개체를 생각하다 보면 전체를 망각하기 쉽고, 전체를 논하다 보면 개체를 소홀히 하기 쉽다. 그러므로 조화가 아니라 편견 속에 산다. 그러나 의상의 '하나인 세계'는 편견과 치우침이 말끔히 가신 세계이며, 그는 신라를 그러한 화음(和音)의 국토로 가꾸려는 신념에 살았다.

의천(義天,1055~1101)에 의하면 "진리는 예언이 없는 것이나 그렇다고 말을 떠난 것도 아니다. 말을 떠나면 미혹하게 되고 말에 집착하면 참다운 것을 잘 모르게된다. 교를 공부하는 사람은 내적인 것을 버리고 외적인 것을 구하는 일이 많고, 선을 익히는 사람은 밖의 대상을 잊고 내적으로 밝히기를 좋아한다. 그 둘이 다 편집(偏執)이요 양극단의 깨우침이다. 그러므로 그들을 잘 고루어 내외 겸전해야 한다."고 했다. 그는 교의 입장에서 선을 함께 닦아야 한다고 하였다.

지눌(知訥,1158~1210)은 깨침과 닦음(悟修)이 분리될 수 없으며 정(定)과 혜(慧) 또한 함께 닦아야 된다는 이른바 돈오참수(頓悟漸修), 정혜쌍수(定慧雙修)의 독창적인 사상을 확립, 비로소 한국 선(禪)의 탈중국화를 실현하였던 것이니, 그 근본이 또한 다름 아닌 묘합과 회통이다.

한국 불교의 사상적 전통의 근저에는 '하나의 마음' '하나인 세계'에 대한 깊은 신뢰와 동경이 아로새겨져 있다. '하나인 마음'이야말로 모든 갈래의 믿음과 이론이 하나 될 수 있는 원융회통의 바탕이기 때문이다. 그러므로 원융회통적 사상은 인간의 가능성에 대한 신뢰를 기본으로 한다. 왜냐하면 인간은 본래 '하나인 마음'의 원천에 돌아 갈 수 있고 그럼으로써 나와 남, 나와 세계가 둘이 아닌 하나인 세계에 살 수 있다고 보았기 때문이다.

그러므로 '하나인 마음'에 접한 폭넓은 회통적 전통은 민족과 고유신앙을 포용할 수 있는 넉넉함을 지닐 수 있으며 모든 갈래의 종파와 이론을 하나로 귀일시킬 수 있었고, 선과 교가 묘한 조화를 이룬 창의적인 전통을 확립할 수 있었으며 이러한 전통은 오늘날까지 면면히 이어져 오고 있다.

5. 현실정토사상

불교에서 서방극락세계, 동방묘희국(東方妙喜國), 용화세계(龍華世界) 등의 정토를 설하는 것은 개인의 완성은 물론 우리가 자리한 국토와 사회를 완성하려는 대승적 정신의 발로이다. 우리나라의 불교는 이러한 불국정토 사상을 더욱 심화시키고 발전시켜 독특한 현실정토적 사상을 확립하였다.

우리의 국토가 일찍부터 불교와 인연이 있는 곳이라는 불연국토설의 예는 「삼국유사」에 의하면 고구려 스님 아도(阿道)가 신라에 불교를 전하기에 앞서 그의 어머니 고도령(高道寧)은 아들에게 다음과 같이 말했다. "이 나라는 불법을 잘 모르지만 앞으로 3천여 달이 되면 계림에서 성왕(聖王)이 나와서 불교를 크게 일으킬 것이다. 그 도읍 안에 일곱 개의 절터가 있으니……이들은 모두 전불(前佛) 때의 절터로 불법이 앞으로 길이 전해질 것이다."고 하였다.

「삼국유사」의 기록에 의하면, 신라는 석가모니 부처님이 나기 이전부터 이미 불교와 깊은 인연을 가지고 있는 땅이라는 것이다. 전불(前佛) 때의 절터와 설법하던 돌(宴坐石)이 있다고 적고 있기 때문이다. 물론 불교의 전불설화가 마찬가지로 이러한 기록의 내용들이 역사적인 사실과는 거리가 있으나 중요한 것은 우리의 신라인들은 불교가 인도·중국을 거쳐 유입되기 훨씬 전부터 이미 불법과 깊은 연관을 가졌던 땅이었다는 자부심에 충만해 있었다는 사실이다. 이러한 사상은 은연중 신라 불교야말로 인도·중국을 능가하는 불교라는 주체적 정신을 과시하고 있는 것이다.

불연국토설은 미륵사상과 접목되어 이 땅이 그대로 미륵정토라는 독특한 현실정토사상으로 전개된다. 미륵사상은 미륵경에 의하면 미륵은 원래부터 부처님의 제자로 죽은 뒤에 도솔천에 나서 현재는 그곳에서 천중(天衆)들을 위해 설법하고 있는 보살로서 미래세계에 전륜성왕(轉輪聖王)이 세상을 다스릴 때 내려와 용화수(龍華樹) 아래서 성불(成佛)하고 석가불이 미처 제도하지 못한 중생(衆生)을 세 번의 설법을 통하여 제도한다는 미래불이며, 그가 건설하는 이상적인 세계가 용화세계이다. 우리가 죽고 난 다음에 다시 태어나는 곳이 도솔천이요, 용화세계이다. 그러나 우리의 미륵신앙은 죽고 난 다음이 아니라 '지금' '여기'의 우리의 국토가 미륵정토요, 용화세계라고 믿는 독특한 현실정토적 신앙이 주를 이룬다.

진흥왕 때 시작하여 신라와 고려를 두고 계속된 국가 행사인 백고좌회(百高座會)도 '정법치세(正法治世)'를 설한 인왕반야경을 근거로 한 것으로 불설에 의하여 반야파라밀(般若波羅密)을 실천하여 안락한 현실 정토를 건설하려는 우리 조상들의 염원을 충족시켜 주는 것이었다.

팔관회 역시 '정법치세(正法治世)'의 실천적 국가 행사였다. 이는 전몰 장병 위령제와 함께 시행되기도 했지만 원래 팔관제경(八關齊經)을 기본으로 하는 것으로,

첫째, 살생을 하지 않고 자비심으로 모든 생명을 연민하며

둘째, 도둑질을 하지 않고 항상 베풀 생각을 하고

셋째, 삿된 유행을 하지 않고

넷째, 거짓말을 하지 않으며

다섯째, 음주하지 말고

여섯째, 때아닌 때 먹지 말며

일곱째, 호화로운 자리에 앉지 않고 지나친 오락을 하지 않으며

여덟째, 몸에 호화로운 장식과 향을 바르지 않는다.

이 여덟 가지의 계(戒)를 단 하루라도 지키면 공덕이 무한하다는 데 근거한다. 미륵경에는 여덟 가지 계를 지키는 일을 통하여 미륵의 세계에 살 수 있다고 하고 있다. 이러한 팔관회를 국가 행사로 정한 것은 해태 · 방일 · 사치 · 낭비의 생활을 버리고 근검 · 정도로써 국민생활을 선도하기 위한 것이

었다.

우리가 말하는 호국불교란 바로 이 같은 정법치국의 이념에 입각하여 이 땅에 불국정토를 건설하고 또 그것을 수호하려는 노력을 말한다.

6. 원효사상과 지눌사상

1) 원효사상

원효(元曉,617~686)는 문무왕 1년 의상과 함께 당나라 유학길에 당진항 한 고총(古塚)에서 밤에 해골에 괸 물을 먹고 "마음이 생기는 까닭에 온갖 것이 생기고, 마음이 없어지는 까닭에 온갖 것이 또한 없어진다. 삼라만상이 오직 마음이고 모든 것은 마음에 달렸다."는 것을 크게 깨달았다. 사물 자체는 정(淨), 부정(不淨)이 없고 모든 진리는 마음의 묘용(妙用)에 달렸다는 것을 깨달은 후, 유학을 포기하고 돌아와 분황사에 있으면서 통불교(通佛教)를 제창하여 불교의 보급에 힘썼으며 「자찬훼타계(自讚毁他戒)」를 세워 남을 헐뜯는 것을 금했다.

그는 불교사상의 종합과 실천에 노력한 한국 불교의 대표적 사상가이며 위대한 고승의 한 사람으로, 그의 사상에 있어서 특히 중요한 것은 일심사상(一心思想), 화쟁사상(和諍思想), 정토사상(淨土思想) 등이다.

일심사상 : 일심사상은 원효의 전 사상 체계의 근거에 자리잡고 있다. 일심으로 돌아감으로 해서 화쟁도 가능하며, 수행의 목적지는 일심이라고 할 수 있다. 그는 일심의 세계를 불국토·극락으로 보고, 이는 인간의 심정에 나타나 구체화되는 것으로 생각하여 지상적·인간적 성실을 존중하면서도, 진여(眞如)의 세계를 향한 부단한 노력을 강조하였다.

화쟁사상 : 화쟁사상의 논리는 어느 한 면만을 외곬으로 편벽되게 파는 것이 아니고 정기능적(正機能的)인 면을 보는 동시에 역기능적인 면을 보고,

양각(陽刻)을 보는 동시에 음각(陰刻)을 보는 구체적이고 입체적 사유(思惟)를 뜻한다. 원효철학은 '같음'과 '다름'이 서로 상극하지 않도록 하는 위치에서 바라본다. "만약에 논쟁이 일어날 때에 유(有)사상과 자기 생각이 같다고 하면 공(空)사상과 다르게 되고, 공(空)사상과 같다고 하면 또 유(有)사상과 다르게 된다. 그래서 같다던가 다르다던가 함이 더욱 싸움을 부채질하게 이른다. 또 유(有)사상과 공(空)사상이 같다고 하면 안에서 서로 다툴 것이요, 이 두 견해가 다르다고 하면 밖에서 둘이 서로 다투게 될 터이기에 이런 까닭으로 같지도 않고 다르지도 않다."라고 하여 두 가지 세계를 융합하되, 하나의 획일하지 않는(融二而不一) 진리의 세계로 접근한다. 마음에 집착이 없이 일심의 차원에서 보면 여러 주장들이 화해될 수 있다는 것이다. 동정하지 않음이 없고 부정하지 않음이 없는 단계, 그저 너도 옳고 나도 옳다는 식이 아니라 한 단계 뛰어넘은 단계로 올라가서 화해시키는 것이 원효의 화쟁사상이다.

정토사상 : 원효에 있어서 또 한가지 중요한 것은 귀족화된 불교를 민중불교의 차원으로 확대하였다는 것이다. 그는 사변적이지 않고 쉬운 정토(土) 신앙을 널리 대중에게 전파하였으며, 교화의 방법으로 민중 속에 들어가 민중과 함께 생활함으로써 불교를 생활화하는 보살정신을 직접 실천하여 불교 대중화에 공헌하였다.

2) 知訥思想

지눌(知訥, 1158~1210)은 고려 조계종의 개조(開祖)이다. 첫째, '축록불견산(逐鹿不見山; 사슴을 쫓기에 급급하여 산을 보지 못함)의 말처럼 자기가 전념하는 한 면에만 외곬으로 빠져 일의 전체를 조망하는 정신적 · 시간적 여유를 갖지 못함을 뜻한다. 둘째, 불필요하고 정도에 넘치는 기교를 피워서 사람됨이 교활해지고 교만하여짐을 뜻한다. 무식하되 열등의식에 멍들지 않고 순박하면 인간의 타고난 양지양능(良知良能)에 의하여 사람이 시비와 허실을 정직히 표현한다. 좀 안다고 하면 공연히 교(驕)를 피워 고졸(古拙)의 아름다운 바탕을 잃게 된다. 셋째, 식자우환은 무슨 일에나 잘난척하고 말은 많되 행동은 뜸하고 자기 생각만 일방적으로 토하고 듣기 싫어함을 뜻한다. 바로 지눌은 이 식자우환의 병을 치유하는 처방을 우리에게 주었다. '돈오참수(頓悟漸修)' 의 사상이다. 돈오는 우리가 기교와 꾸밈과 척을 배우기 전의 돈후하고 순진한 자연스런 마음과 터전, 고졸의 아름다움을 발견하여 그 마음과 그 아름다움이 바로 부처님을 홀연히 깨닫는 것이다. 공부를 함에 최초의 자세가 중요하다. 교활한 마음, 세속적인 마음, 출세만을 바라고 쌓는 지식이 선지식(善知識)이 될 수 없다. 그래서 돈오(頓悟)는 내 마음의 본바탕이 부처임을 이해하여 그것을 '초오발심지원(初悟發心之源)' 으로 삼아야 한다는 뜻이다. 지눌은 인간의 마음이 불성(佛性)이라고 하여도 끊임없는 공부와 수행으로 점진적 노력이 있어야 유지된다고 본다. 진흙에 묻힌 진주는 진주로되, 갈고 닦지 않으면 제구실을 못한다. 그래서 참수(漸修)가 필요하다.

지눌의 사상을 오늘의 시점에서 보면 그는 자아혁신(自我革新)의 정신을 제창하였다. 사회 창조에 근본 열쇠가 계급적 발상에 있는 것이 아님을 알려준다. 인간이 '근본지(根本智)' 를 밝혀서 모든 중생이 다 부처의 씨앗을 근기(根機)의 차이를 넘어 갖고 있다는 믿음의 전체에서부터 자아혁신이 이루어져야 한다. 그래서 '불성(佛性)이 곧 나의 몸이기에 어찌 짐짓 별도로 구할까? 불성현재지신 하가별구(佛性現在池身 何假別求)라는 반조자심(反照自心) 정신의 탈바꿈이 선행되어야 함을 말한다. 현실을 고달프다고 극락을 그리워하는 것이 잘못이고 현실이 더럽다하여 깨끗한 땅으로 이주하려는 것도 잘못이다.' 자아혁신을 통하여 인연에 따라 모든 것을 이롭게 함이 보살의 길을 행하는 것이고 비록 삼계(三界)에 처하여도 모두가 법성(法性)이요, 정토(淨土)가 아님이 없음을 알아서 수록이물 행보살도 수처삼계 무비법성

정토(隨緣利物 行菩薩道 雖處三界 無非法性淨土) 사회혁신까지 나아간다.

진심을 응용함이 곧 사회 창조에 바른 길임을 알린다. 지눌은 그의 「원돈성불론(圓頓成佛論)」에서 다음과 같이 "자심내(自心內)에 있는 제불(諸佛)의 보선명지(普先明智)로써 모든 중생(衆生)을 두루 비추면, 중생의 모습이 여래(如來)의 모습이요, 중생의 말이 곧 여래의 말이고, 중생의 마음이 곧 여래의 마음이다. 초발심(初發心)이 천박하면, 그 결과 천박하게 된다."는 것을 알아야 한다고 하였다.

그래서 지눌은 '즉인불(卽因佛)이 즉과불(卽果佛)이라' 하였다.

03 절 護國佛敎思想과 그 실천

1. 삼국통일과 불교

화랑도와 불교의 융합이 호국사상으로 승화하여 삼국통일의 주역들을 배출하였으니 원효, 김유신, 관창, 사다함, 원술랑 등은 유명하다. 원효대사는 17세 때 백제가 침공하자 화랑으로 출전하였고 24세 때에도 백제에 응전하였다. 원효의 원융회통(圓融會通)사상은 민족사상 통일에 크게 기여하였다. 의상대사는 당나라에 유학하여 있던 중에 당군의 신라 침공 정보를 듣고 본국에 알려서 국가의 위기를 구출하였다.

원광법사는 화랑도에 세속오계를 가르쳐 호국사상을 확립시키고 삼국통일에 기여하였다. 자장국통은 당나라에 유학 후 당의 문물제도에 따른 개혁과 호국사업을 크게 일으켰다. 이리하여 신라의 호국불교는 삼국통일의 정신적 기틀이 되고 통일 후에 그 전성기를 맞이하였다.

2. 고려의 건국과 호국불교

왕건 태조는 후삼국을 통일하고 고려의 왕업(王業)을 이룩할 수 있었던 것은 전부 불타의 덕택이라 생각하였다. 그리하여 연산(連山)에 개봉사를 지어 불타의 공덕에 보은하고 3천 8백 곳에 신보사찰(神補寺刹)이라는 많은 사찰을 건설하는 등 숭불정책을 적극 추진하였다. 왕건태조의 훈요십조 그 첫째 조목에 '국가의 대업이 제불(諸佛)의 호위와 지덕(地德)에 힘입었으니 불교를 잘 위할 것' 이라는 교훈이 있다. 북방민족인 거란의 침입시에는 대장경을 조판하여 불력(佛力)으로 외적을 막으려 하였다. 이는 불력의 가호를 빌고 민족적 단결을 꾀하였던 거족적인 호국불교의 실천이었다. 1232년(고종 19) 몽고의 제2차 침입시에 몽고군이 용인을 공격하자 승병 김윤후가 적장 살례탑을 사살하여 적을 격퇴한 것은 호국불교의 실천이었다. 또 8만 대장경의 재판으로 전국민적 호국정신을 집결시켜 40년간의 대몽항쟁의 사상적 기틀이 되었다.

3. 조선의 건국과 호국불교

태조 이성계는 억불숭유정책을 표방하여 불교의 쇠퇴를 가져왔다. 그러나 조선조 창업자인 태조는 불교와 인연이 깊었다. 태고(太古), 나옹, 무학대사와는 관계가 깊었으며 특히 무학을 왕사로 삼아 건국사업을 추진하려고 하였다. 위화도에서 회군할 때에는 승장 신조(神照)의 도움을 받기도 하였다. 그러므로 건국창업에 있어서 태조는 호국불교의 힘을 입었다고 할 수 있다.

서산대사(休靜)와 사명대사(惟政)는 임진왜란(1592~1598) 때에 의승군을 거느리고 적과 싸웠다. 선조는 휴정에게 팔도총섭을 제수하였다. 휴정의 제자 유정은 의승도대장이 되어 평양 탈환에 공을 세웠다. 의암(義巖)과 수선

(修善) 등은 휴정의 제자로 임진왜란 때에 호국불교를 실천한 유명한 승장이다. 병자호란시의 각성(覺性), 명조(明照)도 의승대장으로 호국불교의 실천자이다.

4. 일제 강점기의 호국불교

1905년 주권의 침탈, 1910년의 국가의 소멸이란 민족적 · 국가적 비운속에서 불교계에서도 항일의 가치를 들었다. 그 중 독립운동가 만해 한용운스님은 불자들에게 자존심과 자부심을 안겨준 호국선사이다.

만해 한용운(1879~1944)은 홍성군의 양반 한용주의 차남으로 태어났다. 그러나 가세가 기울어 혈혈단신으로 자랐다. 만해는 기운이 장사이고 재주가 뛰어났으며 혁명가적 기질의 소유자라고 한다. 사제 관계를 보면 강백(講伯)의 문하에서 배웠는데, 강백의 총애를 받고 중망(衆望)을 모았다. 김동삼, 이시영의 무력항일운동에 크게 격려하고 구국의 열정이 불타올랐다. 불교대전(佛教大典) 등을 발간하여 대중불교화에 심혈을 기울였다. 항일 민족적 거사인 3 · 1운동의 주역으로 공약삼장을 지었으며 3년의 옥고를 겪었다.

백용성(1864~1940)은 16세에 해인사에 출가 수도하던 중 3 · 1운동에 동참하여 옥중생활을 하였으며 반농반선(半農半禪)사상의 체험자이기도 하다. 박한영(1890~1945)은 강원(講院)에서 교육사업에 종사하여 인재양성에 힘쓰다 항일 불교근대화에 노력하였다. 그는 재래식 산간 참선불교에서 탈피하여 생활불교로의 전환을 역설하고 불교이념에 입각한 근대 민족교육에 공헌하였다.

결국 불교는 삼국이래 16세기에 걸쳐 호국종교로서 내려왔으나 조선조에 와서 호국불교의 면모를 벗지 않을 수 없었다. 삼국이나 고려시대에는 불교 본래의 사상인 초국가적 사상을 부정하고 국가주의적 호국종교로 일관하였다. 이는 불교를 통하여서만 홍국안민 할 수 있다고 믿었기 때문이다.

선덕여왕이 황룡사에 9층탑을 지었던 일이나 왕건 태조가 3천 8백개의 신보사찰(神補寺刹)을 세운 것과 고려가 몽고군사를 불력으로 막아보겠다고 16년 간이나 걸려 8만대장경을 조판하였던 것은 홍국안민이 불력으로 가능하다고 믿었기 때문이다. 또한 조정과 관가의 불교적 행사가 거의 국태안민(國泰安民)을 비는 일이었으며 한편으로는 권력과 밀착되어 있는 불교도들은 불교를 믿음으로써 나라의 안정과 자신의 위치가 안전 할 것으로 알았다.

이리하여 사실상 불사(佛事)는 국사나 왕사와 승려가 주관하는 행사요, 민중의 사상과 생활을 지배하여 민중불교로 발전하였다. 민중은 불교의 혜택을 입고 절을 떠나서는 살 수 없었기에 불교는 민중 속에 쉽게 파고들었다.

조선조의 불교는 민중과의 장벽을 쌓고 오로지 불승(佛僧)을 위한 불교로 전락하였다. 그러나 국가가 위기에 처하였을 때에는 결코 무관심하지 않고 구국대열에 서서 호국불교의 빛을 발하였다.

불교가 한국민족사에서 이룩한 공적은 첫째로 호국불교로서 국난극복에 지대한 공적을 남겼고 둘째로 민중불교로서 민족사상 통일에 기여하였으며 셋째로 대외적으로 문물교류에 이바지하였으며 넷째로 대내적으로 민족문화, 예술의 발전에 기여한 점 등이다. 그럼에도 불구하고 고구려의 왕사 신성(信誠)과 백제의 도림(道林)이나 일제 강점기의 친일불도(親日佛徒)들의 반국가 · 반민족적 행위는 호국불교의 커다란 흠이 아닐 수 없다. 또한 고려 말기의 불교의 폐단은 고려가 멸망하는 원인의 하나가 되었기에 간과할 수 없는 일이다. 이와 같은 사실들은 불교의 반성할 점이라 하겠다.

불교는 불타의 자비를 실천하는 국가이념을 바탕으로 국리민복에 기여할 수 있어야 한다. 그러므로 호국불교사상은 민족 정신사적 차원에서 조명되고 선양되어야 할 것이다.

5. 한국불교사상의 현대적 의의

불교는 우리 민족과 숨결을 같이 하면서 한국 불교 특유의 사상적 전통을 수립하였으니, 모든 갈래의 이론과 종파를 지양·종합한 원융회통성, 그리고 우리의 국토를 불국정토로 가꾸고 수호하려는 현실정토적 전통이 바로 그것이다.

이러한 시각에서 한국 불교를 보면, 보편과 특수, 이상과 현실, 원융회통과 현실정토적 전통이 묘한 조화와 균형을 이루었을 때 한국 불교는 가장 찬란한 문화와 전통의 꽃을 피울 수가 있었다. 통일신라시대를 전후하여 원효·의상 등이 '하나인 세계'를 추구하는 격조 높은 사상과 불국정토를 이 땅에 실현하려는 실천적 의지가 안팎을 이루었을 때 한국 불교는 그 진가를 발휘할 수 있었다. 반면에 현실정토적 사상이 원융회통하는 전통과의 조화를 이루지 못하였을 때 현실정토적 이상은 주술적 안일로 빠지기도 하였으니, 고려의 번잡한 행사 불교에서 그 예를 볼 수 있다. '하나'인 세계의 높은 이상의 추구와 그를 현실에 실현하려는 의지의 묘합은 한국 불교가 길이 살려 나가야 할 교훈이며 전통이다.

한국 불교의 사상적 전통에서 찾아 볼 수 있는 특징은

첫째, 인간을 근본으로 하는 인간중심의 사상적 흐름을 발견하게 된다. 한국 불교가 추구했던 원융회통적 사상은 모든 갈래의 이론과 종파가 하나되는 '하나의 세계'를 지향할 것이며 그것은 우리의 존재의 원천인 '하나의 마음'을 떠나서 생각할 수가 없다.

둘째, 인간 회복의 강한 실천적 메시지를 읽을 수 있다. 회통은 논리나 이론만의 것이 아니라 존재의 원천, 본래적인 바탕으로 돌아갈 때 가능한 것이다. 따라서 원융회통의 대가들은 한결같이 '하나인 마음' '참마음' 참다운 자신으로 돌아갈 것을 강조하였다.

셋째, 현실국토 완성의 의지를 볼 수 있다. '지금' '여기'의 우리의 땅을 불국정토로 보고 가꾸려는 마음에서 모든 생명을 이롭게 하는 이른바 홍익중생 이념의 창의적 실천 의지를 읽을 수 있다.

넷째, 외래사상의 주체적이고 창조적인 수용 자세를 볼 수 있다. 이 땅에 정착한 불교는 우리의 고유한 사상과 전통을 무시하지 않았을 뿐만 아니라 그를 포용하고 잘 살려 한국적 불교사상을 확립하였다.

이 땅이 일찍부터 불교와 인연 깊은 국토요, 나아가서 그대로가 불국정토라는 사상은 민족의 긍지와 자각 속에서 이루어질 수 있었던 창의적인 전통이었다. 여기에서 우리는 외래사상을 수용하는 우리 조상들의 주체적 용기와 창조적 슬기를 엿볼 수 있다. 자기 상실, 인간 상실의 깊은 늪에 허덕이고 있고 외래문화와 사상의 무분별한 유입으로 가치관의 혼란 속에 빠져있는 우리는 이러한 우리의 전통으로부터 생명의 물줄기, 삶의 지혜를 찾을 줄 알아야 하겠다.

04 절 韓國儒敎思想

1. 도학의 이념체계

유교사상은 중국 공자의 사상이다. 유교사상은 한(韓)·중(中) 문화 교류 과정에서 삼국시대 이전부터 전래되었고, 삼국시대에는 사회 질서를 뒷받침하는 규범으로 크게 기여해 왔다. 그것은 진흥왕 순수비와 안민가에 잘 나타나 있다. 함남 함주군에 있는 진흥왕 순수비에 "제왕(帝王)이 내세우는 도리는 자신을 닦아 백성을 편하게 하고자(修己以安百姓) 아니함이 없다."라 하여 유교의 기본 원리를 통치 원리로 하고 있음을 확인할 수 있으며, 충담사(忠談師)가 지은 향가 '안민가(安民歌)' 에서도 "임금답게, 신하답게, 백성답게 하면 나라는 태평할 것이다."라는 구절에서 임금과 신하와 백성의 분수에 따른 유교적 역할과 질서를 제시하고 있음을 알 수 있다.

고려사회에서도 불교 및 도교와 병행, 유교는 과거제도나 종묘제도와 같은 국가제도와 국학인 국자감과 사학인 12도(徒) 등의 학교를 통하여 더욱 발전되어 갔다. 고려 말기에 안향(安珦,1243~1306)이나 백이정(白頤正,1247~1323) 등에 의해 원(元)나라에서 수입된 새로운 학풍인 송대의 신유교철학, 즉 도학인 주자학은 진지한 문제의식과 합리적 이론체계를 갖추어 활기와 신념에 넘쳐 있었다.

고려 말에 도학을 대표하는 인물은 포은 정몽주(1337~1392)다. 그의 성리설에 관한 조예를 가리켜 이색(1328~1396)은 '동방 이학(理學)의 시조'라 칭송하였다. 또한 포은이 현실과 타협하지 않고 고려왕조를 붙들고 의지를 굽히지 않은 것은 도학적 의리정신을 대표적으로 가장 잘 드러낸 것이었다.

고려 말기의 지식층은 도학의 수용과 그 정통성에 근거하여 당시의 불교교단의 타락상을 비난하였으니, 유학은 불교 교리 자체를 이론적으로 비판하는 사상적 기준이 되었다. 당시 도학자들은 양대 주류를 이루었는데 고려사회의 말기적 혼란을 극복하기 위한 점진적 개혁론자와 이성계를 도와 사회개혁의 이상을 추구하는 급진적 개혁론자이었다. 조선왕조를 건립하는 과정에서 전자의 경우는 포은 정몽주나 야은 길재(1353~1419)처럼 도학적 의리사상에 따라 저항하거나 외면하였던 인물도 있고 후자의 경우는 정도전(1337~1398)이나 권근(1352~1409)처럼 도학의 사회적 구현을 위한 신념에서 혁명을 주도하거나 참여하여 도왔던 인물도 있다. 조선왕조의 건국을 뒷받침한 도학적 혁명론의 추구는 조선사회를 주도하는 통치 이념을 도학으

로 정착시키는 성과를 거두었다.

유교가 우리나라에 전래된 이래로 삼국시대에는 충효의용(忠孝義勇)의 도덕정신으로 씨뿌려지고, 고려 전반기를 통해 사회제도 및 교육제도 속에 싹터 오면서 꾸준히 한국문화의 전통으로 성장해 왔다. 마침내 고려 말 도학의 도입과 더불어 한국사회의 전통 속에 유교 이념이 주도적 이념으로 확고하게 뿌리를 내리게 되었다. 고려는 조선왕조를 통하여 구현해야 할 도학의 기초를 마련해 주었으며, 조선왕조는 고려로부터 도학을 넘겨받아 만개(滿開)시킴으로써 조선시대는 사상사적으로 고려의 계승자가 될 합당한 자격을 가졌다고 하겠다.

2. 본말사상

문화는 인간생활의 총체를 뜻한다. 그러나 크게 구분해 보면 철학적으로는 정신문화와 물질문화, 지리적으로는 대륙문화와 해양문화, 사상적으로는 동양문화와 서양문화, 공산주의 문화로 대별할 수 있다.

우리나라의 문화는 지난 4천여 동안 정신문화, 대륙문화, 동양문화권에서 발전하여 왔다. 그러나 현재는 물질문화, 해양문화, 서양문화권에서 혼미를 거듭하고 있다. 그것은 이전의 문화가 인간의 물질적 생활의 충복보다는 정신적 도의 실천에 역점을 두었기 때문에 빈곤과 고난의 역사였는데, 이제 서구 물질 문화에 의한 삶의 풍요로움을 충족시켜 줌으로써 가치가 전도되고 또다시 균형이 깨졌기 때문이다.

우리는 유교사회의 동방문화(東方文化)가 덕본재말(德本財末)를 기본으로 하는데 반하여 서양문화가 재본덕말(財本德末)이 바탕을 이루고 있음을 알고 있다. 여기에 동방문화의 우수성이 있는 것이다.

정신과 물질의 경중은 구별하기 어렵다. 그런 의미에서 동방사상의 덕본

재말은 도덕의 중함과 재화의 경함을 말한 것이지 재화(물질)를 도외시한 것은 아니다.

인류 역사상 수많은 전쟁과 근세의 두 차례의 세계대전은 도덕의 타락에서 온 것이다. 천년의 역사를 자랑하는 로마의 멸망이나 신라의 멸망이나 수많은 국가의 멸망은 윤리 · 도덕의 타락에서 온 것이다. 또 개인적으로 타락한 사람이라 할 때에도 도덕성의 결여가 기준이 되는 것이다. 따라서 인류의 행복은 물질적 풍요보다는 도덕의 실천이란 공통의 선을 실현하는데 있는 것이다. 사심(私心)을 버리고 공도(公道)를 따라야만 인류가 추구하는 평화와 질서와 행복을 얻을 수 있을 것이다. 그런 의미에서 동방사상이 여전히 현대사회에 적합하다고 하겠다.

동방사상이 정신문화에 치중한 나머지 현대 과학 기계문명에 뒤졌다고는 하나 그것은 잘못된 생각이다. 사실 모든 원리의 발명은 동방(중국)문화이고 응용해서 진보시킨 것은 서양문화이다. 화약 · 폭탄(폭죽) · 수술 등의 과학은 중국이 가장 먼저 발달하였다는 사실에서도 동방문화의 우수성을 엿볼 수 있다.

조선조 유교사회의 본말사상에서 국민을 넷으로 대별하여 그 책임을 역설한 것이 사민론(四民論)이다. 이에 의하면 동방(한국)에서는 백성을 사농공상(士 · 農 · 工 · 商)으로 구분하고 있다.

사(士)는 한 나라의 윤상(倫常)을 책임지고 있는 계층이다. 사의 일의 대상은 사람이며, 그 주요 일은 사람을 관리하고 가르치는 것 등으로 「사람이 그 재능을 다하게 하는 것」을 목적으로 한다. 그러므로 솔선수범하고 지혜를 발휘해서 사람을 가르친다. 말과 행동은 예의염치(禮義廉恥)를 알고 이(利)를 경시하고 의(義)를 중시하며 안빈낙도할 줄 안다. 그러므로 이들의 생활방식은 정신이 앞서고 물질은 뒤로한다.

농(農)은 한 나라의 식량을 책임지고 있는 사람이다. 농의 일의 대상은 토지이며, 주요 일은 심고 가꾸는 것 등으로 「땅으로 하여금 그 이로움을 다하게 하는 것」을 목적으로 삼는다. 그러므로 기후를 중시하고 자연을 애호하며 수리(水利)를 중시하여 토지를 따라 종족이 집단 거주한다. 따라서 윤리를 중요시 여기고 제가(齊家) · 효제(孝悌) · 정절(貞節) · 협동(協同) 등을 근간으로 여긴다. 그러므로 이들의 생활방식은 정신이 물질보다 앞선다.

공(工)은 한 나라의 기술을 책임지고 있는 사람이다. 공(工)의 일의 대상은 물질이며 그 주요임무는 개발과 가공이니 「물질로 하여금 그 쓰임은 다하게 하는 것」을 목적으로 한다. 그러므로 이들은 인력과 물질 자원, 기계와 동력 등을 중히 여긴다. 따라서 물질 생활이 정신생활보다 앞선다.

상(商)은 한 나라의 재화의 유통을 책임지고 있는 사람이다. 상의 일의 대상은 재화의 유무를 교역하는 것으로 「재화의 유통을 넓히는 것」을 목적으로 한다. 그러므로 이들은 금전과 시장을 중히 여기며 이(利)를 중히 여기고 의(義)를 경하게 여긴다. 재화에 따라 유동하고 가족과 헤어져 있는 시간이 많다. 따라서 생활방식은 물질이 정신을 훨씬 앞서고 있다.

이러한 사민(四民)의 구분에 따라 동방문화는 사농(士農)이 중심을 이루고 있음을 알 수 있다. 우리는 조선조에서 사농공상의 차별을 두었다고 한다. 그러나 이는 본말사상(本末思想)에 입각하여 그 순서가 정해진 것이지 신분계급은 아니었다.

서양문화가 공상(工商)이 중심을 이루고 있어서 재화와 힘을 중시하고 해군과 선원과 상인들에 의하여 중심 문화가 이루어졌다. 이는 근세에 중상주의를 바탕으로 한 식민지 개척의 사실과 나체문화, 자극적인 음악, 서부영화, 핵가족화, 노출된 연극 등에서도 찾아 볼 수 있다.

동방문화는 사농(士農)이 중심을 이루어 윤리 · 도덕을 중시하고 자연을 애호하며 수신제가(修身齊家)에 힘쓴다. 회화는 산수 자연을, 음악은 심신과 성정(性情)을, 희극은 충효(忠孝)와 절의(節義) 등에 중점을 두어 사람과 덕을 중요시하고 있다. 항상 성(誠)으로써 자신을 수양하고, 인(仁)으로써 남을 대하고, 중용(中庸)으로 일에 대처하고, 행동으로 사물을 거두어 인도문화(人道文化)의 전통을 이루어 왔다.

3. 경세론과 의리론

조선왕조 건국 준비 과정에서 주도적 역할을 하였던 정도전과 건국 후 제도의 정비 과정에서 참여했던 권근(1352~1409)은 조선왕조의 창업에 설계를 하고 감리하는 임무를 수행했던 도학자의 대표적 인물이다. 이들의 도학적 이상은 고려 말과 조선 초에 체계적으로 제시되었다.

정도전(?~1398)은 도상 형식으로 압축한 유학 입문서로서 「학자지남도」를 저술하였고, 「조선경국전」과 「경제문감」등을 저술하여 유교 경전인 「주례(周禮)」를 기초로 하는 조선사회의 통치체제와 행정제도의 기준을 제시하였다. 그리고 무엇보다도 「심기리편」과 「불씨잡변」의 저술을 통하여 불교교리를 체계적으로 비판함으로써 불교적 전통을 극복하기 위한 기초 작업을 수행하였다. 또한 권근은 「입학도설」에서 성리학의 문제를 비롯한 유학의 핵심문제를 도상 형식으로 압축하여 제시하였으며, 그 속에 포함된 '천인심성합일지도(天人心性合一之圖)' 등은 당시 성리학의 깊이를 대변하며 한국 성리학의 특성을 간직하는 것이라 할 수 있다. 그리고 현재 전하는 가장 오랜 한국의 유교경전 주석서인 「오경천견록」(1391)을 저술하고 「사서오경·구결」(실천)을 정(呈)한 것은 경학의 초석을 마련하는 것이다.

정도전과 권근이 조선왕조에 남긴 정치적 업적과 학문적 업적은 크다. 그럼에도 불구하고 유학자들이 별다른 비중을 부여하지 않는 것은 도학이 지닌 본질적 특성을 보여주는 것이라 하겠다. 그러하듯 세종 시대에 편찬된 「삼강행실도(三綱行實圖)」(1431)의 충신의 항목에는 조선왕조에 거부적 입장을 가졌던 정몽주(1337~1392)와 길재(1353~1419)가 수록되고 있는 것이다. 그리고 여말 조초의 유학자로 조선시대 문묘(文廟)에 배향하였던 인물이 정몽주뿐이었던 것도 도학적 가치 기준에 의한 것이다.

조선조 말기의 유림종사 화서 이항로(1792~1868)는 "정몽주는 고려의 충신이요, 조선조의 충신이며 정도전은 고려에도 불충했고 조선조에도 불충했다."고 평가하고 있는데, 이는 도학이 얼마만큼 의리를 강조하고 있는가를 증명하는 것이다.

도학은 성리학의 이론적 업적에 앞서 인격적 덕성으로써 의리를 지켜 실천할 것을 요구하고 있다. 도학은 학문의 정통성을 존중하며 학풍을 중요시 하였다. 이미 고려 말에서도 다음의 계보와 같이 학통이 파악되기 시작하였다.

길재는 조선왕조에서 관직에 나가지 않아 두 왕조를 섬기지 않는 의리를 지켰던 인물로 그 의리정신이 높이 평가되었고, 그의 제자 김숙자(1389~1456) 이후로 학통이 이어지면서 조선시대 도학의 대표적 학맥이 되었다. 이 학맥은 정몽주와 길재의 결의에 따른 의리정신을 계승하는 도학의 학통이요 이른바 사림파(士林派)라 일컫는다. 이들 사림파는 공신세력의 관료층에 비하여 거의 권세에서 소외되었으나 도학적 정통성에 대한 강한 신념을 갖고 학문과 도덕적 규범의 실천에 철저한 학풍을 지녔었다. 여기에서 조선조의 선비상이 표출되었다고 하겠다.

조선시대 성리학은 권근의 초기적 제시를 지나 16세기 전반에 이르러 서경덕(1489~1546)과 이언적(1491~1553)에 의해 '이(理)'를 중심으로 할 것인가 '기(氣)'를 중심 개념으로 할 것인가 라는 문제를 두고 이언적에 의한 주리론(主理論)과 서경덕에 의한 주기론(主氣論)으로 나타났다. 이언적은 성리학 우주론의 근본 개념인 태극(太極)의 문제에 토론을 통하여 노장철학이나 육상산(陸象山,1139~1192)의 입장을 비판하고 주자(朱子)의 입장을 정당한 것으로 확인하였다. 서경덕은 소강절(邵康節,1011~1077)과 장횡거(張橫渠,1020~1077)를 계승하여 기(氣)를 궁극적 존재로 보는 주기론의 성리학적 체계를 정립하였다.

조선시대 도학은 성리학에서 궁극 존재를 '이(理)'라고 인식하는 주리론적 입장을 정통으로 인정하고 있다. 퇴계 이황과 고봉 기대승 사이에는 인간심성 속에서 감성의 양상과 그 근원에 대한 문제로써 4단(惻隱, 羞惡, 辭讓, 是非)과 7정(喜, 怒, 哀, 懼, 愛, 惡, 慾)에 관한 8년(1558~1566)에 걸친 서신논쟁인 '사단칠정논변(四端七情論辯)'이 일어났다.

이 문제는 율곡 이이(1536~1584)와 우계 성혼(1535~1598) 사이에서도 1572년에 다시 일어남으로써 이 시대 이후 성리학 논쟁의 기본적인 주체가 되었다. 퇴계와 율곡은 성리설에서 입장의 차이를 뚜렷이 하여 두 봉우리를 이루고 있다.

4. 의리사상

의리(義理)란 사람이 마땅히 행해야 할 도리를 말함인데, 이를 밝힌 행위규범의 사상을 의리상이라고 한다. 이 사상은 송대(宋代)에 이(理)를 중요시한 이학자들이 공자의 사상을 계승한 맹자의 의(義)를 이(理)와 병칭함으로써 체계화되었다. 의리학 하면 성리학의 별칭이기도 하며 도의(道義)를 규명하는 학문이라 도학(道學)이라고도 한다.

의리의 의는 윤리적 의미로는 마땅한 것, 올바른 것, 인간의 행동이나 태도의 구체적 모습을 의미한다. 그러니까 의개념은 「올바름」이라는 도덕성을 기반으로 하고 「마땅함」이라는 상황적 가치판단을 통하여 실천하는 인간의 당위적 규범이다. 이러한 의는 인식원리의 측면보다 실천 행위의 속성이 강한 것이다.

의이방외(義以方外) · 의용(義勇) · 의분(義憤) · 의거(義擧) · 의기(義氣) · 의사(義士) · 의전(義戰) · 의기(義起) · 의협(義俠)이란 말들이 모두 올바르지 않은 것에 대한 도덕적 저항의식이나 실천 행동을 내포하고 있다. 올바르지 않은 것에 대한 저항의식은 객관적 대상뿐만 아니라 내성적(內省的) 비판을 통하여 끊임없는 자기 개혁과 함께 사회의 부정에 대항하는 저항의식이다. 더 나아가 외세의 부당함 침략이나 역사적 위기에 강하게 대응하는 국난 극복의 정신을 담고 있다.

그러나 무엇이 의에 합당하고 무엇이 의에 합당치 않은가에 대한 기준은 개인의 주관이나 주어진 상황의 시간이나 공간, 구체적 대상 등에 따라서 매우 다양하다. 그리하여 공자는 「춘추(春秋)」를 통하여 춘추시대의 불의(不義)한 천자(天子)를 비판하고 무도(無道)한 제후를 변척(辨斥)하며, 대부(大夫)의 비행을 토죄(討罪)하여 선악을 판단하는 대의명분을 밝혔다. 이 춘추의리는 개인 윤리적 차원을 넘어서 정치 · 사회적 윤리 문제로 확대되어 후대 의리사상의 표준이 되었다.

맹자는 공자의 인(仁)사상과 짝지어 "인(仁)은 사람의 마음이고 의(義)는 사람의 길이다." 했고 또 "인(仁)은 사람의 편안한 집이고 의는 사람의 바른 길이다." 함으로써 사람의 올바른 행위의 실천 원리를 인(仁)에서 찾고 있다. 인(仁)은 의(義)를 제공하는 원리로서 인도(人道) 자체라고 할 수 있으며, 의(義)는 인(仁)이 구체화될 때 도덕적 행위 규범이 된다. 그러므로 인(仁)이 의에 의하여 조절되지 못하면 참된 인이 될 수 없고 의가 인에 근거하지 않으면 올바른 의가 될 수 없는 것이다. 따라서 인(仁)과 의(義)가 합쳐질 때에 비로소 진정한 인격의 완성을 기대할 수 있는 것이다. 맹자가 "인(仁)에 거처하고 의(義)에 말미암으면 대인(大人)의 할 일을 다 갖춘 것이다."고 한 것은 이것을 말한 것이다. 맹자는 사단설(四端說)에서 측은히 여기는 마음은 인(仁)의 단(端)이고, 부끄러워하고 미워하는 마음은 의의 단이라고 하여, 인

(仁)이 사랑의 포용적 성격이라면 의(義)는 비판의 분별적 성격으로써 그 특성이 다를 뿐 모두 인간 고유의 선천적인 본연지성(本然之性)으로 보았다. 즉, 맹자는 의(義)의 마음은 천리(天理)에 근거한 것으로 모든 사람에게 보편화되어 있다고 보았다. 의리란 천리에 기반을 둔 인간의 보편성으로 내재된 규범원리(義)에 의하여 인간의 마땅한 도리를 인식하고 구체적 현실에서 마땅함으로 실현하는 것이라 할 수 있다. 가령 군신간에 있어서 신하가 정도로써 마땅히 임금을 보필하여 사회가 안정되도록 하는 것은 신하의 의리요, 임금이 정도로써 마땅히 해야할 역할을 감당하지 못하여 사회가 혼란하다면 그 임금을 교체하는 것도 의리인 것이다. 그러므로 조선조 건국 초기의 의리론은 상황적 의를 근거로 혁명의 정당성을 제기한 정도전 · 권근 등과 강상론(綱常論)을 근거로 혁명에 반대한 정몽주 · 길재 등의 입장이 양분되었던 것이다.

도학적 의리사상의 정통성은 유림들이 대개 정포은을 정점으로 하여 성삼문 등 사(死) · 생육신(生六臣), 조광조 · 이황 · 이이 · 김상헌 · 송시열 · 이항로 · 김평묵 · 최익현 · 유인석 등을 학통의 정맥으로 삼고 있다.

05 절 義理思想과 道學者

1. 포은 정몽주

포은 정몽주(1337~1392)는 고려 말기의 학계와 정계에서 중요한 위치를 차지한 사람이다. 어머니의 꿈에 따라 몽란(夢蘭) · 몽룡(夢龍) · 몽주(夢周)로 이름을 세 번 짓게 된 포은은 동방이학(東方理學)의 시조요, 도학을 몸소 구현하여 수천 년의 한국사를 대표할 만큼 충신(忠臣)이요, 효자요, 의인(義人)이다. 이에 관하여는 다음과 같은 사실로써 충분히 입증된다고 할 수 있다.

효도에 관하여는, 포은이 20세 때 아버지 상을 당하여 3일 동안이나 물 한 모금 마시지 않고 통곡하였으며 묘소 옆에다 묘막을 짓고 산중에서 혼자 3년 동안이나 상식(上食)을 올리며 슬픔을 다하였다. 그 당시만 하더라도 상복을 백일 밖에 입지 않았기 때문에, 이와 같은 효성의 소문은 방방곡곡에 퍼졌다. 그리하여 하늘이 아는 효자가 출현하였다고 했으며 공민왕도 그의 집에다 정표(旌表)를 세워 이를 표창하였던 것이다.

의인에 관하여는, 포은은 스승 김득배(金得培,1312~1365)가 간신 김용(金鏞, ?-1363))에게 몰려 참살 당하였을 때 감연히 왕에게 상소하여 누명을 벗겨주고, 스승이 홍건적 토벌에 공이 컸던 신하임을 만천하에 밝혔다. 즉, 공민왕 10년(1361)에 홍건적 20만을 격멸하여 큰공을 세운 김득배 · 정세운 · 안우 · 이방실 등 네 장군을 시기하여 당시 재상인 김용이 모두 모함하여 죽였다. 김용의 세력도 그들의 죄 없음을 논의하거나 애석하게 여겨 누명을 벗겨 줄 생각조차 할 수 없었다. 그러나 포은은 예문관 검열의 신분으로 왕의 노여움과 김용의 세력 앞에 죽음을 각오하고 왕에게 상소를 올려 누명을 벗겨주고 충장(忠將)을 애도하여 장사지냈다. 결국 김용의 반역 음모도 최영에 의해 붙잡히고 말았다.

이학(理學)에 관하여는, 포은은 진정한 학문은 「수신지학(身心之學)」을 연구하는데 있다. 그 요지는 대학과 중용의 두 책 속에 있다고 하였다. 대학의 정신은 「修己治人」, 중용의 정신은 「하학상달(下學上達)」에 있는 유교경전 중의 경전이다. 포은의 강론은 당시 주자의 「사서집주(四書集註)」만이 유일한 경서(經書)이었음에 반하여 유자들이 회의를 가졌는데, 그 후 원나라 호병문(胡炳文)의 「사서통(四書通)」을 얻어보니, 먼저 포은이 설명하던 바가 어긋남이 없어서 유생들이 탄복하였다고 한다. 선배인 목은 이색(1328~1396)은 "達可(포은)의 논리는 횡설수설(橫說竪說)이 이치에 맞지 않음이 없다."고 하면서 「동방이학(東方理學)의 시조」라고 극찬하였다. 도은 이숭인(1349~1392)은 "이 사람의 문장은 중국에 가서 구하더라도 얻기 어려울 것이다."라고 하였다.

정치에서는, 도학과 의리를 생명으로 여겨 유학자답게 소신을 펼쳐나갔다. 공양왕은 즉위한 후에 불교를 믿어 찬영(粲英,1328~1390)을 맞아들여 왕사(王師)로 삼으려 하였다. 이에 포은은 경연석상에서 다음과 같이 진언하였다.

"유자(儒者)의 도(道)는 모두 일상생활로써, 음식 · 남녀 같이 인간 모두에게 공통된 것에 지극한 이치가 존재하는 것입니다. 요순(堯舜)의 도(道)도 또한 이를 벗어나는 것이 아니니, 동정(動靜) · 어묵(語默)에 그 바른 것을 얻는 것이 곧 요순의 도요, 처음부터 너무 높아 행하기가 어려운 것은 아닙니다. 저 불교는 그렇지 않으니, 친척을 버리고 남녀관계를 끊어버리며 홀로 바위 굴에서 거친 옷과 음식으로 관공적멸(觀空寂滅)을 위주로 하니 어찌 평상(平常)의 도리라고 하겠습니까."(고려사 정몽주 전)

이를 보면 포은의 철저한 유교주의적 정치관을 엿볼 수 있다. 요순(堯舜)은 동방정치의 표본적인 성군으로, 민심은 천심(天心)이요 천심이 민심이라는 뜻에 따라 요는 순에게, 순은 우(禹)에게 천자(天子)의 자리를 양위하였다. 순은 대효자로 동양윤리의 근본을 이루는 오륜을 백성들에게 가르쳐 교화한 동이족(東夷族)의 한 사람이다. 즉 포은은 내세의 극락을 일삼는 불교를 배척하고 현세의 실천도덕을 중시하는 유교의 도로써 치국의 근본을 삼을 것을 주장한 것이다.

원나라가 쇠퇴하고 명나라가 기흥하는 국제정세에서 친명파로 명나라와 왜국에 수차 드나들면서 외교적 수완을 보인 포은은 여진족 토벌에도 공이 컸다.

수문하시중(守門下侍中)인 포은은 이성계의 기세가 커가고 정세가 불리해도 오로지 왕실의 중흥만을 생각하여 대의명분을 지켰다. 포은은 문란한 정치를 바로잡고 도탄에 빠진 백성을 위하여 제도를 새로 마련하였으며 법제를 개정하였다. 또한 토지를 골고루 분배하고 억울한 농민을 보호하였으며 재해에 대비하여 각지에 의창(義倉)을 두었다. 그리고 경력도사(經歷都事)를 두어 출납을 공정히 하고 향리(鄕吏)의 폐해를 막게 하고 서울에 오부학당을 세워 유교 진흥에 힘썼으며 향교를 세워 후진을 양성하였다. 포은은 사대부로부터 서인에 이르기까지 주자가례(朱子家禮)에 의해 사당을 지어 신주를 모시고 부모의 제사를 잊지 않도록 제례와 상례의 의례를 갖도록 하였다.

문반과 무반의 갈등 속에서 1392년(공양왕4) 이방원(태종)의 심복 부하 조영규(趙英珪,?~1395)에 의해 선죽교에서 살해당하였다. 포은의 의지를 떠보는 이방원의 하여가(何如歌)에 반대하여 단심가(丹心歌,百死歌)로 대한 포은은 이미 선죽교를 지날 때 피습당할 것을 변중량(卞仲良,?~1398)을 통해서 알고 있었지만 피하지 않고 죽음을 각오했던 것이다. 포은은 그 날 아침 조상 신위(神位)에 절하고 두 아들에게 "충효를 숭상하는 가문이니 조금도 낙심하지 말라."고 유언을 남기고 집을 나섰으며, 이방원(1367~1422)과 헤어져 귀가 도중에는 성여완(1309~1397)의 집에 들려 술을 마신 후 말을 반대로 탔다.

한사코 뒤를 따르던 김경조는 포은이 만취한 줄 알고 물으니, "부모에게서 물려받은 몸이라 맑은 정신으로 죽을 수 없어서 술을 마셨고 흉한이 앞에서 흉기로 때리는 것이 끔찍하여 말을 돌려 탄 것이다."라고 하였다. 포은의 나이 56세, 시체는 죄인으로 몰렸기 때문에 내버려두었다가 송악산 중들이

풍덕땅에 묻었다. 승자와 패자, 강자와 약자에서 패자와 약자의 최후는 처절한 것이다.

그러나 조선조 건국을 반대하여 죽음을 당한 포은은 패자도 약자도 아니었다. 애군애국의 절조를 지킨 충신일 뿐이다.

화서 이항로(1792~1868)는 포은을 일컬어 말하기를

"우리나라의 억만년의 평화를 개척하여 놓은 사람은 오직 포은 뿐이다. 포은이 정대(正大)하나 학문과 정직한 도리로써 고려 조정에 충성을 다하였고 낙민(洛閩; 程子, 朱子)의 문호를 개척하였으며, 군신과 부자의 도리를 바르게 하였고 세상을 다스리고 나라를 보존하는 업을 세웠으며, 인을 성취하고 의를 취하는 절조를 수립하여 후세 사람들의 표준이 되었던 것이다. 만일 포은이 없었고 다만 개국공신이라는 따위의 사람들만 있었더라면 우리나라가 반드시 오늘날을 보유하지 못하였을 것이다. 그러므로 포은은 다만 고려의 충신만이 아니라 또한 우리나라의 충신이요, 정도전 같은 사람들은 다만 고려에 충성하지 아니하였을 뿐만 아니라 또한 우리나라에도 충성하지 아니한 사람들인 것이다."

라고 하였다. 포은은 유교의 도학과 의리사상의 구현자로 자식된 도리와 제자 된 도리와 산하 된 도리를 다하고 충효절의를 한 몸에 지녔다고 하겠다.

2. 매죽헌 성삼문

매죽헌 성삼문(成三問,1418~1456)은 사육신(死六臣)의 한 사람으로서 충효와 절의를 함께 지닌 학자이다. 하늘에서 「낳았느냐」하고 세 번 묻는 소리가 난 뒤에 출생하였다고 하여 삼문이라 이름지었다. 절의와 지조를 나타내

는 매화와 대나무를 상징하여 호를 매죽헌(梅竹軒)이라 한 것만 보아도 그 고매한 인격과 자질을 엿볼 수 있다. 매죽헌부(梅竹軒賦)에 "이미 곧은 절개가 변하지 않음이여, 역시 겨울에 꽃다움이 아직 남아 있도다."하였다. 이는 대나무의 정절과 매화의 고방(孤芳)을 취한 것인데, 또한 대와 매화의 청백함을 다음과 같이 읊기도 하였으니, "청백을 지켜 바꾸지 않음이여, 이것이 군자의 따를 바이로다."하였다.

박중림(朴仲林,?~1456)의 문인인 매죽헌은 박팽년 · 이개 · 하위지 · 유성원 · 유응부 등과 같이 조선조가 숭상한 명절(名節)의 창도자가 되어 꿋꿋한 절개와 지조를 지켰다.

세종 때에 매죽헌은 집현전 수찬, 직집현전의 직을 맡으며 다른 젊은 학자들과 많은 서적편찬사업에 참여하였고 왕의 측근에 있으면서 경연(經筵)에서 건의를 올려 국사에 많은 도움을 주었다. 그러므로 세종의 총애를 받았고 신숙주 등과 같이 정음청에서 훈민정음을 창제 할 때에 핵심적 역할을 하였다. 매죽헌이 세종의 총애를 받고 집현전 학사로 발탁되면서 학문이 깊어갔고 빛을 내게 되었으니, 학행과 문장은 일찍부터 동료의 추중을 받았다. 집현전의 모든 학자 가운데 문장이 난숙하고 호방한 것이 그의 문장의 특색으로 꼽았는데, 세종 24년에는 박팽년 · 이개 · 하위지 · 신숙주 · 이석형 등과 함께 왕의 명을 받들어 삼각산 진관사에 들어가 학업을 연마하였다.

세종은 만년에 성삼문 · 박팽년 · 신숙주 등을 편복 차림으로 따르게 하여 자문을 구하기도 하였는데 이는 영광이요, 타인이 부러워하는 바였다. 1451년(문종1) 왕이 병환중에 있을 때 집현전 학자 중 성삼문 · 박팽년 · 신숙주 등을 불러 동궁(단종)을 무릎에 앉히고 등을 어루만지며 "이 애를 경들에게 부탁하노라."하며 술을 하사하였다. 그러니 매죽헌의 절의가 나이 어린 단종을 정성껏 보필하게 하였던 것이다. 문종이 승하하고 단종이 즉위하자 숙부인 수양대군은 권람(1416~1465)의 천거로 한명회(1415~1487)를 얻고 날

쌘 무인 30여명을 대기시켜 기회를 엿보았다. 수양대군이 단종을 옹호하는 김종서 · 황보인 등 중신(重臣)들을 전격 해임하고 정권과 병권을 장악하였다. 단종은 신하들과 집전도 못하였다. 이에 좌사간으로 있던 매죽헌은 울분을 참지 못하여 그 위세 앞에 입을 열었으니, "어리신 임금께서 궁중에 깊이 거하시여 신하들과 한 번도 접견치 아니하시므로 인심이 불안들 하오니, 매월 1일과 16일에 신하들의 조회를 받으시고 신하들도 용안을 뵙게 되면 인심이 조금 안정하리다."라는 계(啓)를 올려 임금에 대한 충성을 피력하였다. 그러나 수양대군과 그 일파의 위협에 눌려 왕위를 물려주었다. 이때 동부승지였던 매죽헌은 어명이라 할 수 없이 옥새를 꺼내 환관 전균(田均,1409~1470)으로 하여금 바치게 하면서 통곡하였다. 세조의 패륜적 역적 행위에 분개하던 몇몇 과거 집현전 학사들도 단종 복위운동을 꾀하다 의리를 버린 김질(1496~1561)이 그의 장인 정창손(1402~1487)과 모의하여 밀고함으로써 사육신 등이 멸문지화를 당하였다.

매죽헌이 국문을 당할 때에 김질의 배반을 알았다. 김질이 일의 자초지종을 폭로하자 매죽헌은 "김질아, 이제 그만둬라! 내가 말하겠다."하고 고함을 치고는 크게 웃고나서 "김질의 말이 옳소이다. 상왕께서는 아직 보령(나이)이 젊으신데 위(位)를 물러났으니, 다시 복위를 시켜 드리고자 하는 것은 신하된 몸으로서 마땅히 할 일인줄 아나이다." 하였다.

세조가 "너희들이 어찌하여 반역하려 하는가?"라고 물었다. 매죽헌은 태연한 자세로 목소리를 높여 "옛 임금을 복위시키려 했을 뿐입니다. 천하에 그의 임금을 우러르지 않는 자 뉘 있으리요. 무슨 까닭으로 반역이라 하십니까? 나의 마음은 나라사람이 다 아는 바이오. 나으리는 국가를 도둑질하였거니와 삼문은 신하로서 임금이 쫓겨남을 차마 볼 수 없기 때문이요. 나으리는 평일에 걸핏하면 주공(周公)을 들어 말하더니만 주공도 이러한 일을 했단 말이오? 하늘에 해가 둘이 없듯이 백성에게도 두 임금이 없는 까닭에 우리는 이 일을 도모한 것입니다."라고 하였다. 세조가 이 말을 듣고 노발대발하여 "어찌하여 위(位)를 받을 때에는 막지 못하고 이제 와서 배반하느냐"고 하였다.

매죽헌은 "정세가 허락지 못하여 죽음밖에 도리가 없는 줄 알았으나 그대로 죽는 것이 무익한지라 참고 이제까지 이른 것은 대사를 도모하고자 함이외다."하였다. 이에 답하여 "상왕이 계셨거니 나으리가 어찌 나를 신하로 삼으리오. 또 나으리의 녹은 하나도 먹지 않았으니 의심나거든 내 집을 수색하여 보시오. 나으리의 말은 모두가 허망이니, 가히 취할 것이 없소이다."라고 하였다.

매죽헌의 이러한 태도에서 노여움이 머리끝까지 치민 세조는 쇠붙이를 불에 달구어 단근질로 다리를 꿰뚫은 다음 팔을 지졌으나 매죽헌은 안색도 변하지 않고 "쇠가 식었구나. 다시 달구어 오라. 나으리의 형벌이 과연 참혹하구나"하였다.

이때 세조 옆에 신숙주가 앉아있는 것을 보고 "전에 너와 함께 집현전에 있을 때에 영릉(世宗)께서 운종(元孫;단종)을 안으시고 뜰을 거닐으시며 '과인이 죽은 후에 너희들은 모름지기 이 애를 생각하라' 하신 말씀이 아직도 귀에 쟁쟁한데 너는 어찌 잊었느냐? 너의 의리를 저버리는 악함이 이 지경에 이를 줄이야 정녕 내 몰랐구나!" 하면서 꾸짖으니, 신숙주는 무색하여 말이 없었다. 국문을 마치고 끌려나갈 때에 매죽헌은 좌우에 늘어선 옛 동료들을 둘러보며 "너희들은 이 어진 임금을 도와 태평을 누리라. 성삼문은 돌아가 옛 임금을 지하에서 뵈오리다." 하였다. 수레에 실려 형장으로 끌려가다가 수레가 잠시 머물렀을 때에 그의 종이 울면서 술을 올리니, 받아 마시고는 충절의 시를 읊었다.

임의 밥 임의 옷을 먹고 입으며 일평생 먹은 마음 변할 줄 있으랴. 이 죽음이 충과 의를 위함이기에 현릉(顯陵)의 푸른 송백(松柏) 꿈속에도 못 잊으리.

매죽헌의 부친 승(勝)도 주모자로 극형을 당하고 세 아들(三聘 · 三顧 · 三省) 세 아우(孟奮 · 孟年 · 孟終)과 갓난아기 등 네 아들도 모두 죽음을 당하였다.

이 사건은 한국역사상 최대의 비극이요, 신하된 자의 절의와 강상(綱常)에 관계되는 문제로 절개를 지켜 단종을 사모하여 복위운동을 한 자는 충신이요, 현실과 타협하여 세조를 보필한 자를 소인배라 하였으니, 이 도학과 의리에 입각한 평가는 만고(萬古)를 두고도 번복될 수 없는 것이다.

뒷날 220여년 후 1676년(숙종2)에 홍주 매죽헌의 옛집에 녹운서원을 세웠고 그 후 한강 기슭인 노량진에 민충서원, 영월에 창절서원, 의성에 학산충열사, 창녕에 물계세덕사에 제사지내고 있다. 영조 3년에 이조판서를 추증하고 문충(文忠)이라 시호를 내렸다. 실로 매죽헌을 비롯한 육신(六臣)의 충의는 한국윤리사에 정상을 이루고 있으며 겨레의 귀감이 될 것이다.

3. 정암 조광조

정암 조광조(趙光祖,1482~1519)는 타고난 자질이 청수하고 강개하여 남을 이끌어 갈 자질이 있었다. 한훤당 김굉필(1454~1504)을 스승으로 하는 정암은 유교의 도통을 계승하여 도학정치를 이상으로 삼아 그 뜻을 펼쳐보려 하였다. 연산군의 패륜과 폭정으로 민심이 이반되고 백성이 도탄에 빠지자 중종반정이 일어나 연산군은 폐출되고 중종이 등극하였다. 정변 속에서 구인난에 처한 중종은 정암을 신임하여 중용하기에 이른다.

정암의 도학정신은 숭도학(崇道學) · 정인심(正人心) · 법성현(法聖賢) · 흥치지(興至治)의 설로써 유학의 이상정치를 구현하는 것이었다. 정암은 사문

(斯文)의 흥기를 자기의 임무로 자부하여 인주(人主)의 마음을 바로잡게 하는 것이라 생각했다.

율곡은 정암이 힘썼던 바를 다음과 같이 말하였다.

우리 정암선생이 한훤당 문경공에서 발단하여 독행하기를 더욱 힘쓰고 자득(自得)함이 더욱 깊어서, 지신(持身)함에는 반드시 도를 행하고자 하였다. 그리고 끊임없이 힘썼던 바는 임금의 마음을 바르게 하고 왕도를 베풀며 올바른 길을 열고 이원(利源)을 막음을 선무(先務)로 하였다. (율곡전서 전13)

정암은 치지(治至)를 실현하기 위해서는 모든 다스림의 근본인 임금의 마음이 바르지 않으면 안 된다고 하였으며, 치지를 실현하는 방법으로는 임금이 일심(一心)을 밝히는 격물(格物)·치지(致知)·성의(誠意)·정심(正心)의 공을 이루어 군자와 소인을 구분할 것을 주장하였다. 결국은 소인배라는 보수 세력에 의해 참혹한 화를 당하고 도학정치는 수포로 돌아갔다.

정암은 짧은 정치기간에 동지자들을 구하여 내외 요직에 있으면서 치지 실현의 좋은 기회로 생각하고 개혁을 단행하였다.

첫째, 소격서(昭格署)의 혁파이다. 소격서는 천지(天地)·성신(星辰)을 제사하는 곳인데, 국초부터 관서를 설치하고 제사를 거행하던 곳이다. 식자들은 이에 대한 폐해를 들어 비난이 컸는데, 중종에 강력히 상소하고 논설하여 혁파하였다.

둘째, 현량과(賢良科)의 설치이다. 현량과는 한나라의 현량방정과(賢良方正科)를 본받은 것으로써 외방은 관찰사·수령(守令), 중앙은 6조·홍문관·대간(臺諫)이 각각 재능을 발휘할 수 있는 사람을 천거하여 일시에 이들을 모아 왕이 친히 대책으로 시험을 치르는 것이다.

셋째, 교화사업이다. 교화사업을 펴서 열읍(列邑) 향교에서 교육을 실시하되 소학을 권장하였다. 정암은 소학(小學)·이륜행실(二倫行實)·여씨향약(呂氏鄉約)·정곡(正俗)·농서(農書)·잠서언해(蠶書諺解)·벽온방(辟瘟方) 등의 서적을 간행하여 백성들을 인도하고 풍속을 교화하였다.

교육에 있어서는 윤탁(1472~1534)·김식(1482~1520) 등이 성균관의 교관으로 있으면서 모든 교육과 교화사업에 전력하여 풍속을 개량하는 등 성과를 올렸다. 특히 중종 14년에 실시한 여씨향약의 실시는 우리나라 향약 실시의 효시를 이룬다.

넷째, 선유(先儒)의 표창이다. 중종 13년 정암이 장계하여 김굉필·정여창의 표창을 청하여 두 사람이 우의정에 추증되었다. 또 정몽주·정여창·김굉필의 종사(從祀)를 건의하여 정몽주의 문묘배향이 성사되었다.

다섯째, 위훈(僞勳)의 삭제이다. 이는 중종반정시 정국 공신이 무더기로 서훈을 받았는데 그 중에는 연산군의 총애를 받던 신하도 많았다. 이에 정암은 이것을 고쳐 사리(私利)의 근원을 막아야 한다고 궁문 밖에서 정국 공신 중에 지나치게 서훈된 76인의 공훈 삭제를 강경하게 요청하여 마침내 허락을 받았다.

이에 중종도 정암을 신임하던 마음에 금이 가고 훈구파의 적대감을 사게 되었다. 마침내는 남곤·심정·희빈의 부친 홍경주 등이 모의하여 홍경주가 왕에게 고하기를, "조광조 등이 작당하여 후진을 끌어 첨격(瞻激)을 일삼고 소(少)가 장(長)을 능가하려 하고 천(賤)으로써 귀(貴)를 방(妨)하니, 국세는 어지러워 조정이 날로 말이 아니옵니다. 한심한 노릇이니 그 죄를 다스림이 좋을 듯 하옵니다."라고 하였다.

이에 기묘사화가 일어나 정암 등 일파가 참화를 당게 되었다. 정암은 중종반정 이후 인재를 등용하여 선정을 펴고자하는 시대적 요청에 따라 등용된 도학자로 중종을 받들어 도학을 높이고 인심을 바로잡으며 성현을 본받고 선정을 진작한다는데 목표를 두었다. 그러하듯 정암이 대사헌에 있을 때에 집법(執法)이 공평하고 교도가 겸지(兼至)하므로 풍속이 일변하여 시정소민(市井小民)이 효 · 경을 알고 상가에 사기가 없으며 관리가 겸백(兼白)을 힘쓰고 남녀가 유별하여 그의 출입 시에는 시인(市人)이 마전(馬前)에 나열해 말하기를 "우리 상전이 오신다"고 하였다.

보수세력에 의해 이상정치의 꿈은 사라졌으나, 38세의 젊은 나이로 죽음에 임하여는 "임금을 어버이같이 사랑하고 나라를 내 집간이 근심하였네, 저 백일(白日)이 하토(下土)를 굽어보니 나의 단심(丹心)이 소소(昭昭)하게 비치리라"하였다. 이와 같은 정암의 도학적 애군여부우국여가(愛君如父憂國如家)의 윤리관(倫理觀)은 퇴계와 율곡에 전승되어 후세에 존경을 받고 있다.

4. 율곡 이이

율곡 이이(李珥,1536~1584)는 현모이자 양사(良師)이기도 한 사임당에게서 글공부를 하였는데, 실력이 날로 진보되고 문리(文理)가 트여 유가의 서적과 잡지 등을 두루 통하여 조선조의 대유학자요, 교육자요, 경세가가 되었다. 국왕도 시험으로 뽑는다면 능히 합격할 수 있다는 총명과 재주에 대한 세상 사람의 평가는 9차례나 과거에서 장원급제한 사실과 24세에 별시에 응시하여 지은 유명한 천도책(天道策)에서 느낄 수 있을 것이다. 주자(朱子)를 숭배함은 퇴계와 다를 바가 없으며 주자학적 공로에 대하여도 퇴계가 닦아 놓은 터에 집을 지었다고 하여 그 평가를 똑같이 하고 있다.

율곡은 충군애국의 정성을 모아 성학집요(聖學輯要)를 지어 선조대왕에게 올렸는데, 주자의 지경(持敬)과 정자의 경설(敬說)을 인용하여 궁리(窮理) 이전에 수렴(收斂)이 중함을 들면서 성학(聖學)의 시종을 주장하고 있다.

율곡은 사간원 정언(正言)으로 있으면서 명종에게 상소하여 시무삼사(始務三事)를 건의하였다. 거기서 율곡은

첫째, 마음을 바르게 함으로써 정치의 근본을 삼고

둘째, 어질고 능한 인재를 등용하여 조정을 깨끗이 하여야 할 것이며

셋째, 백성을 편안하게 함으로써 국력을 길러야 한다는 것이다.

이것은 도학과 의리를 근본으로 하는 유교의 민본주의의 실현이라고 볼 수 있다. 또 율곡은 모든 위협을 무릅쓰고 국민의 원성의 표적이 되고 있는 좌의정 심통원 일당의 죄악을 논하여 척결할 것을 상소하였다.

율곡의 애국 일념은 10만 양병설에서도 알 수 있다. 어떤 날 율곡은 경연 석상에서

"국세(國勢)의 부진함이 극심합니다. 10년을 넘지 못하여 반드시 토붕(土崩)의 화가 있을 것이니 바라건대 미리 10만 병력을 길러 두시오. 도성에는 2만을 두고 각 도에는 1만을 두되 복호연재(復戶鍊才)하여 이것을 6개월에 나누어 시행할 것입니다. 체번(替番)하여 도성을 지키고 있다가 변을 들으면 10만을 합하여 파수함으로써 완급(緩急)의 대비를 삼아야 합니다. 그렇지 않으면 일군의 변이 일어났을 때 백성을 몰아 전쟁함을 면할 수 없으니, 그때는 이미 대사는 늦습니다."

라고 하면서 10만의 병력을 길러서 유사시에 대비할 것을 주장하였다. 이 같은 주장은 반영되질 않았지만 율곡의 설을 반박하던 유성룡은 임진왜란을 맞이하여 "이율곡은 참으로 성인(聖人)이다"하면서 탄식하였다. 율곡이 삼사(三司)의 모함을 받아 물러날 때 우계 성혼(1535~1598)은 삼사를 축출하라고 하였고 400여명과 삼사의 무고죄를 논척하였다.

율곡은 "나라라는 것은 한 집을 확충한 것이다. 그러므로 정가(正家)한 연후에 정국(正國)할 수 있다."고 하였다. 정치의 본질에 대하여는

"위정자가 덕을 닦는 것이 정치의 근본이다. 먼저 최고 위정자의 직책은 인민(人民)에게 부모노릇 하는데 있다는 것을 안 연후에 중(中)과 극(極)을 세우는 것으로 표준을 삼으면 그 효과는 뭇 별이 북극성에 향하는 것과 같다. 부모나 자녀에게 자애하는 사람은 많은데 임금이 인민(人民)에게 인(仁)을 행하는 자는 적으니, 그것은 천지(天地)가 부여한 책임을 생각지 않기 때문이다."

라고 하였다. 여기서 율곡은 최고 집권자는 자기의 자녀를 사랑하는 것과 같이 백성을 사랑하는 것임을 피력한 것이다.

율곡은 경제정책에 있어서는

첫째, 인민(人民)에게 세납을 가볍게 하고

둘째, 인민의 부역을 가볍게 하고

셋째, 인민의 생산 활동시에 동원하지 말고

넷째, 인민의 소유 재산을 평등하게 배분할 것을 주장하고 있다.

율곡의 구국애민 정신은 다음과 같은 지적에서도 나타나고 있다.

"지금 백성이 곤란을 당하는 큰 폐단으로는 과도한 수탈로 일가 친척이 서로 끊기는(一族切隣) 폐해가 첫째요, 진상적(進上物)이 너무 많고 번거로운(進上重) 폐해가 둘째이며, 공물방납(貢物防納)의 폐해가 셋째이고, 부역의 불공평의 폐해가 넷째이며, 서리(胥吏)의 가렴주구(苛斂誅求)의 폐해가 다섯째이다"라 하며, 사회 부조리를 날카롭게 지적하였다.

또 양반 지배계급의 수탈에 견디지 못한 농민이 유망(流亡)하여 피폐한 농촌의 실상을 다음과 같이 지적한다.

"옛날의 백 집이 살던 큰 마을이 이제는 열 집도 되지 않고, 지난해 열 집의 마을이 지금은 한 집도 없게 되어서 마을은 쓸쓸하고 인적과 굴뚝의 연기가 끊기지 않은 곳이 없으니, 만약에 위의 다섯가지 폐단을 개혁하지 않는다면 나라의 근본이 허물어져서 국가를 유지할 수 없을 것이다."

"지금 민생의 곤궁은 몸이 거꾸로 매달린 것보다 더 심하여 만일 이를 급히 구하지 않는다면 그 형세는 장차 나라가 비고 말 것이니, 나라가 빈 뒤에는 눈 앞의 경제적 수요를 어디에서 변출(辨出)해 내겠는가?"

"무릇 백성들이 고향을 떠나 친족을 버리고 갈 곳이 없이 유랑하게 되는 것은 모두 핍박과 수탈에 견디다 못하여 할 수 없어서 그리 된 것이니, 그들이 아무리 교활 간사할지라도 만일 생업이 있어서 생계를 유지할 수만 있다면 어찌 스스로 고향을 등지고 떠돌이 하는 고통을 취하겠는가?"

동시에 율곡은 양반지배층이 노서민(奴庶民)의 생활 안정과 복리를 증진시키려는 안민이택(安民利澤)에는 아랑곳하지 않고 백성들에게서 수탈한 재물로 사치와 낭비만을 일삼고 있는 현실상에 대해서도 다음과 같이 날카롭게 고발하였다.

"더욱이 양반들의 사치한 풍속은 오늘날보다 더 심한 적이 없다. 음식은 배를 채우기 위한 것이 아니라 식탁을 메워 서로 자랑하는데 있으며, 의복은 몸을 가리기 위한 것이 아니라 서로 화려함을 경쟁하는데 있다. 따라서 양반의 한 상(床) 음식물 비용은 굶주린 백성 수개월 식량이 될 수 있을 정도이고, 양반의 옷 한 벌의 비용은 추위에 떠는 백성 10명분의 의복이 될 정도이다. 이로 말미암아 농민 열 사람이 농사를 지어도 한 사람의 양반귀족을 먹이는 데도 부족하니 농사짓는 사람은 적고 먹고 살 사람은 많은 꼴이며, 백성 열 사람이 옷감을 짜도 양반 귀족 한 사람의 옷을 대기에도 부족하니 옷감을 짜는 사람은 적은데 입을 사람은 많은 꼴이다. 이와 같은 상황에서 백성들이 어찌 굶주리고 추위에 떨지 않을 수 있겠는가?"

이러한 사회적 병폐를 비판하면서 율곡은 백성의 생활 안정을 확보할 양민을 무엇보다도 우선하고 차별 질서를 확립하기 위한 교민을 뒤로 할 개혁을 주장하는 민생위선의 치국론을 전개하였다.

사회기강 확립을 강조한 율곡은 "유명한 의사는 사람이 살겠느냐 말겠느냐를 보지 않고 맥이 잘 통하고 있는지를 본다. 훌륭한 지도자는 국가의 안위만 보는 것이 아니라 그 나라의 기강이 잘 섰는가 어지러운가를 살펴본다."라는 유명한 말을 남겼다. 사회운동에 있어서는 향약의 4개 덕목을 내세워 국민정신 교육의 기준을 삼아 그 실천을 강조하였다.

율곡이 서거한 뒤 그 집에는 유산이라고는 부싯돌 한 개가 남아 있었다고 하니 율곡은 청렴결백한 위대한 인물로 사치와 퇴폐와 과소비를 일삼는 요즈음 사람들과 한국 공직자들의 영원한 표본이 될 것이다.

5. 청음 김상헌

청음 김상헌(김상헌,1570~1652)은 윤근수(尹根壽)·이항복(李恒福)의 문인으로 척화파(斥和派)의 거두였다. 조선조의 가장 다사다난한 시기에 살았던 청음은 의리로써 민족사의 정통성을 끝까지 수호하다 죽은 도학자요, 정치가이다. 파당의 폐해가 컸던 시대적 배경 속에서 청서(淸西)의 영수였던 청음은 당파를 초월하여 있었던 것으로 본다. 청음은 청서 사람들에게 국혼(國婚)으로 세도를 잡지말고 오로지 맑은 벼슬로 자기의 뜻을 키워야 한다고 하였다. 또 이종인·유희분이 반역으로 처형되자 상복을 서슴지 않고 입었다. 김류가 이를 보고 "왜 역객의 집에서 복을 입으러 가느냐" 하였더니, 청음은 "유희분이 피살된 것은 비록 역적으로 낙인이 찍혀서 그렇게 된 것이지만 그 사람은 권세와 향락을 탐내서 그렇게 된 것이 아니다. 내가 이종간에 문상을 안 갈 수 있겠느냐"하면서 갔다고 한다. 이로 보면 청음의 강직하고 의리에 밝은 인간적 성품을 엿볼 수 있겠다.

1636년(인조14) 병자호란이 일어나기 전에 청음은 이조판서를 사퇴하고 귀향 중 석실에서 난의 소식을 듣고 14일 서울로 들어왔다. 이미 인군은 남한산성으로 떠난 뒤라 청음은 남한산성으로 달려갔다. 발이 부르트고 몸이 아파서 병석에 누웠다가 17일 인조를 만났다. 청음은 인조 앞에서 말하기를

"군신(君臣)의 죄를 이루 다 말할 수 있겠습니까. 그러나 이미 불간(不諫)한 일이오니, 돌이킬 수 없는 일인즉 오늘의 계책으로써는 반드시 먼저 싸운 뒤에 화해해야 할 것이며, 만일 한갓 비사(卑辭)를 일삼아 화(和)를 청한다면 화(和)도 또한 바라기 어렵습니다. 송인(宋人)의 말에 외형으로는 화(和)를 취하고 국권수호로 내실을 삼아 전투로써 대응한다고 하였으니, 잘 모르겠으나 이 말이 오늘에 있어서는 가장 절실한 듯 하온데, 상의(上意)는 어떠하옵니까?"

하였으니, 인조는 청음의 말이 옳다고 하였다. 그리고 최명길 등을 보내 적군의 진의를 확인하였다.

남한산성이 포위된 채 주화(主和)와 척화(斥和)의 두 주장이 대립되는 동안 청음은 사수(死守)할 것을 강력히 주장하였다.

혹한과 불충분한 병력과 한정된 식량 등으로 주화(主和)로 기울 수밖에 없는 상황 속에서 적으로부터 최후 통첩은 성을 더욱 조여들었다. 항복 문서가 최명길에 의해 마련되었고 청음이 이 글을 읽어 내려가다 구애청항(求哀請降)하는 말과 비도(卑諂)를 다하고 신죄탁발난수등(臣罪擢髮難數等)에 이르러서는 분함을 이기지 못하여 초안을 찢어 던지고 통곡하였다. 최명길은 이것을 다시 주어서 붙였다. 이를 두고 후세인이 「열지자불가무(裂之者不可無) 습지자불가무(拾之者不可無)」라고 하였다.

마침내 정월(正月) 30일 삼전도에서 굴욕의 성하지맹(城下之盟)을 강요당하였고 이 결과 세자를 비롯한 인질과 홍익한 · 윤집 · 오달제는 주전자의 대표로 심양에 끌려가 처형되었다. 청음은 항복문서를 찢은 후 6일간 단식하고 자결하려 하였으나 구제된 후 향리로 돌아갔다.

조정에서는 남한산성 호종 여러 신하들에게 상을 수여하였는데, 청음도 선정되었다. 이것을 안 청음은 상소(上疏) 사양하였다. 그 이유로는 첫째, 남한당시(南漢當時)에 탑전(榻前)에서 감히 사수의 의를 망진(妄陳)한 것과 둘째, 항복 문서의 문자(文字)를 차마 볼 수 없어 찢은 것과 셋째, 양궁(兩宮)이 친예시(親詣時)에 마전(馬前)에 죽지도 못하고 수행하지도 못한 것 등이었다.

청음이 대가출성시(大駕出城時)에 수행하지 않은 것을 사람들이 추궁하자 "대의(大義) 있는 곳은 털끝만치도 구차스러워서는 아니된다"고 하며 신자(臣子)의 의를 논함에 "신하는 군주에 대해서 의를 따르는 것이지 명령을 좇는 것이 아니니, 토군자의 진퇴는 오직 의일 따름이다."고 하였다.

그 후 청이 명나라를 치기 위하여 원병(援兵)을 요청할 때에도 상소하여 불응함으로써 의를 지킬 것을 주장하였다.

정축년 적진에 붙들려갈 때에 청음이 읊은 시조를 보면,

가노라 삼각산아 다시 보자 한강수야
고국산천을 떠나고자 하랴마는
시절이 하 수상하니 올동말동하여라.

하였으니, 그의 충의(忠義)가 담겨져 있다. 청음이 문초를 받을 때 용골대(龍骨大)는 청음을 향해서 "정축에 국왕이 하성할 때 홀로 청국을 섬길 수 없다하여 하성에 수행치 않은 것은 무슨 뜻인가?"하고 물었다. 청음은

"내 어찌 오군(吾君)을 좇고자 안 했겠는가. 노병으로 좇지 못했을 뿐이다"고 대답했다. 다시 용골대는 정축이후 관직을 제수함에 하나도 받지 않고 교지를 반환한 일과 조병(助兵)을 청했는데 상소로 이것을 저지한 이유를 따졌다. 청음은 "나의 뜻을 내가 지키고 내가 내 군주에게 고했는데도 국가가 내 말을 들어주지 않았다. 이와 같은 일을 타국이 반드시 알고자 하는가?" 라고 하였다.

이에 용골대는 "양국이 이미 일국이 되었는데 어찌 타국이라고 하는가" 하였다. 청음은 "양국은 각각 국경을 갖고 있으니 어찌 타국이 아니겠는가" 대답하였다.

청음은 심양에 구금되었다가 병이 들어 의주로 이감되었다가 다시 심양으로 옮겨졌다. 최명길이 대명외교(對明外交)의 질책으로 심양에 끌려와 청음과 옥중에서 만나게 되었다. 명길이 시(詩)로써 경권(經權)의 뜻을 말하였다. "끓는 물이나 얼음이나 다 같은 물이요, 가죽옷도 같은 옷이니라." 하고 읊으니, 청음은 "성패는 천운에 매여있느니 모름지기 의대로 행할지어다. 비록 그렇다고 할지라도 아침과 저녁을 바꿀 수는 없는 일이며 어찌 상의(裳衣)를 거꾸로 입을 수야 있겠는가? 권도(權道)로 혹 어질다고 한 것이 오히려 잘못을 저질렀으니 경론(經論)은 마땅히 중의(衆意)를 어기지 말아야 한다. 이(理)에 밝은 그대에게 내 기언(寄言)하노니 급해도 형기(衡機)는 삼가야 하느니라." 화답하였다.

그 해 4월 석방될 때에도 용골대는 최명길과 청음을 불러 서향(西向)에서 사명(謝命)토록 하였는데, 명길은 혼자 서쪽을 향해 4배를 하고 이어 용골대에게 궤사(詭謝)하였으나, 청음은 요병(腰病)을 빙자해서 끝내 예(禮)를 하지 않고 잠시 뒤에 오히려 동석하였던 우리 세자에게 엄숙히 사(謝)하였으므로, 그대로 잡혀있게 되었다. 그러나 청나라 사람도 청음의 애국애족하는 충절과 타협을 모르는 강직성에 감복하고 돌려보냈다.

청음의 이러한 충의사상(忠義思想)은 한민족의 주체성 확립과 조선조의 주권 수호를 개인의 생명보다 더 중요시한 것이니 도학과 의리정신의 발로라고 하겠다.

청음은 불복척화(不伏斥和)의 죄명으로 중국 심양에서 4, 5년간 옥중 생활을 마치고 귀국 후 좌의정에 올랐으며 그의 사후에 문정(文正)의 시호가 내려졌다. 효종의 사당에 배향되었고 여러 곳에 서원을 세워 충절을 기리게 하고 애국심을 본받게 하였다.

6. 우암 송시열

우암 송시열(宋時烈,1607~1689)은 충청북도 옥천군 이내면 구룡촌에서 태어났다. 12세 때에 율곡의 「격몽요결」을 읽었고 24세부터 사계 김장생(1548~1631)에게서 배웠다. 우암은 율곡과 스승인 사계와 신독재 김집(1574~1656)의 학통을 계승하여 대성(大成)하였으니, 주자의 정맥(正脈)을 계승하여 송자(宋子)라 일컫고 있다.

우암이 1633년 생원시에 장원급제 할 때에 대제학 최명길은 “이 글은 명세대유(名世大儒)의 글이니 보통사람들의 그것과는 비할 수 없는 것이다.” 하면서 장원으로 뽑았다.

1649년(己丑) 인조가 승하하고 효종이 등극하였다. 당시 인조 반정공신으로 득세하던 김자점을 무시하고 새로운 인물을 물색하던 효종은 두 가지 기준을 두었으니, 첫째는 임하(林下)에서 독서하면서 춘추대의(春秋大義)를 존중히 여기는 선비, 둘째는 병자년 난리에 절사(節死)한 사람의 족척(族戚)이었다.

효종은 사계의 아들 김집에게 ‘일을 같이 도모할 인재’를 천거하라는 명을 내렸다. 이 때에 천거된 우암은 병자 전년에 봉림대군의 스승이 되어 학문과 의리를 전수하였으므로, 효종은 우암의 위인됨을 익히 알고 있어 반갑게 맞았다.

효종은 17세 때 사부(師傅)로 대하였을 때의 우암의 인물됨을 잘 알고 있었기 때문에, 우암을 중용하여 민족적 치욕인 굴욕을 설욕할 북벌의 심증을 가지고 이 같이 간절한 유서(諭書)를 내린 것이다. 그러나 우암은 사양하고 고향으로 내려갔다.

고향에 내려갔던 우암은 효종의 심중(心中)을 깊이 간직하고 북벌의 염원을 이심전심으로 알게 되었고, 다시 상경하여 관직에 취임하였다.

그 후 효종은 우암을 중용하여 독대(獨對)까지 하면서 북벌 계획을 추진하였다.

병자호란 후 명분과 의리를 숭상하였던 우암 송시열은 조선조의 자주성을 민족 생명의 기반으로 하였다. 우암은 민족의 장래를 생각하고 효종대왕 당시 청나라가 강요하는 물리적 굴욕적 사대를 단호히 배격하고 조선의 자주노선인 북벌론을 주장하였다.

우암의 북벌론은 청에 의하여 강요된 부당한 유린과 불평등을 벗어나기 위한 자주 회복의 의지에서 나온 것이요, 이것은 대명의 국가적 자주관계와 대청의 국가적 불평등의 강요에서 대명의 선택이란 주체적 공식으로 요약될 수 있다.

우암의 북벌사상은

첫째, 우리에게 힘으로써 군신주종이란 불평등을 강요한 청은 나라의 큰 원수요 불공대천(不共戴天)의 적이기 때문에 물리쳐야 한다.(민족적 저항 이데올로기)

둘째, 북노를 물리치기 위한 방법은 구선 극기정심하여 한 마음을 굳게 하고 자기라는 주체를 세우는데 있다.(개인의 내면적 자주를 강조)

셋째, 청을 물리치려는 것도 승패보다도 나의 옳은 뜻을 지키려는 의리 때문이요, 국왕이나 개개인이 극기정심(克己正心)하여 덕업을 쌓고 기강을 세우는 것도 자기를 다하려는 의리 때문이다. (첫째+둘째=의리정신)

우암의 이같은 사상도 춘추정신에 입각한 도학적 의리사상의 실천적 승화라고 하겠다. 이는 자기주체의 보존 의식을 민족이 걸어온 역사 의식과 연결시킴으로써 주체의식을 더욱 심화시켜 나갔던 것이다. 그래서 정조는 우암을 일컬어 중국의 주자와 더불어 양현(兩賢)이라 하였다. 참으로 우암은 조선조를 통하여 중국의 성현들과 함께 「子」자를 붙여 '송자(宋子)'라 일컬을 수 있는 오직 한 분이라고 해도 지나침이 없을 것이다.

우암의 역사의식과 의리사상은 화서 이항로에게 이어져서, 서세동점 앞에 위정척사 사상이나 일제의 침략 앞에 항일 의병운동에서 그대로 재창조됨으로써 한민족의 민족의식 성장과 부단한 역사의 맥박을 이루어 왔던 것이다

06 절 儒教와 傳統道德

1. 오상과 오덕

오상(五常)이란 인(仁)·의(義)·예(禮)·지(智)·신(信)의 다섯 가지 덕목(五德)을 말하는 것이다. 맹자는 인·의·예·지의 4덕을 말하였는데, 한(漢)나라의 동중서는 오행설의 영향으로 여기에다 신(信)을 더 첨가하였다. 인의예지신은 사람이 항상 행해야 하는 5가지 전통적 덕목이다.

공자는 이 가운데 인(仁)을 가장 중시하였고, 맹자는 인에 의를 더하여 예와 지와 함께 인의예지 4덕을 말하였다. 맹자는 인간의 본성에서 우러나오

는 네 가지 마음씨가 인의예지라는 것이다.

첫째, 인(仁)은 남의 불행을 슬피 여기는 마음

둘째, 의(義)는 나쁜 일을 수치로 여기는 마음

셋째, 예(禮)는 겸손하여 남에게 양보하는 마음

넷째, 지(智)는 시비와 선악을 판별해 내는 마음

맹자는 이러한 마음은 인간의 소박한 자발적 행위이므로 사람의 본성은 선한 것이며, 이로 인하여 인의예지 4덕으로 발전시킨 것이다. 한 대에 이르러 동중서(B.C, 179~B.C,104)는 신(信)을 추가하였다. 그는 "인의예지신 오상의 도(道)는 왕자가 마땅히 수식해야 할 바이다."고 하였다. 그러므로 오상은 우주만물을 형성해내는 목(木)·화(火)·토(土)·금(金)·수(水)인 오행(五行)과 같은 뜻으로 사용되었다. 만물은 오행의 힘에 의하여 생성되어지는 것이요, 인간이 살아가는 데 있어서 불가결한 요소라는 점이다. 이렇게 동중서가 신을 추가하여 오상의 개념을 도출해 냈다. 그래서 오상은 오행과 같은 뜻으로 사용되기도 한다.

인(仁)은 유교윤리에 있어서 최고의 덕목으로 상당히 포괄적인 의미를 갖는다. 허신(許愼,58~147)의 설문해자(說文解字) 인부(人部)에서는 "인이란 친근함을 의미하며 인(人)과 이(二)를 결합해서 이루어진 것이다"라고 설명하였고, 단옥재(段玉裁,1735~1815)는 주(注)에서 "사람이 둘 이상 모여 친하게 지낸다는 뜻에서 인자와 이자를 합친 것이다."라고 하였다.

첫째, 인(仁)이라는 말은 상서(尙書) 금등(金藤)의 "저는 어질고 효성이 지극하여 재능과 예능이 많아서 능히 귀신을 섬길 수가 있습니다"에서 처음으로 보인다. 이것은 재능과 미덕을 가리키는 개념이다. 인이란 본래 인(人)자의 겸용(兼用)에 의해 표시된 것으로 '인간적인', '인정이 많은', '친절한' 등의 뜻과 같이 심정미사(心情美詞)였다. 맹자의 고자상(告子上)에는 "인은 인심이다."라고 하였다. 중용의 "인이란 사람이다. 가까이 있는 자를 친하게 여기는 것이 중요하다."에서 보이고 있다.

공자는 인을 군자의 교육에 있어서 최고의 덕목으로 여겼다. 논어에서 공자가 가장 강조한 덕목은 인이다. 공자는 "사람을 사랑하는 것이 인이다."고 하였다. 그러므로 공자의 사상을 '인의 사상'이라고 하는 것이다.

유교에서는 인에 의하여 사회정의를 실현하고자 하였으니, 살신성인(殺身成仁), 사생취의(捨生取義)가 그것이다. 맹자는 "측은히 여기는 마음은 인의 발단이다."고 하였다.

둘째, 의(義)라는 것은 국가나 집단의 구성원으로서의 인간이 공통규범에 합치하는 행동을 스스로 취하는 것을 말하며 간단하게는 행동의 올바름이라고 하는 것이다. 인이 인간의 안택(安宅)인 것이라면 의는 인간의 정로(正路)라고 하였다. 부자관계와 같이 혈연적 관계가 친(親)의 결합이라면, 군신관계와 같이 인위적 관계는 의가 적합하다고 하였다. 맹자의 사상은 송대의 의리사상 형성에 기초가 되었다. 맹자는 의를 수오지심(羞惡之心)이 확충된 것이라고 보았다.

셋째, 예(禮)란 사회질서를 유지하기 위한 규범이다. 그러나 자율적이란 면에서 법과 구별된다. 사기(史記) 태사공자서(太史公自序)의 "예는 아직 그러하기 이전에 금하는 것이고, 법은 이미 그러한 후에 적용하는 것이다"란 말이 그것이다.

설문해자에 '예(禮)자는 시(示)와 풍(豊)을 모은 자이다. 시(示)는 원래 신(神)자에서 시(示)만을 뗀 것이며, 시는 또 다시 이(二)와 소(小)를 합친 글자이다. 이는 본래 상(上)을 뜻하며, 소는 상천(上天)으로부터 일(日), 월(月), 성(星)의 광선이 내려 비쳐주는 형상이다. 풍(豊)은 곡(曲)과 두(豆)를 합친 것으로 두는 제기(祭器)요, 곡은 그릇에 제물을 담은 모습이다. 제기에 제물을 담아서 신에게 올리는 경심(敬心)의 표현이 예라는 것이다. 예란 이렇게 종교적 의례형식에서 비롯된 것이지만, 이러한 경외지심(敬畏之心)은 종법적 질서를 유지하기 위한 정치적 법제, 사회적 전례, 윤리적 예의로 확장되어 갔다.

논어에 "예가 아니면 보지말고, 예가 아니면 듣지 말고, 예가 아니면 말하지 말며, 예가 아니면 행동하지 말라"고 하였다. 예란 인간에게 구비되어 있는 사양하는 마음으로써, 공자에게서 비롯되어 내면적 윤리규범 뿐만 아니라 외면적 사회질서를 유지하기 위한 윤리로 확립되었다.

넷째, 지(智)란 인간의 인식작용인데, 인간에게 인 · 의 · 예와 함께 선험적으로 구비되어 있는 고유한 덕성을 말한다. 맹자는 지를 시비(是非)를 가리는 마음이라 하였다. 논어에는 "아는 것을 안다고 하고 모르는 것을 모른다고 하는 것이 곧 아는 것이다."고 하여 합리주의적 인식을 존중하였다. 그리고 "지는 우리가 본래부터 가지고 있는 능력이지만 그것을 넓히려 하지 않으면 얻을 수 없다."고 하였다. 이렇게 지는 선험적 인식의 근원으로 인간에 내재하여 있는 시비를 가리는 도덕적 성품이다.

다섯째, 신(信)은 인의예지와 함께 유교의 전통적 덕목이다. 허신의 설문해자에 의하면 "신(信)은 성실함이니, 사람(人)과 말(言)의 회의(會意)자이다."라고 하여 인간의 언어가 거짓없이 실천되는 것을 의미한다고 하였다. 주자는 말과 행위가 서로 일치되는 것을 신이라고 하였는데, 그것이 가장 두드러지게 나타나는 경우는 친구사이다.

공자는 국가를 유지하는 힘으로 족식(足食) · 족병(足兵) · 민신(民信)을 들고, 그 중에서도 국민이 국가와 통치자를 믿는 것이 가장 중요한 것이라고 하였다. 춘추좌씨전에 "이른바 도(道)는 민(民)에게 충실하고 신(神)에게 신의있는 것이다. 윗사람이 백성을 이롭게 할 생각을 하는 것을 충(忠)이라 하고, 축사(제관)가 사실대로 신에게 고하는 것을 신이라 한다"고 하였다. 이것은 인간이 인간을 대함에 있어서 신에게 대하듯 추호도 속임이 없는 충신의 상태를 뜻한다고 하겠다.

여씨춘추전(呂氏春秋) 귀신(貴信)에는 "하늘의 운행이 믿음성이 없으면 해(歲)를 이룰 수 없고 땅의 운행이 믿음성이 없으면 초목이 자라지 못하고, ……군신이 신의가 없으면 백성이 비방하고 사회가 편안치 않으며, 관직에 있으면서 일 처리에 신의가 없으면 젊은 사람들이 어른을 두려워하지 않고, ……상벌이 믿음성이 없으면 백성들이 법을 쉽게 어겨서 부릴 수가 없으며 친구사이에 신의가 없으면 서로 갈라서고 원망하여 서로 친할 수가 없다. …"고 했다. 이렇게 보면 신은 인간과 인간을 화합시키고 인간과 자연을 합일시키는 진실성을 말한다고 하겠다.

이상에서 살펴본 오상 혹은 오덕은 인간의 내면적 선한 본성으로써 오륜에서 그 덕목의 실천이 강조되는 바, 가정과 사회의 규범으로서 단순히 전통적 윤리덕목의 의미만 지니는 것이 아니라 오늘날에도 실천해야 할 윤리덕목이다. 사회가 아무리 급변해도 인간에게 있어서 변하지 않는 부분이 있음을 젊은 사람들은 다시 인식해야 할 것이다.

2. 인간관계와 오륜

일반적으로 도덕관, 윤리관이라고 하는 것은 처음에 종교적인 교설(敎說)의 형식으로 나타나게 되었다. 유럽에서나 동양에서나 종교의 모든 경전 가운데에는 신 또는 성자의 교훈으로서 인간의 도덕적 규범이 포함되어 있었다. 그러나 이들을 곧 오늘날 우리가 말하는 윤리학에 속하는 서적이라고 볼 수는 없을 것이다.

그와는 달리 고대 중국의 유교와 그 밖의 경전은 도리어 윤리서적이었다. 이것들에 내포된 사상은 그 후 발전과 더불어 점차로 체계적인 형태를 갖추어 독자적인 역사를 형성하게 되었다. 그리고 근세 한국의 윤리사상에 큰 영향을 끼친 것은 오히려 이러한 중국의 윤리사상이었으니, 그 중에서 신 유교

철학인 성리학, 도학의 영향이 가장 대표적이라 하겠다.

그런데 현대에 이르러 중국이나 한국도 유교를 벗어나 유럽사상의 영향에 놓이게 되었다. 그리고 과학문명과 자본주의 속에서 나타나는 인간소외 문제를 사회개혁을 통하여 극복하려는 윤리적인 노력이 나타나고 있다. 그러나 우리는 수 천년동안 동양윤리의 핵심이 되고 한국윤리의 전통사상인 오상과 오륜의 현대적인 새로운 인식을 통하여 비합리적인 사회현상을 윤리적인 사회현상으로 극복하는 노력이 절실히 필요하다는 데에 공감하고 있다.

오륜(五倫)이란 인간의 사회적 관계를 부자관계, 군신관계, 부부관계, 장유관계, 붕우관계로 보고, 사람은 이 다섯 가지 관계에 속해 있으며 거기서 자기가 할 도리를 다할 적에 사회질서가 유지되고 밝아진다고 하는 국민 교화의 덕목으로 계승된 전통윤리이다.

서경(書經) 순전(舜典)에 보면, “삼가 오전을 훌륭히 하라 하셨는데 오전이 잘 다스려졌다.”고 하였고, “너를 사도로 삼으니 삼가 오교(五教)를 펴되 너그럽게 하라.”는 기록이 있다. 이것이 좀더 구체적으로 표현된 것은 맹자이다. 맹자 등문공상에는 “사람에게는 도가 있다. 배부르게 먹고, 따뜻하게 입고, 편안히 살면서 배움이 없으면 짐승과 별로 다르지 않다. 성인(舜)이 이를 걱정하여 설(契)을 사도(司徒)로 삼아 인륜을 가르쳤으니, 부자는 친함이 있어야 하고, 군신은 의리가 있어야 하고, 부부는 분별이 있어야 하고, 장유는 서열이 있어야 하고, 붕우는 신의가 있어야 한다.”고 하였다.

여기서 주목할 일은 순임금이 우리 민족에 속하는 동이족(東夷族)으로 보고, 순(舜)이 동이족이라는 설이 정설이라면 오륜에 대한 평가는 민족주의 입장에서 조명되어야 한다는 주장도 있다.

중용에서는 군신 · 부자 · 부부 · 곤제(昆弟) · 붕우의 다섯 가지의 인간관계를 내세우고, 이를 오달도(五達道)라는 말로 표현하여 오륜이 인간의 가장 기본적인 윤리 규범임을 천명하고 있다. 이 오륜은 중국과 우리나라 국민교육의 핵심을 이루어 왔던 것이다.

07 절 儒教와 五倫思想

1. 부자간의 윤리

부자유친은 어버이와 자식은 타고난 성품이 친하다. 어버이는 낳아서 기르고 사랑하며 가르치고, 자식은 부모를 받들면서 뒤를 잇고 효도로써 봉양한다. 그러므로 어버이는 자식을 옳게 가르쳐 나쁘게 되지 않도록 하며, 자식은 어버이를 부드러운 언사로 대하여 향당주려(鄕黨州閭)에 죄를 짓는 일이 없도록 하는 것이다. 만약 아버지가 그 자식을 자식으로 여기지 않고 그 자식이 그 어버이를 어버이로 여기지 않는다면 어찌 세상이 제대로 설 수 있는가? 그러나 세상에 악한 부모는 없는 까닭에 어버이가 비록 인자하지 않더라도 자식은 어버이에게 효도를 해야만 하는 것이다.

옛날 순(舜)임금의 아버지는 완악하고 어머니는 모질어 순을 죽이려고 하였으나 순은 이것을 섭섭하게 여기지 않고 계속 효도로써 어버이를 섬겨 마침내 어버이의 마음을 돌려놓았으니 효자의 도는 이처럼 극진하여야 하는 것이다. 그러므로 공자는 말하기를 "오형(五刑)에 속한 죄가 삼천 가지나 되지만 불효보다 더 큰 죄는 없다."고 하였다. 그리고 효도를 수신제가치국평천하(修身齊家治國平天下)의 도의 근본으로 삼고 백성이 화목하고 나라가 태평성세를 누릴 수 있는 근본임을 피력하면서, 천자에서부터 서인에 이르기까지 효도는 처음부터 끝까지 계속하지 않으면 안 된다고 하였다.

그러면 효와 불효에는 어떤 것이 있는가? 첫째, 전통적인 효에는 다음과 같이 다섯 가지로 말하고 있다.

- 자신의 몸을 잘 관리하고 보존하는 것
- 입신양명하여 자신의 아름다운 이름을 드날리는 것
- 정성을 다하여 부모의 정신적 · 육체적 평안을 도모하는 것
- 부모의 유업과 뜻을 잘 받는 것
- 부모의 잘못을 간하여 바르게 하는 것

둘째, 세속에서 말하는 불효에는 다음과 같이 다섯 가지가 있다.

- 몸이 게을러서 부모의 봉양을 돌아보지 않는 것
- 장기, 바둑 등을 두며 술 마시기를 좋아하여 부모의 봉양을 돌아보지 않는 것
- 재물을 탐내고 처자(妻子)에 빠져서 부모의 봉양을 돌아보지 않는 것
- 이목구비(耳目口鼻)의 욕구를 만족시키느라 부모의 봉양을 돌아보지 않는 것
- 용맹을 좋아하고 싸우며 성을 내서 부모를 위태롭게 하는 것

부자관계는 천륜관계라 끊을래야 끊을 수 없는 것이 철칙이다. 나의 생명과 육신이 부모로부터 나왔는데, 인생의 근본을 생각할 줄 모르고 가장 기본적인 도리를 외면하는 사람은 군신간, 부부간, 장유간, 친구간에 원만할 수 없는 것은 뻔한 이치이다. 그러므로 상고시대부터 효는 국민교화의 덕목으로 강조되어 온 것이다.

이 부자유친의 윤리는 부자자효(父慈子孝)이다. 그런데 왜 부모에게 자식을 사랑하라는 말은 없고 자식에게 효도만 강조하는가? 그것은 부모가 자식을 사랑하는 마음은 선천적, 본능적으로 주어져 있지만, 자식이 어버이에게 효도하는 마음은 후천적, 경험적이기 때문이다. 그러므로 자식된 사람에게 효를 강조하게 되는 것이다.

전통윤리 덕목에서 최고의 덕목인 인은 부자유친의 원리에서 나오는 사랑

이다. 부자유친의 윤리인 부자자효는 오상(五常)의 인의 실천인 것이다.

2. 군신간의 윤리

임금과 신하는 하늘과 땅과의 관계와 같다. 임금은 높고 귀하며 신하는 낮고 천하니, 높고 귀한 임금을 섬기는 것은 땅의 마땅한 도리며 고금의 공통되는 의리이다. 그러므로 임금은 하늘의 원리에 어긋나지 않게 호령을 하고 명령을 내리는 사람이요, 신하는 그 원리를 조화시켜 착한 일을 베풀고 임금의 간사함을 막는 자이다. 임금과 신하가 모여서는 각기 도리를 다하여, 상대방을 공경하고 서로 삼가야 훌륭한 정치가 될 수 있으니, 진실로 혹 임금이 임금으로서 도리를 다하지 못하고 신하로서 신하의 직책을 제대로 수행하지 못한다면, 함께 천하와 국가를 다스리지 못할 것이다.

군신유의의 윤리는 군의신충(君義臣忠)인 것이다. 즉 임금이 신하에 대하는 윤리는 의(義)이고 신하가 임금에 대하는 윤리는 충(忠)이다. 그러면 의란 무엇이고 충이란 무엇인가?

'의' 란 국가나 집단의 구성원으로서의 인간이 공통 규범에 합치하는 행동을 스스로 취하는 것을 말하며 간단하게는 행동의 올바름이라고 할 수 있다. 중용(中庸)에서 "의(義)란 마땅함(宜)이다. 어진이를 존경하는 것이 중요하다."고 하였다. 주자는 "의(宜)란 사리를 분별하여 각각 마땅한 바가 있는 것이다."라고 하였다.

충(忠)이란 자기와 다른 사람에 대해서 성실을 다하는 것이다. 자형으로 말하면 〈中 + 心〉의 합자로서 인간의 마음 가운데를 가리킨다. 설문해자에는 "충은 경이며 마음을 다하는 것을 충이라 한다."라고 되어 있다. 충경(忠經)에 보면 충이란 중이라 지극히 공정하여 사(私)가 없는 것이라고 하였다. 그것은 하늘이 사가 없이 사시(四時)를 행하고, 땅은 사가 없이 만물을 생성시키고, 사람은 사가 없이 크고 바른 데에 통하는 것이다.

그러므로 충이란 마음이 흔들리지 않고 정대하며 일관됨을 말함이니, 나라를 위하는 근본이 되는 것이다. 다시 말하면 충이란 상하가 각자 그 맡은 바 직분을 충실히 수행하는 것이다. 충은 윗사람과 아랫사람의 관계를 결속시키고 국가와 사회의 질서와 안정을 기할 수 있는 덕목이다.

이 군신유의의 윤리인 군의신충(君義臣忠)은 오상의 의로 통하는 것이다.

3. 부부간의 윤리

부부유별이란 남편과 아내 사이에는 분별이 있다는 뜻이다. 남편과 아내는 두 성(姓)의 결합으로, 사람을 태어나게 하는 시초이며, 모든 복의 근원이다. 중매를 통해서 혼인을 의논하고 폐백을 드려서 친히 맞이하는 것은 남편과 아내의 분별을 두텁게 함이다. 그러므로 아내를 맞이할 때에는 같은 성(姓)을 맞지 않고 집을 짓되 안과 밖을 분변하고, 남자는 밖의 일을 보되 안의 일을 말하지 않고, 부인은 안에 거처하면서 밖의 일을 간섭하지 않는다. 남편은 씩씩함으로써 자기 위신을 지켜서 하늘의 건전한 도리를 몸받고, 아내는 부드러움으로써 바로잡아 땅의 순종하는 의리를 이어나가면 집안의 도리는 올바르게 된다. 그러나 이와 반대로 남편이 제대로 집안을 다스리지 못하고, 아내가 남편을 이겨서 제대로 섬기지 않고 삼종지도(三從之道)를 알지 못하며 칠거지악(七去之惡)이 있으면 집안의 도리가 어지러워진다. 반드시 남편은 자신을 삼가서 아내를 거느리고 아내도 자신을 삼가면서 남편을 받들어서 내외가 화평하고 유순해야 부모가 걱정이 없다. 옛날 극결이 밭에서 김맬 때에 아내가 밥을 내오는데 남편을 공경하여 대접함이 손님을 대하는 것 같았다. 부부의 도리는 마땅히 이와 같아야 한다. 그러므로 자사(子思)는 말하기를 "군자의 도리는 부부에서 시작된다"고 하였다.

부부유별에 있어서 '별'은 두 가지 의미로 해석할 수 있다. 첫째는, 남자의 할 일과 여자의 할 일을 각기 지켜야 한다는 뜻이고, 둘째는, 윤리적 한계로써의 별이다, 부부간은 더할 수 없이 가까운 사이다. 따라서 말에 있어서나 행동에 있어서 한계를 지키지 못하고 함부로 하기 쉽다. 이렇게 인격적, 윤리적 한계를 지키지 못한다면 부부의 관계는 건전성이 보장될 수 없다 .부부의 도를 상경여빈(相敬如賓)이란 말로 표현하였는데, 이것은 바로 부부간에 있어서 인간적 · 윤리적 한계, 즉 별(別)을 지키라는 말과 서로 통한다.

남녀유별, 남녀칠세부동석도 시대착오적인 악습으로만 생각하고 비판할 것이 아니다. 조상들이 오랜 세월동안 관습으로 여기고, 그렇게 가르쳐 온 데는 그럴만한 이유가 있을 것이다. 오늘날 남녀간에 근친상간이나 연령, 장소에 관계없이 일어나는 성폭행 사건과 사생아의 다량 출산과 인신매매와 매춘행위 등이 심각한 사회문제가 되고 있음을 볼 때에, 남녀칠세부동석이란 남녀유별의 교훈을 단순히 남녀가 자리를 같이하지 말라는 해석으로 알면 잘못이다.

인간은 천부적으로 남자와 여자의 성품이 다르고 신체구조가 생리적으로 다르기 때문에 부부평등을 주장하더라도 인격적, 법적 평등을 의미하는 것이지 모든 것을 동일시하자는 것이 아니다. 남계위주(男系爲主)의 부계사회에서는 남선여후(男先女後)라든가 차별이 불가피 한 것이다. 차별은 곧 질서를 의미하기 때문이다.

아무리 세월이 상전벽해처럼 변하고 달라졌다고 하더라도 여자가 남의 집으로 출가하는 우리 사회에서, 남녀유별에서 나타나는 여자에게만 강조된 삼종지도나 칠거지악의 굴레가 낡은 시대의 법도만은 아니다. 부덕(婦德)과 관련된 삼종지도나 칠거지악을 남존여비 시대의 악습으로만 생각할 것도 아니다. 칠거지악도 삼불거(三不去)로 제한되고 있음은 인간적인 의미를 가지고 있음이다.

속담에 '딸을 둔 사람은 평생 죄인이다' 라는 말과 '사위는 백년 손님이다' 라는 말과 '사위가 오면 장모가 신발짝을 거꾸로 끌고 나아가 맞이한다' 는 말과, '사위가 오면 씨암탉을 잡아준다' 는 말과, '여자는 죽어도 시집의 귀신이 되어야 한다' 는 말과, '여자는 시집가서는 장님 3년, 벙어리 3년, 귀머거리로 3년을 지내야 한다' 는 말은 여자를 학대하는 말이 아니다. 딸을 시집보낸 부모의 걱정하는 마음과 딸을 사랑하는 극진한 마음이 한결같기 때문이다.

삼종지도, 칠거지악의 관습은 부모 품에서 귀엽게 자라던 딸이 결혼으로 환경이 다른 남의 집에 시집가서 층층시하에서 살려면 여러 가지 어려움을 인내로써 극복할 수 있는 부덕을 기르는 부모 교훈의 필요성을 인식시키는 것으로 이해해야 할 것이다. 출가하기 전의 인자한 어머니와 엄숙한 아버지의 가정교육은 다른 문중으로 시집가서 시부모의 훌륭한 며느리, 남편의 어진 아내, 자식의 인자한 어머니로서 그 책임과 역할을 다할 수 있는 인간교육인 것이다.

한 가정의 부부가 부화부순(夫和婦順)하고 상경여빈(相敬如賓)한다면 부부유별의 윤리는 가정윤리로서 뿐만 아니라 사회나 직장에서 남녀간의 예의와 질서를 지키는 필수적인 덕목인 것이다. 부부유별은 바로 오상의 예로 통한다. 그러므로 자사(子思)가 말하였듯이 예를 숭상하는 군자의 도가 부부에서 시작된다고 하였던 것이다.

4. 장유간의 윤리

장유유서는 어른과 어린이 관계에는 천륜의 서열이 있다는 것이다. 형이 형이 되는 까닭과, 아우가 아우 되는 까닭에서 어른과 어린이의 도리는 비롯되는 것이다. 향리에는 종족과 함께 어른과 어린이가 있게 마련이니, 그 차례를 문란하게 해서는 안 된다. 어른의 뒤에 천천히 따라가는 사람을 공손하다고 하고, 어른을 생각하지도 않고 앞서가는 자는 공손하지 않다고 하는 것이다. 그러므로 나아가 자기보다 2배 연장이면 어버이 같이 섬기고, 10년이 위면 형과 같이 섬기고, 5년이 위면 어깨를 나란히 하고 따라간다. 어른이 어린이를 사랑하고 어린이가 어른을 공경해야 젊은이를 업신여기고 어른을 능멸하는 폐단이 없어, 사람의 도리가 바르게 될 것이다. 하물며 형제는 동기(同氣)의 사람이라 골육이 지극히 친하니, 더욱 마땅히 우애하고 미워하지 말며, 원망을 품어서 천륜을 어그러뜨려서는 안 된다. 옛날에 사마광이 그의 형 백강(伯康)과 우애하여 동생은 형을 아버지처럼 대하고 형은 동생 보호하기를 어린애 같이 하였으니, 형제의 도리가 마땅히 이러하여야 한다.

장유유서는 형우제공(兄友弟恭)에서 비롯된 연령적 질서를 확립하려는 윤리 규범이다. 한 어머니에서 동시에 출산된 쌍둥이도 형과 아우가 되어 형제의 도리를 다하듯 어른과 어린이도 그 도리가 있는 것이다. 사회는 그것이 가정이든, 집단이든, 국가든, 동문회든, 종친회든, 어떤 조직체든 규범이 있어서 질서가 유지되는 것이다. 그러나 그러한 규범으로 묶여있지 않은 공원에 모인 사람들은 비록 서로 상대방이 누구이며 나아가 어떻게 되는 지는 모르지만 대개는 연령에 의하여 질서가 유지되고 있다.

장유유서는 상하의 구별이 없고 선배와 후배의 구별이 없으며, 항렬로써 촌수를 분간할 수 없는 일반 사회생활에 있어서, 연장자를 앞세우고 노인을 공경하는 것으로 우리 전통윤리의 매우 중요한 규범이다. 장유유서의 질서 관념이 없다면 신종고려장의 풍속도가 생겨나는 현실에서 노약자는 사회에서 제일 천대받는 비인간적 존재가 될 것이다. 이 장유유서의 질서를 바로 오상의 지(智)로 통하는 것이다.

5. 붕우간의 윤리

붕우유신은 친구간에는 신의가 있다는 뜻이다. 친구와 친구는 같은 무리의 사람이다. 그런데 친구는 유익한 친구가 세 종류가 있고, 해로운 친구가 세 종류가 있다. 친구가 곧고 실의가 있으며 견문이 넓으면 이롭고, 친구가 공정하지 못하고 유약하며 아첨하면 해롭다. 친구란 그 덕을 사귀는 것으로서 천자로부터 평범한 사람에 이르기까지 반드시 친구 삼지 못할 자가 없다. 그러므로 친구를 삼되 반드시 단정한 사람이어야 하며, 친구를 선택하되 반드시 자기보다 나아야 한다. 그래서 마땅히 꾸짖고 믿음으로써 착하게 하고, 간절히 친절하게 충고하며, 선으로 인도하다가 안되면 그만둘 것이다. 친구라고 하면서 서로 절차탁마(切磋琢磨)하지 않고 다만 장난이나 하고 익살이나 하며 서로 친해진다면 어찌 능히 오래도록 친할 수 있겠는가?

옛날에 안자(晏子)는 남과 교제할 때 오래도록 친구를 공경하였으니, “친구에게 신용이 없으면 윗사람에게도 신망을 얻지 못한다. 친구들에게 신용을 얻으려면 우선 어버이를 공경할 줄 알아야 한다. 어버이에게 공손하지 못하면 친구들에게 신용이 없다”고 하였다.

논어 공야장(公冶長)에는 공자가 안자에게 “남과 잘 사귀어 오래되어도 남을 잘 공경하였다.”고 칭찬하였다.

붕우유신은 횡적인 인간관계를 형성하고 있는 친구간의 인격적 유대를 공고히 하기 위하여 제시된 윤리규범이다. 친구는 서로 동등한 사이며 그 사이는 쌍방 간의 신의가 있어야 이우보인(以友輔仁)의 목적을 달성할 수 있는 것이다. 붕우유신은 오상의 신(信)으로 통한다. 부자, 군신, 부부, 장유가 모두 신의 울타리에서 보존되는 것이다.

이상에서 보면 세계가 변하고 시대가 변해도 오륜은 변할 수 없는 보편적 윤리이다. 다섯 가지 덕인 오상과 다섯 가지 윤리인 오륜은 상통한다. 그러므로 부자유친은 인(仁)에 근본이고, 군신유의는 의(義)에 근본하고, 부부유별은 예(禮)에 근본하고, 장유유서는 지(智)에 근본하고, 붕우유신은 신(信)을 근본으로 하는 것이다. 따라서 오상과 오륜은 상호 분리할 수 없는 것이라 하겠다.

6. 오륜과 직업사회의 윤리

오륜(五倫)이 인간관계의 기본적인 틀을 다섯 가지로 구분하여 그 관계에서의 직분을 강조한 것이라면 일반윤리에서 파생되는 직업윤리와는 불가분의 관계가 있을 것이다.

부자유친의 윤리는 가정에 있어서의 가장인 아버지와 자식들과의 혈연적 관계의 규범이다. 아버지는 가정의 어른으로서 그 자식을 자식으로 여기고, 사랑으로 기르고 가르치며, 보호하고 기르듯이 직장의 사장은 회사의 어른으로서 사원들을 자식처럼 잘 보호하여야 한다. 그리고 사원은 사장을 아버지와 같이 공경하고 받들어야 하는 것이다. 그래서 기업인의 가족주의 정신이 강조되는 것이다.

아버지는 자식의 벼리가 된다고 하였다.(父爲子綱) 벼리란 그물에 있어서 근본이 되는 굵은 줄을 말한다. 그물의 모든 눈은 모두 이 벼리에 달려 있으며, 그래서 그물을 칠 때 이 벼리를 당기면 그물이 딸려오게 된다. 벼리와 그물은 공동운명체다. 만약 벼리를 당기는데 그물이 딸려오지 않는다면 목적을 달성할 수 없게 된다. 그물에서 벼리는 하나밖에 없다. 그와 마찬가지로 가정에서 가장인 아버지는 하나이지 둘이 될 수 없다. 두 아버지를 가진 사람은 아마도 하늘 아래에는 없을 것이다. 이와 마찬가지로 회사(職場)에도 사장이든 회장이든 어른은 하나밖에 없다.

만약 직장에서 사원들이 가장 어른이 되는 장(사장)의 뜻을 잘 받들어 따르지 않는다면 벼리는 벼리대로, 그물은 그물대로 따로따로 떨어져서 흩어지는 격이다. 그러므로 기업의 목적은 달성될 수 없게 된다. 따라서 가족윤리인 부자유친은 직장윤리로 확대될 수 있는 것이다.

가정에서 효도는 백행지본(百行之本)이라 하였다. 자기 어버이를 공경할 줄 아는 사람은 밖에 나아가 남의 어버이를 공경할 것이다. 이효사군(以孝事君)이요, 효자의 가문에서 충신(忠臣)이 나온다고 하였다.

군신유의(君臣有義)의 윤리는 군의신충(君義臣忠)이다. 군의신충에 있어서 의(義)란 임금(上)이 신하(下)를 대하는 윤리이고, 충(忠)이란 신하가 임금을 대하는 윤리이다. 그러므로 군신유의는 국가공동체를 결속시키는 상하간의 윤리가 된다. 이것은 기업체에 비유한다면 의는 상사로서의 윤리가 되고 충은 부하로서의 윤리가 된다. 군신유의에서 강조되는 것은 충인데, 충이란 〈中+心〉에서 알 수 있듯이 마땅하고 공정하고 사(私)가 없고 일관된 것이다.

충경(忠經)에 보면 충(忠)이란 중(中)이라 지극히 공정하여 사가 없는 것이라고 하였다. 그리하여 "충은 자신에게서 일으키고 가정에서 나타나고 나라에서 이룩하는 것이므로, 자신에게 한결 같음은 충의 시작이요, 가정에 한결 같음은 충의 중간이며, 나라에 한결 같음은 충의 마침이다. 자신이 한결 같은 즉, 백 가지 녹(祿)에 이르고, 가정이 한결같은 즉, 육친이 화목하고, 나라가 한결 같은 즉, 만백성이 다스려 진다."고 하였다.

또한 충경에는 '나라에 보답하는 도리 네 가지가 있는데, 첫째로 어진 사람을 천거하는 것이요, 둘째로 옳은 도리를 말씀드리는 것이요, 셋째로 공(功)을 이룸은 나라의 진흥이요, 이로운 바는 나라의 재물이다. 이것은 직장에도 그대로 통하는 것이다. 사원을 채용함에 있어서 기준을 정한다면 이것이 기준이 될 것이다.

삼강(三綱)에는 "임금은 신하의 벼리가 된다(君爲臣綱)"고 하였다. 여기서 '강(綱)'이란 벼리를 말한다. 벼리란 그물에 있어서 근본이 되는 굵은 줄을 말한다. 그물의 모든 눈은 이 벼리에 달려 있으며, 그래서 이 그물을 칠 때 이 벼리를 당기면 그물이 딸려오게 된다는 말은 이미 위에서 언급하였다. 직장에 비유한다면 사장은 벼리(綱)에 해당된다. 사장이 가는 곳에 사원이 가야지 사원이 가는 곳에 사장이 갈 수는 없다.

현대인들은 군의신충을 맹목적으로 신하가 임금에게 복종하는 것으로 잘못 이해하고 있다. 즉 임금을 위한 신하의 가치 없는 희생으로 잘못 알고 있다. 만약 오늘날 공직자가 대통령을 보필하다 과로로 죽으면 순직으로 처리되고 국립묘지에 안장될 것이다. 이는 바로 충신이다. 이것은 옛날이나 지금이나 마찬가지이다.

부부유별은 기능상의 구분과 언행에 있어서 인격적 한계를 두어야한다는 것이다. 그리고 부부의 윤리를 상경여빈(相敬如賓)이라고 한다면 직장에서의 이성간 즉, 남자직원과 여자직원 간의 윤리로 확대해석 할 수 있다.

남자와 여자는 성품에 있어서나, 인체의 구조나, 생식의 기능이나, 활동력에 있어서나, 기능면에 있어서 차이가 있으므로 여자라는 한계를 무시할 수 없다. 비록 여성의 역할이 남성 이상일 경우도 있기는 하나 그것은 여성 전체에게 공통될 수는 없다. 한 직장 내에서 남녀평등을 내세워 여직원에서 숙직을 시키거나, 무거운 짐을 나르게 할 수 없는 것처럼, 또는 사장실에 찾아온 손님 접대를 남자직원에게 시킬 수는 없는 것이 현실이다. 가정에서 부부유별의 예를 갖춘 사람은 직장에서 이성간의 예의를 지키는 기본이 될 것이다. 직장예절에 있어서 남성과 여성이 동일한 경우도 있지만 그렇지 못함을 알아야 할 것이다.

장유유서는 연령적 질서를 확립하는 규범이다. 그래서 천명의 서열이라고 하는 것이다. 어른은 선배로서 인도하고 어린 사람은 후배로서 선배를 받들고 따라야 한다는 것이다. 장유유서의 원리가 형우제공(兄友弟恭)에서 나온다면 이것은 가정적 윤리가 사회적 윤리로 확대된 것이다. 그러나 선후배라도 형제관계나 연령관계는 바뀔 수 없으나, 사회적 선후배는 바뀔 수 있는 것이다. 가령 고등학교 선배가 재수를 하고 대학에 입학하였을 경우 먼저 같은 대학에 입학한 고등학교 후배가 선배가 되는 것과 같은 것이다. 또한 후입사자가 승진으로 먼저 입사한 사원의 상사의 위치에 있게 되면 입사의 선후배의 의미도 사라진다.

그러나 나이가 많은 사람과 적은 사람, 같은 직장에 먼저 들어온 사람과 나중에 들어온 사람의 구분은 무시할 수 없는 것이다. 후배가 선배를 무시하고 능멸하는 것을 용서할 수 없는 것은 인지상정(人之常情)이다.

붕우유신은 횡적인 인간관계를 형성하고 있는 붕우간에 인격적 유대를 공고히 하기 위한 사회윤리이다. 그렇다면 한 직장에서의 동료간의 유대관계도 공고하게 이루어져야 한다. 그것은 곧 동료간에, 사원간에 협동하여 상부상조하는 기틀이 될 수 있다.

전통윤리로서 오륜은 종적 · 횡적 윤리로 직업윤리에 그대로 통한다. 우리는 세계의 석학들이 유교문화권인 아시아지역의 기적을 유교정신에서 찾고 있음을 주목해야 할 것이다.

4부 韓國近代思想

01 절 實學思想과 實學者

1. 실학의 대두

실학이란 17세기서부터 19세기 중엽의 조선조 후기에 일어났던 사상의 한 형태를 가리킨다. 또한 고려시대 이래 조선시대까지 성리학자들이 불교 등에 비유해서 성리학을 '실학'이라고도 했다. 이때의 '실(實)'이란 '현실에 입각해 있고' '현실로 나가는'이란 뜻인데 성리학에서 볼 때는 불교보다 자신들의 학문이 더 현실에 가깝다고 주장하였던 것이다.

조선조 후기의 유학은 두 조류로 나눈다. 하나는 노론을 중심으로 집권층에서 펼쳐진 퇴계, 율곡의 이기(理氣), 인심도심(人心道心), 사단칠정(四端七情) 등의 문제를 놓고 인성(人性)과 물성(物性)이 같으냐 다르냐를 논쟁했던 형이상학적 사변을 전개한 학파였다. 다른 하나는 권력에서 밀려난 남인(南人) 학자를 중심으로 한 실학파이다.

실학 발생의 배경은 유학의 쇠퇴와 서구(西歐)로부터 들어온 사학(西學;천주교)와 청으로부터 고증학의 전래를 들 수 있다.

임진왜란 이전 16세기에 벌써 조선조의 사회체제의 핵심인 토지 · 조세 · 군사제도가 허물어져 있었다. 왜란과 호란을 치르면서 그 기본체제가 결정적인 치명타를 맞은 것이다. 사회를 어떻게 다시 바로잡아야 하는가가 큰 과제로 되어 있었다. 당시의 화폐 경제는 그런 문제를 더 심각하게 했다. 이런 사회 상황의 개혁에 대한 주장은 크게 둘로 나뉘어진다고 보겠다. 하나는 제도와 그 운용에 중점을 두는 중농주의적 경세치용파요, 다른 하나는 상업과 유통 및 기술 개발에 중점을 둔 중상주의적 이용후생파이다.

실학의 특징을 몇 가지 추려보면 다음과 같이 요약할 수 있을 것 같다.

① 반주자학적 이념인 양명학(陽明學)과 고증학(考證學) 및 서구 과학기술

과 천주교의 수용

② 주체의식 및 인간 평등의식의 고취

③ 이기론적 형이상학의 퇴색 및 과학적 합리주의의 강조

④ 관념론의 거부 및 경험론의 중시

⑤ 적극적인 민생문제 해결책의 모색

⑥ 문예개혁운동 및 학문의 실용화

여기서 ① ② ⑥ 등은 양명학의 제사상과 밀접한 관계가 있다고 하겠다.

실학은 불교나 노자 · 장자학에 대한 실천 일용윤리학도 아니요, 주자적인 도덕학(道德學)도 아니다. 이는 경세치용(經世致用) · 이용후생(利用厚生) · 실사구시(實事求是)를 포괄한 것이며 이기론적(理氣論的)인 형이상학(形而上學)이 거부되면서 생산적이며 정치 · 경제 · 사회 등 실생활에 유용한 실사를 연구하는 학문이다.

그러므로 일상생활에 필요한 실용도덕이 연구 대상이 되는 것이 아니라 일상생활에 필요한 정치 · 경제 · 사회생활에 유용한 사회과학을 연구하는 것이라 할 수 있다. 이는 주자학에 대한 반기가 아니라 주자학적인 형이상학적 도덕학이 퇴색하면서 그것을 극복하고자 하는 유교적인 사상이라고 하겠다.

2. 반계 유형원

반계 유형원(柳馨遠,1622~1673)은 전도가 유명한 명문의 수재였으나 관계진출의 길을 포기하고 32세의 나이로 전라도 부안 우반동(愚磻洞)에 은퇴하였다. 반계는 여기서 도탄에 빠진 인생을 구제하고 사회를 바로잡는 개혁의 기초는 토지제도의 개혁에 있다고 주장한다.

토지의 균등한 분배야말로 모든 일의 기초라 하여 공전제(公田制)를 주장

했다. “농사짓는 자가 땅을 가져야 한다”(耕者有田)는 원칙에 따라 전 농토를 국유화한 다음 20세 이상 농민 남자에게 1경(40마지기)을 골고루 분배하여준다. 관리에게는 지위에 따라 2경~12경의 땅을 주고, 받은 자가 죽으면 그 토지를 국가에 반납하게 하여 다시 다른 사람에게 나눠줌으로써 균등한 토지 소유제를 실현하자는 것이다.

이런 공전제(公田制)를 골격으로 하여 조세와 군역의 부담을 그 사람이 받고 있는 토지를 기준으로 부과한다는 것이다. 조세는 관청과 왕족에게 급여, 토지 외의 모든 토지에 세금을 내게 하고, 군역도 토지를 대상으로 일경(一頃)을 받는 농부 넷을 한 단위로 하여 그 중 하나는 정병(正兵), 셋은 보인(保人)으로 구성하는 병농(兵農) 일치의 징병제를 주장했다. 그는 또한 노비제도를 폐지하고 머슴제도로 바꿔야 한다고 했다. 그는 자기의 개혁사상을 모색하는 구체적인 방법에 있어서 역사적 논거에 서서 실증적인 태도를 견지하고 사회의 구체적 · 현실적 관계에 입각하고 있다.

3. 성호 이익

성호 이익(李瀷,1579~1624)은 남인 세도가의 집에서 태어났으나 25세 때 그의 형이 장희빈을 두둔하다가 역적으로 몰려 죽자 큰 충격을 받고 평생 연구에만 몰두했다. 그의 저서 「성호사설(星湖僿說)」은 백과사전적인 저술로 개혁사상을 담고 있다.

그는 토지제도가 모든 것의 기본이라는 데에 유형원과 의견을 같이 한다. ‘땅이 없어 농사짓지 못하는 백성’ 의 증가는 심각한 사회문제였다. 그는 한전법(限田法)을 주장하여 토지 독점을 방지하고 백성들이 골고루 가지게 하려 했다. 점진적으로 균등한 토지 소유를 실현하자는 것이다. 국가에서 일정한 영업전(永業田)을 정하여 그 이상 소유자는 매매를 허락하고 그 이하 소유자는 토지매매를 법으로 금지하는 이론이다. 이는 가난한 자의 토지 소유는 고정시키고, 대토지 소유자의 매매는 허락, 인정하여 균전(均田)의 효과를 보려는 것이다. 그는 금속 화폐의 폐지를 단호히 주장하였는데 금속화폐는 부유한 상인, 탐관오리, 도둑에 편리를 준다고 보았기 때문이다. 중국 중심의 '화이사상'을 극복하고 한국 중심의 왕조 정통을 따져 역사를 기술했다. 이익은 조선조 후기의 실학사상에 있어 하나의 큰 호수로 비유된다.

4. 농암 유수원

농암 유수원(柳壽垣,1694~1755)은 중농학파이며 토지제도 개혁을 중심으로 한 조세 · 군사 · 관료제도 및 시폐(時幣)의 개혁으로 당대의 사회적 문제를 해결하려 했다.

상업제일주의를 주장하여 상업이 번창하면 장사꾼이 각처에서 모여들어 물건이 흔하고 값도 싸게 된다. 守令도 물건을 시장에서 싸게 사게 되면 "민폐가 없고 주현의 지출이 절감된다."고 했다. 관의 토색(討索)도 민폐도 막을 수 있고 영세민의 생계도 마련된다고 한다.

그의 상업관의 골자는 ① 양반을 상업에 종사시킬 것. ② 상업을 천시하는 관념을 고칠 것. ③ 상인들 사이에 합자를 장려하여 경영 규모를 확대할 것. ④ 분업을 장려하여 능률을 올리고, ⑤ 세무 기구를 정비하여 상공업 분야로 세권을 확대 치중하여 토지세에만 의존하는 정책을 고칠 것 등을 역설했다.

5. 담헌 홍대용

담헌 홍대용(洪大容,1731~1783)은 35세 때 중국 북경을 유람할 기회를 얻게 되어 그의 사상에 중대한 영향을 주는 계기가 되었다.

그는 우리나라에서 처음으로 지전설(地轉說)을 주장한 학자로 유명하다. 예컨대 지구설(地球說), 그 인증으로써의 일(日)·월(月)·지구(地球)의 인력에 대한 착안, 태양·지구·달의 크기의 비교, 바람·비·구름·서리·우박·우뢰·번개·무지개·무리(暈) 등 자연계의 여러 현상·기온·주야의 시간차·조석(潮汐)……등등의 설명이 오늘날의 안목으로 보아도 그다지 큰 거리가 없음은 놀라지 않을 수가 없다. "개물성무(開物成務;사람들로 하여금 지식을 펼치게 하여 사업을 달성하도록 하는 것)는 학(學), 행(行)의 쓰임이 아니겠는가, 손양(損讓)과 승강(升降)이 진실로 개물성무(開物成務)의 급무라면 율력(律歷), 산수(算數), 전곡(錢穀), 갑병(甲兵)은 어찌 단서가 아니겠는가"라고 논하고 있다.

담헌의 학문적 태도 및 자연관은 그의 천체론에 현저하게 나타나고 있다. 담헌이 "음양에 얽매이고 의리에 막히어 천도를 살피지 아니하는 것은 선유(先儒)의 잘못이다. 대개 달이 해를 가리우면 일식(日蝕)이 되고 지구가 달을 가리우면 월식(月蝕)이 된다. 경도와 위도가 같고 三界(日·月·地球)가 나란히 일직선으로 위치하게 되면 서로 가려져서 일식(日蝕)과 월식(月蝕)이 되니(이것은 天體의) 운행의 법칙이다."라고 했다. 그는 자연을 객관화해 감으로써 전통적인 주자학에 있어서 내면적으로 결합돼 있었던 도리(道理)와 물리(物理)와의 분리를 기도하고 있었다.

한편 담헌의 '경세(經世)의 학'을 보면 그는 평소에 이율곡의 성학집요(聖學輯要)와 유반계의 반계수록(磻溪隧錄)을 '경세유용(經世有用)의 학'이라 하였지만, 그의 임하경륜(林下經綸)의 기본 구상은 균전(均田), 부병제도(府兵制度)를 토대로 농민의 최저 생활을 보장하는 동시에 재정과 국방의 기반을 확보하려는 것이었다.

당시 배청열이 격렬했던 사이에 담헌은 청조문물(淸朝文物)의 사단취장(捨短取長)을 역설하였는데 여기에서 북학(北學)의 싹이 돋아나고 있음을 알 수 있다.

6. 연암 박지원

연암 박지원(朴趾源,1737~1805)은 벼슬을 싫어하여 황해도 금천(金川) 산 속에서 경제, 정치, 군사, 문학을 공부하고 홍대용과 함께 자연과학에 열중했으며 지동설을 주장하였다.

그는 1780년(정조 4년)에 청나라에 들어가 성경(盛京), 북경(北京), 열하(熱河) 등지를 두루 관람하고 돌아와 열하일기(熱河日記)를 엮었다.

그의 사상체계는 대략 휴머니즘, 민족주의, 실용주의 그리고 이것들의 바탕을 이루고 있는 선진적인 세계관 등으로 이루어져 있다고 볼 수 있다. 그의 비판의 표적은 주로 조선조의 폐쇄적이며 비생산적인 신분제도와 그 같은 제도에 집착하고 있었던 양반의 부패에 집중하고 있었다. 그의 민족주의적 입장에 관해서는 전통적인 중국 중심의 세계관 즉 모화사상과의 대결을 극복했다는 점에서 찾아 볼 수 있다.

연암의 실용주의적 정신은 우주 내지 자연에 대한 자연과학적 태도로 나타났다. 그는 사물을 구체적, 현실적으로 파악하고 실용적인 차원으로 발전시켜 갔다. 그의 실용주의적 사상은 주자학의 철학적 기반이 되어 있는 "오행설(五行說)"에 대해 종래의 사변철학으로부터 벗어나 실용주의적 이용후생의 견지에서 새로운 해석을 가한 홍범우익서(洪範羽翼書)에 집약되어 있다.

7. 초정 박제가

초정 박제가(朴齊家,1750~1805)는 천재적인 재능을 소유하고 있다. 초정은 15세 때 시(詩)·서(書)·화(畵)로 유명했다. 19세 때 북학파와 실학을 토론했다. 그의 저서로는 북학의(北學議)를 비롯하여 정유시집(貞蕤詩集), 정유문집(貞蕤文集)이 있고 명농초고(明農草藁), 규위전운(奎韋全韻), 무예도강통지(武藝圖講通志), 국조병감(國朝兵鑑), 사기영선(史記英選) 등의 편찬물이 있다. 그리고 일성록(日省錄)을 정리하였다.

초정은 북학(北學)은 "생활과 민중에 직결된 학문이다."라고 주장하면서 구빈(救貧)의 방도는 용차(用車)와 용벽(用壁; 벽돌을 만들어 사용하는)에 있다고 했다. 박제가는 몸소 벽돌을 만드는 기술을 연구하여 시범을 보이기도 했다.

그는 각종 농기구를 수입, 똑같이 만들어 보급시켜 원시적 농기구 및 영농기술을 개혁하고 농업의 생산을 높일 것과 상업의 장려와 생산의 진흥을 강조하였다. "경제란 우물과 같은 것이니 계속해서 이용하지 않으면 말라 버린다." "쓸 줄 모르면 만들 줄 모르고 만들 줄을 모르면 민생(民生)이 날로 곤궁해진다."고 하였다. 그는 군비와 기술과 생산력은 표리관계를 이루는 것으로 '병지본(兵之本)' 이고 병기나 훈련은 '병지말(兵之末)' 이라고 하였는데 이는 마치 현대의 생산전, 총력전과 같은 견해를 밝히고 있는 것이다.

8. 다산 정약용

다산 정약용(丁若鏞,1762~1836)은 정조 때 벼슬을 했으나 정조 서거 후 유배되어 강진 다산(茶山)에서 18년 간 지내면서 방대한 학문적 저서를 남겼다. 그의 저서로는 〈경세유표(經世遺表)〉, 〈목민심서(牧民心書)〉, 〈흠흠신서(欽欽新書)〉, 〈역사요감(歷學要鑑)〉, 〈강역노(彊域考)〉, 〈물명노(物名考)〉 등등 약 500권의 저술을 하였다. 그의 저술(著述) 내용을 개괄하면 경(經)에 관한 논설은 시(詩)·서(書)·예(禮)·역(易), 춘추(春秋) 및 사서(四書)를 고증학적으로 연구, 해석하여 옛 선현의 근본 뜻을 밝히고자 노력한 것이고, 목민심서(牧民心書)는 지방행정에 관한 개혁 구상, 즉 지방장관의 민치에 관한 요령과 규율을 말한 것이며, 경세유표(經世遺表)는 관제, 군현제와 전제(田制), 부역, 공시(貢市), 군제, 과제(科制), 해세, 상세, 마정, 선법(船法) 등 중앙행정에 관한 개혁 구상이다. 국가의 기본적인 개혁방향이며 그밖에 치옥(治獄)에 대한 주의와 규범을 밝힌 흠흠신서(欽欽新書)와 지리서, 의학서 등은 매우 요긴하고 소중한 저술이다.

다산은 주로 정치적 · 사회적 실천론에 착안하여 현실주의적 입장에서 그 철학적 기초로써의 새로운 인간론을 제사한 사람이다.

공리적 사고방식을 기초로 하여 정치 사회적 실천론의 철학적 기초를 추구한 점에서 다산 사상의 특징을 찾을 수 있다.

다산은 인간의 성(性)이란 어디까지나 실천적 행위에 의한 결과로써의 선악을 이루게되는 가능성(可能態)을 의미하게 된다. 그리하여 "천(天)은 인간에게 자주지권(自主之權)을 부여함으로써 선을 행하고자 할 때는 선을 행하게 하고 악을 행하고자 할 때에는 악을 행하게 하여 유리부정(遊移不定)하니 그 권(權)은 자기 자신에게 있어 금수에게 정심(定心)이 있는 것과 같지 아니하다"라고 하였다. 인간에 있어서 선악행위의 선택은 인간 자신의 자주지권(自主之權)에 의거한다고 하였다.

다산의 윤리적 가치론을 주자학과의 연관 속에서 보면 인간의 성(性)에는 '본연의 성'과 '기질의 성'이 있다고 하여 인간사회의 윤리적 가치의 원천을 '본연의 성'에 의거하고 있다. 그는 "선을 행한 연후에 덕의 이름이 있게 된다."라고 했다.

덕은 인간의 구체적인 도덕적 실천이 있은 연후에 비로소 정립되는 것으로 인간 행위의 결과에 붙인 이름에 지나지 않는다. 따라서 선악이란 인간의 외계를 향한 구체적인 실천행위에 의해서 존재하게 된다는 것이다.

다산 생존 시대에 있어서 조선조는 삼정(三政)의 문란으로 민심이 극도로 악화되었고 말기적(末期的) 상황을 나타내게 되었다. 이처럼 어려움 속에서 당시의 실학 사상가들은 부국과 내정개혁을 긴급 동의로 제기했고 그것들의 추진방향은 대체로 서학의 선진문화를 적극적으로 수용하자는 입장에 있었다.

이리하여 다산은 중국중심의 사고방식에서 탈피함이 근대화의 기본정신이라고 역설하였다. 조선은 조선의 독자적 정통성이 있을 뿐이라고 하였다.

다산은 실학의 현실화를 위하여 당파 싸움의 지양, 편협한 인권 선발과 불합리한 채용 과정의 개혁, 과세의 공평성, 화폐 사용, 도량형기의 과학적 통일, 국가 재정의 보강, 여전제(閭田制) 실시, 과거 중심의 교육제 지양, 국가 보위에 관한 유비무환의 대책 등을 제시했다.

다산은 조선사회의 근대화를 꿈꾸고 그것을 실천하려한 정신적 선구자였다. 그의 사상적 지적 고민의 창조성은 여전히 오늘의 우리에게 주요한 귀감이 된다.

9. 혜강 최한기

혜강 최한기(崔漢綺,1803~1875)는 유학의 철학을 자연과학적으로 전개하려 한 이른바 과학적인 철학사상의 선구자다. 혜강의 철학은 철저한 주기론(主氣論)에 그 바탕을 둔다. 그는 주기적(主氣的) 입장에서 기는 무한한 에너지의 가능성을 지니고 있다고 본다.

기의 정신화 방향이 신(神)이며 신의 물질화 방향을 기라고 해석하여, 정신과 물질을 어렵게 이원론적으로 구분하는 방향을 배격한다. 정신의 명철은 신에게 생기고 에너지의 힘은 기에서 생긴다고 보고서 신기(神氣)의 묘용(妙用)을 강조하였다.

혜강의 사회사상은 부국론이다. 부국론은 「실사구시」 「이용후생」 「경세치용」의 전 범위에 걸쳐 표현된다. 국리민복의 추구에 도움이 되면 중국이나 서양이나를 가리지 않고 배워야 한다. "실용을 힘쓰는 자가 이기고 허문(虛文)을 숭상하는 자는 굴하며……이롭게 하는 자는 이기고 고루함을 지키는 자가 굴하는 법"이라고 하였다. 그는 서양의 실용사상을 시급히 배워 무서운 서양(西洋) 세력을 이길 수 있는 힘을 길러야 한다고 본다. 그런 점에서 혜강정신은 경험주의, 실증주의, 학용주의의 3요소를 갖고 있다고 할 수 있다. 그의 후천 위주의 사상은 인간 개체의 평등성을 강조한다. 그는 인간의 능력이 중요한 것이지 주어진 신분이 관건이 되는 것이 아니라고 보았다. 그래서 개인의 수준에서 선과 악이나 성패의 문제도 오직 개인의 노력에 의존한다는 것이다.

이렇게 개체의 노력성, 합리성과 기능성을 강조한 혜강은 그런 정신을 실제 생활에서도 적용하여 인재의 등용 방법을 말한다. 즉, 사람을 등용함에 있어서 그 직위에 맞도록 시험을 객관적 · 합리적으로 치러야 한다는 것이다.

혜강의 사회철학은 근대화 작업과의 관계에서 그의 「사심(私心)」의 사상과 연관을 맺는다. 그는 "사농공상(士農工商)과 군대의 일은 모두 시간의 실적이다."라고 천명하였다. 그는 한국의 국학에는 고루한 느낌이 있어서 현실사회의 다원적 계층의 요구와 접목하고 있지 못한 실정을 생각하고 우리에게 열려진 학문을 하도록 권장하는 정신이 살아 움직인다고 하겠다.

이상 실학의 대표적 사상가들을 통해 살펴본 실학은 공통적으로 유교적인 정치, 경제, 사회 질서에 대한 근본적인 반성보다는 시무책(時務策)의 성격을 강하게 가진다. 그러므로 유교적인 테두리 안에 머물고 있음을 보여준다. 따라서 그들의 중화적인 세계관을 깨는 데도 한계가 있었다. 그러므로 개화 이후 서구의 충격에 대한 탄력성을 갖지 못하게 되었다.

02 절 開化思想

1. 서구적 충격과 그 대응

실학의 대두와 천주교의 전래와 번거로운 서구적 제국주의(重商主義)의 동양 침략은 유교적 전통사회에 대한 정치적 · 경제적 · 사상적 위기의식을 불러 일으켰다.

이에 대처한 개국과 쇄국의 방향은 쇄국에서 개국으로 전개되었으니, 양측은 모두 애국심이나 민족의식이 결여되어 있던 것은 아니다. 오늘날 학문하는 사람들은 개국에 대한 긍정적 평가에 비하여 쇄국에 대한 비판적 견해가 높은 것 같다. 발전된 서구 문명을 수용하여야 근대화를 가져오고 국제질서 속에 공존할 수 있는 것은 긍정하지만 서구 식민주의 밑에 깔려있는 침략성과 도덕성 결여를 외면할 수도 없는 것이 사실이다.

1876년에 이루어진 개항(병자수호조약)은 단순한 한일관계의 개선을 넘어선 침략이었다. 물론 개항 이후 구미 각국들에게도 개방되었으나 거의 일본의 독점적인 이권 침투에 있었다. 그들은 개항장과 서울을 기지로 삼아 조계(租界)의 설치, 치외법권, 연안 측량, 무역 등의 조약을 내세워 각처에 그들의 경제적 세력을 침투시켰다. 그들의 경제활동의 부수물들이 한국 근대화에 병행할 수 있는 것도 없는 것은 아니지만 부도덕한 것도 있었다. 이러한 것들이 한국인의 감정을 자극시켰다. 이에 대한 유생들의 반발은 거세게 일어났다. 최익현, 백낙관, 홍재학 등의 격한 상소문이 계속되었다. 최익현은 "이러한 정황이 계속된다면 몇 년 동안에 동토의 수천리는 의지 할 곳이 없이 나라는 반드시 멸망하게 될 것이다."고 하였다.

서세동점과 개항에 따라 유입된 서구적 요소들에 대한 한국인들의 수용자세가 배타적이었음에도 불구하고 민중의 공적인 일본과 수교 동행한다는 것은 한국 민족주의의 오점이 아닐 수 없다.

이러한 모순 속에서 지식인들은 전통문화에 대한 자문화의 수호라는 적극적인 집착력과 한편으로는 전통문화에 대한 자문화의 낙후성을 인식하게 되었다. 여기서 적극적 자주의식이 강렬한 척사적인 지식층(척사파)과 소극적 자주의식을 가진 개화적 지식층(개화파)으로 분열되었다. 전자는 서구 사상에 대한 배타적 입장에 적극적이었고 후자는 서구 사상에 대한 적극적 수용의 자세를 취하였다. 전자는 존중화 양이적이라는 중화사상에 기반을 두고 있지만 후자는 탈중화적이면서도 대외(일본) 의존적이었다. 같은 시기에 나타난 동학사상은 척화(斥華) · 척양(斥洋) · 척왜(斥倭)의 입장이었다. 따라서 위정척사 사상과 개화사상 및 동학사상을 근대 민족주의의 3대 주류를 이루고 있다는 주장도 있다.

2. 실학에서 개화파로

실학사상은 박규수(朴珪壽,1807~1877)가 북경에서 견문한 지식과 연암의 평등의식의 실학사상이 크게 연결되었고, 김정희의 실학사상과 다산의 실학사상이 종적 · 횡적인 인맥을 이루어 개화사상 체계로 접촉 · 복합되어 성숙된 것으로 볼 수 있다.

박규수의 실학과 개화사상의 영향을 받은 문하생 김옥균(1851~1894) 등은 개화 · 개국의 강조를 실감있게 듣고 분석 검토는 하였으나 연소한데다 벼슬이 낮아 정치 일선에 나설 수는 없었다. 그러나 1877년 박규수가 죽은 후 개화에 대한 이념을 실천함에 있어서 적극성을 띠게 되었다. 그는 치도규칙(治道規則)에서 실사구시(實事求是)만 한 것이 없다고 설파하고 서둘러 시행해야 한다고 강조했다. 이것이 그의 개화사상이 실학사상으로부터 연결되어 있음을 뒷받침하는 것이다.

또한 김옥균 등은 오경석, 유대치 등과 접촉하였다. 오경석(1831~1879)은 병자수호 조약을 체결할 때까지 전후 10여 차례나 북경을 왕래하면서 견문한 결과 문명세계(文明世界)로부터 고립무원(孤立無援)하고 쇄국정책만을 고집함으로써 변천하는 세계사조에 낙후되어 후진성을 면치 못한다면 큰 문제가 아닐 수 없다고 판단하고 병자조약의 접견 대관이었던 신헌(1810~1888)을 조력하고 문호 개방을 주장하였던 인물이다.

유대치(1831~?)는 서세동점적(西勢東漸的)인 사조와 자본주의 침투가 점차 저개발 국가로 몰리기 시작함을 깨닫고 지도적 위치에 있는 개화파 인사들에게 비상한 관심을 환기시켰다. 그는 외세에 효과적으로 대처하고 세계 진운(進運) 속에서 한국이 살아남고 능동적 행동을 취할 수 있으려면 낡은 전통을 고치고 신질서를 수용해야 한다고 강조하였다. 유대치는 그의 문하생인 김옥균, 박영효, 홍영식, 서광범 등에게 개화의 유용성과 그 이념을 주입시켰다.

유길준(1856~1914)은 서유견문(西遊見聞)을 저술하여 세계 각국의 지리 · 풍속 · 기물(器物) · 학술 등을 소개하면서 서양 세계를 향하여 자세를 확립하고 있었으며 학문에 있어서 이용후생(利用厚生)의 방도가 없는 것을 「허명(虛名)의 학업」이라 하고 실용에 전의(專意)하는 것을 「실상(實狀)의 학업」이라 하여 학문의 목표를 실용정신에 두었다.

이와 같이 실학사상의 정신이 개화로 연결된 것은 인적 맥락이나 개화사상 속에서 나타나고 있는 실학정신에서 확인될 수 있는 것이다.

3. 개화사상의 형성요인

사상이 그 시대의 역사적 산물이라면 시대의 복합적인 요소들이 작용하였을 것이다. 조선조 말기에 나타나는 내적인 요소와 외적인 요소들에 의하여 형성된 개화사상은 다음과 같은 형성 요인을 들 수 있다.

첫째로, 후기 실학사상이 개화파로 변신한 경우인데 이기(李沂,1848~1900)가 그 예다. 그는 전제개혁(田制改革)을 중심으로 한 중농사상(重農思想)으로부터 민권과 국체에 이르는 광범위한 개혁을 주장하였다.

둘째는 청국의 개명문화를 들 수 있다. 역사적으로 밀착되어 있는 한 · 중 관계에서 청나라를 왕래하는 가운데에서 서구 문물이 한국에 소개된 점이다. 역관 오경석, 영선사 김윤식(1835~1922) 등이나 해국도지(海國圖志), 조선책략(朝鮮策略), 천주교 서적 등이 그것이다.

셋째는 일본(日本)의 명치유신에서 받은 충격이다. 일본 개화에 대한 관심을 가진 것은 이동인(李東仁,1849~1881)이다. 그는 승려로서 일본 공사 화방의질(花房義質)과 접촉하고 1878년 전후에 일본에 건너가 본원사(本願寺)의 풍현철(楓玄哲)과 만난 것이 계기가 되어 일본 개화에 깊은 관심을 가지게 되었다. 김옥균은 유대치의 소개로 이동인을 알게되고 1880년 이동인을 일본에 파견하여 지식습득과 그 보급에 힘썼다.

넷째는 일본을 방문하는 개화파들에 비친 서구적 영향이다. 이것은 유길준(1856~1914)의 독백이나 미국에 파견되었던 민영익(1860~1914), 홍영식 등의 회고에서도 잘 나타나있다. 민영익은 "나는 어둠 속에서 태어나서 밝은 빛을 보고 이제 다시 어둠 속으로 돌아왔다."고 했고, 홍영식(1855~1884)은 "그곳은 너무도 찬란하여 어리둥절했다."고 했다.

다섯 번째로, 불교적인 요소를 들고 있다. 개화의 주역이었던 김옥균이 불교인이었고 불교 신자 유대치(1831~?), 승려 이동인, 승려 탁정식, 유대치의 친구 오경석 등의 개화적인 관계에서 직접 · 간접으로 불교의 영향이 있음을 알 수 있다.

4. 개화사상의 민권의식

한 사상이 그 나라 구성원의 생존과 행복을 외면했다면 아무런 의미가 없는 것이다. 특히 위정자들에게 있어서 애국이나 애족, 국민의 복지 증진은 생명과도 같은 것이다.

개화사상 속에 들어있는 민권사상은 다음과 같이 요약될 수 있을 것이다.

첫째, 계급의식의 타파를 시도했다는 점이다. 꼭 같은 사람이면서 양반·중인·상민·천민의 계급의 틀 속에서 인간을 묶어 놓았던 것은 조선조의 불평등 사회였다. 이는 동족의 비극일 뿐만 아니라 사회 발전을 위해서도 타파되어야 할 악습(惡習)이었다.

둘째, 자유의지를 들 수 있다. 그들은 준법정신과 도덕정신 속에서 타인의 방해를 받지 않고 자유롭게 자기의 직분을 수행하는 것이다. 그것은 생명·재산·영업·집회·종교·언론·명예의 7가지이다. 특히 박문국의 개설로 한성순보와 한성주보의 발간은 큰 의의를 갖는다. 의회의 구성, 정당정치의 제시, 공개정치와 참정권 요구도 나타난다.

셋째, 재산권의 보존이다. 그들은 개인에 대하여 사유 재산을 국법으로 보호하고 법에 따라 세금을 징수하도록 하는 조세 법률주의를 주장한다.

넷째, 법치주의를 지향한다. 즉 하늘이 부여한 권리를 보유케 하여 인간세계의 낙(樂)을 향수 할 것이나, 재판소를 빨리 만들도록 서둘러야 한다는 것은 당연한 지적이었다.

5. 개화사상의 한계

발전된 서구 문물을 도입해서 자강을 꾀하며 국가 발전의 진보적·개혁적 의지를 지녔던 개화사상은 시대 조류에 적절한 대응으로 볼 수도 있다. 그러나 적지 않은 약점이 있음을 지적하고 있다.

첫째, 근대국가의 건설이었지만 근왕사상(勤王思想)을 벗어나지 못하고 있다는 것이다. 이와 같은 사실은 정변 후의 구성된 신정부의 구성원들이 박영효는 물론이고 대체로 왕의 척신(戚臣)들이었다는 점에서 알 수 있다. 또한 김옥균, 박영효(1861~1939) 등 정변 동지들도 투철한 혁명관의 확립이 없었다. 그러므로 갑신정변은 정권 장악에 목표를 둔 쿠데타라고 볼 수 있다.

둘째, 청국에 대한 종속관계를 청산하고 자주독립국가를 건설한다는 것이었지만, 일본으로부터 자금 조달을 받고 일본에 의존적이었기 때문에 자주권 수호에는 소극적이었다. '분별 없는 젊은이들' 이란 미국 외교관들이 개화파를 두고 한 말이다.

셋째, 신분계급의 타파를 주장하면서도 그들의 주체는 양반계급 출신들이며 서민 대중과는 유리되어 있다는 점이다. 그러므로 대중적지지 기반이 없었던 것이다.

개화파는 그들의 근대화에 대한 노력에도 불구하고 자주 없는 개화로 친일파라는 지탄을 면할 수 없게 되었다. 갑신정변이 일본 의존적이었고 독립협회 구성원의 변절이나 이등박문의 환영과 그들이 등에 업었던 일본에 의한 한민족 국가의 소멸을 초래했다는 점에서도 그 오점을 씻을 수 없을 것이다.

03 절 衛正斥邪思想

1. 위정척사사상의 형성

위정척사(衛正斥邪)란 바른 것[정(正)]을 호위하고 그른 것[사(邪)]를 물리친다는 뜻이다. 그런데 무엇을 '정'으로 보고 무엇을 '사'로 보느냐 하는 문제는 어느 민족, 어느 종교, 어느 집단, 어느 시대에 있어서나 공통되게 나타나는 역사적 상황(狀況)과 여건에 따라 달라지기 마련이다. 즉 위정척사란 그 민족의 전통문화에 대한 새로운 문화의 도전이나 전통사회에 대한 이질적인 요소의 침투로 인한 충격이 있을 때 전통문화나 전통사회의 보존을 위하여 형성된 의식형태이다. 그러므로 위정척사사상은 일반적으로 그 민족의 정치적 · 사회적 · 문화적 위기의식 속에서 형성된 역사적 산물인 것이다. 따라서 위정척사의 성격이나 운동의 방향도 그 당시의 역사적 여건과 상황에 따라 강약을 달리하게 된다.

위정척사사상은 조선조말기 서양의 침투라는 위기의식 속에서 형성된 사상이다. 조선왕조는 고려말기의 극도의 혼란과 모순에 빠진 사회를 정리하고 새로운 시대를 열려는 개혁주도세력인 사림(士林)에 의하여 창건되었다. 새로운 정치체제는 새로운 지도 이념이 요구되었으니 고려왕조의 정신적 지주였던 불교를 버리고 신유교철학인 주자학을 새로운 지도 이념으로 삼고 이를 확립하기에 주력한 것이다. 사실 조선조 건국혁명의 주체였던 사대부들은 주자학적 교양을 가졌을 뿐만 아니라 주자학은 주자가 중국의 정통적인 민족주의적 중화문화(中華文化), 특히 유학의 정통성을 강조하였는데, 이는 여진족 금(金)에게 무력적으로 굴욕을 당한 송왕조의 국가적 · 민족적 · 문화적 위기의식이 전개되었기 때문이라는 민족의식이 작용되었던 것이다. 또한 주자학 그 자체가 유교문화의 정통성을 확립하기 위하여 성립된 신유교철학이었으며, 주자의 사서체계(四書體系)가 바로 유교 문화의 도통 확립을 위한 새로운 학문체계였던 것이기 때문에 주자학은 신흥왕조인 조선조 건국 혁명의 명분(名分)과 이념을 제공하였던 것이다.

따라서 조선왕조는 주자학 이외의 제 사상을 이단(異端)으로 보고 사문난적(斯文亂賊)으로 몰아 처단하는 등 강경책을 썼다.

이렇게 강력하게 받아들여진 주자학은 성종조(成宗朝)에 이르러 정립되고 조선왕조 성장에 따라 점차 정통사상으로 정착되었고 유교적 기본 질서(國是)로 확립되었다. 이리하여 조선사회는 유교적 교양을 가진 사림이 정치적 · 사회적 기능을 담당한 지도계층으로 등장하여 국가의 원기로서 조선왕조의 자주와 자립을 위한 본질적 요소로 되었다. 사림은 고려 말의 불평등한 여원관계(麗元關係)에서 평등한 대명관계(對明關係)의 안착이나 왜란시의 의병활동과 호란시의 척화북벌(斥和北伐)의 저항, 서세동점시의 배서운동(排西運動)과 일제에 대한 구국민족운동을 전개하였던 주체들로서 자주와 자립의 역량을 발휘하였다.

조선조에 있어서 초기의 민족운동은 고토(古土) 회복에 그 목표가 있었다. 그러나 왜란시의 의병운동은 민족 자존을 위한 민족의식에 바탕을 둔 민족운동이었다. 즉 왜군에 의해 무방비 · 무정부 상태에 빠진 시점에서 국권회복과 민족생존권의 회복을 위한 사림들의 애국애족의 응결체였던 것이다.

호란 후의 북벌운동은 민족적 치욕을 설욕할 뜻에서 무력에 의해 굴복된 민족적 자존심과 국권 회복을 위한 운동이었다. 조선은 그동안 멸시해 오던 호로인 청과 군신관계를 맺음으로써 민족의 자존성을 상실하고 자주성이 제약을 받게 되었기 때문에 그 회복에 목표를 두었던 것이다.

이 운동의 주축도 사림(士林)이었으면 그 사상적 기반은 춘추대의적(春秋大義的) 화이의식(華夷意識)에 기반을 둔 배타적 민족운동이었다. 그러나 이미 명나라가 멸망했기 때문에 그 문화적 정통성을 조선에서 찾으려는 소중화적(小中華的) 자존심으로 결집되었던 것이다.

효종과 북벌을 계획했던 우암 송시열(1607~1689)은 주자학 전래 이후 도학의 발전에 자부심을 가지고 있었다. 즉 주자어류(朱子語類)에는 고려의 풍속이 좋았다고 쓰여 있었으며, 여말에는 정몽주와 같은 주자학자가 나와 주자서(朱子書)를 나라안에 가르쳐 도학이 점차 보급되었으며, 이언적(李彦迪,1491~1553)·이황(李滉,1501~1570)·이이(李珥,1536~1584)·성혼(成渾,1535~1598)에 이르러 도학이 전성하였으므로 조선을 동이(東夷)로 보는 것은 부당하다고 주장했다. 다시 말하면 화이(華夷)의 구별은 작흥(作興) 여하에 딸린 것임을 강조하고 맹자의 말을 빌어 순(舜)이 동이족의 사람이고 또 문왕이 서이의 사람이면서도 훌륭한 성인이 된 점을 지적하고 중화 문명이 결코 한족의 전유물이 아님을 명백히 하였다.

그러므로 조선조가 정통주자학의 계승자 즉 중화(中華)로 남게 되고 청조는 호로를 면할 수가 없는 것으로 보았다. 이러한 자존의식(自尊意識)은 배서사상(排西思想)이 철저했던 화서 이항로(1792~1868)에게 그대로 계승되었다. 화서는 "상제(上帝)는 진에서 나오며 진(震)은 동방이다. 인(仁)은 모든 선의 으뜸이다. 봄은 사시의 처음이고 각성(角聲)은 오음(五音)의 중간이며 가을에 초목이나 백곡의 열매가 영글어 떨어져도 생의(生意)는 반드시 맹아 속에 맡겨져 있게 마련이다. 이것을 바로 인(仁)이라 한다. 이로써 미루어 보면 즉 하늘의 동쪽은 삼방의 장(長)이 되며 처음과 끝을 맡아 가지고 있음을 알 수 있다. 주나라 말기에는 예악(禮樂)이 동노(東魯)에 있었으며 명나라 말기에는 높은 절기(節氣)와 도학(道學)이 동방(東邦)에 있었음과도 같은 이치라 하겠다."고 하였다. 화서는 여기서 유학을 중심으로 한민족의 동방, 진역(震域)이 생의 시(始)와 종(終)을 맡아 가지고 있는 성역(聖域)으로 보고 있는 것이다. 즉 명나라가 망하고 청나라가 지배하는 세계사 속에서 유독 우리나라만이 윤리·도덕을 보존하고 있어 문화적 중심지로써의 역할이 중요함을 강조하고 있는 것이다.

그런데 서양의 조선 침략은 서구 식민주의에 입각한 열강의 조선에 대한 불평등한 외교의 강요와 군사적 도발이었다. 이에 대한 사림(儒林)들의 배서운동(排西運動)은 국가존망의 위급한 상황과 민족생멸(民族生滅)의 위기를 극복하기 위한 민족운동이었다. 물론 이때의 사상적 기반도 도학적 의리사상에 기반을 둔 화이의식(華夷意識)이었다. 그러나 그것이 민족의 생존권과 국토의 보존, 전통문화의 수호라는 애국애족이 있었기 때문에 민족의식에 바탕을 둔 민족운동인 것이다. 따라서 민족의식은 왜란 때의 의병사상, 호란 때의 척사사상이 서세동점기의 배서사상인 위정척사사상으로 나타났고 다시 배일사상으로 계승되어 항일구국운동으로 나타났던 것이다. 그러므로 위정척사사상은 우리를 정(正)으로 보고 외세를 사(邪)로 보았던 것이다.

서구적 충격에 이어지는 일제의 침략에 대하여 사림들은 왜양일체의 인식 아래 배일사상으로 나타났으니, 일제의 침략은 서구적 식민주의에 입각한 정치, 경제, 군사, 문화 등 포괄적 · 단계적 침략으로, 1876년 병자조약을 계기로 하여 1945년 광복까지인데, 1910년 일제강점까지는 침략 단계, 그 이후는 식민지 통치 기간이다. 일제강점 이전까지의 의병운동은 위정척사사상의 기반 위에서 전개된 민족구국운동이었고 그 이후의 항일운동은 의병운동에서 이어지는 조국 광복을 위한 대중운동이요, 민족주의 운동이었다.

개화 이후의 다양한 항일 민족운동은 그것이 종래의 화이적(華夷的) 척사론(斥邪論)과는 성격과 양상이 다양하였지만 그 사상적 기반과 인적맥락은 외세를 배척해온 역사적 여건과 상황 속에서 형성되어 온 전통문화의 보존, 조국과 민족의 자존(自存)과 자주성의 유지라는 척사적 주체의식에 기반을 둔 위정척사사상과 맥락을 같이 하고 있는 것이다. 그러므로 위정척사사상을 근대 민족주의의 하나로 꼽고 화서를 근대 민족주의의 씨를 뿌린 선비, 근대 민족주의의 선구자로 일컫는 것이다.

2. 서구적 충격과 척사사상

주자학 일변도의 조선조 유교사회가 맞는 18 · 19세기의 서구적 충격은 사림들에게 위정척사운동을 일깨워 준 요인이다. 이수광(1563~1628)이 쓴 「지봉유설」에 천주실의를 소개하고 그 후 천주교 신앙운동이 일어나자 이에 대한 성호 이익, 순암 안정복(1712~1791) 등의 천주교 비판운동이 시작되었다. 그러나 포교활동은 계속되고 때를 같이하여 서구 제국주의 열강들의 침략이 빈번하였다.

그런데 전라도 진산에서 천주교 신자인 윤지충(1759~1791)이 그 어머니 상을 당하여 그의 외종제인 권상연과 함께 신주(神主)를 불태우고 장제(葬祭)를 지내지 않았다. 이것이 문제가 되어 윤 · 권 두 사람의 처벌과 함께 천주교 서적과 양서(洋書)를 불태워 버려야 한다는 주장이 홍낙안(1752~?)으로부터 나왔다. 홍낙안의 천주교 비판뿐만 아니라 정언 · 이경명 · 성균관 유생 송도정 등의 계속되는 척사상소(斥邪上疏)가 올라왔다. 이에 정조는 "양학의 서적을 불태우고……더욱 위정척사의 임무에 힘쓰도록 하라."는 비답을 내렸다. 그리하여 마침내 윤지충 · 권상연 등 신도들이 처형을 받았다. 신앙의 자유를 내세워 이어지는 황사영(1775~1801)의 백서사건(帛書事件)은 포교의 차원을 넘어섰으니, 그는 "조선을 청에 부속시키고 친왕에게 명하여 조선왕국을 감독케 할 것과 전쟁을 모르는 조선에 배 수백 척과 강한 병사 5 · 6만으로 서양 전교대(傳敎隊)을 조직하여 선교사의 포교를 도울 것" 등을 요구하였다. 이는 국가의 통치권과 자주성 · 독립성 마저도 돌보지 않는 외세 의존적 반국가행위가 분명하다.

한편 1868년 4월 덕산군청 습격과 무기탈취 사건, 흥선대원군의 아버지 남연군(?~1822)의 묘가 도굴되는 사건 등으로 서양에 대한 감정이 격화되고 불안해졌다. 그러므로 서교(천주교)에 대한 탄압은 단순한 종교적 차원을 넘어서 국권수호와 전통문화의 수호, 민생안정이란 입장에서 이루어졌던 것이다.

당시 자본주의의 고향이라고 할 수 있는 영국을 비롯한 서구 열강들은 산업혁명을 거쳐 근대자본주의사회를 이룩하고 상품 시장과 원료 공급지 확보를 위해 상선을 이끌고 식민지 개척에 혈안이 되었으며 열강들의 동양침략은 근 30여 차례나 되었다. 영국은 4천여 척의 배를 이끌고 5대양과 6대주에 식민지를 개척해서 세계에서 해가 지지 않는 나라로 불리었다. 1842년 남경조약으로 영국이 홍콩을 점유했고, 1854년 일본이 미국에 의해 강제 개항되었으며 마침내 그 피해가 조선에까지 이르게 된 것이다.

이상과 같은 상황과 여건 속에서 서양에 대한 위기의식이 심화되고 상대적으로 이에 대한 위정척사사상은 고조되었다. 그리하여 화서 이항로, 노사 기정진, 한주 이진상 등을 주축으로 하는 위정척사파의 우국충정이 표출되기 시작하였다.

3. 이항로의 위정척사사상

1) 이항로의 심성(心性)과 인품(人品)

조선조말기 성리학의 대가요, 위정척사파의 거두인 화서는 1792년 부친 우록공 이회장(李晦章)과 모친 전의이씨 사이에 서종면 노문리 벽계에서 출생하였다. 우록공은 벽계로 이주하여 화전을 일구고 농사를 지어 벽계의 최초 개척자로 전해지는 선비이다. 지령은 인걸을 낳는다는 말대로 산수(山水)가 수려한 벽계에서 태어난 화서는 어려서부터 남달리 총명하고 비범하였으며 장부다운 데가 있었다. 화서가 태어났을 때에 조모 신부인(申夫人)이 기뻐하며 "이 아이가 반드시 우리집을 크게 할 것이니 잘 가르쳐라"하였다. 신부인 말대로 화서는 3살부터 '천자문'을 배웠고 5세에는 크고 작은 제사에 참례하였다. 6세에는 십구사략(十九史略)을 읽으면서 천황지황(天皇地皇)의 변을 지었다. 9세에는 주리적 주견(主理的主見)이 서고 14세에는 '천지간에는 오직 한가지 일(학문과 사업)이 있을 뿐이니, 이것을 내가 합당하게 해가야 하겠다.' 고 삶의 목표를 정하였다.

▲ 화서 이항로 선생 진영

17세 때에는 부모(父母) 명에 따라 반시(泮試)를 보러갔다가 시험에 부정이 있음을 보고 "이곳은 선비로서는 다닐 곳이 못된다."하고 되돌아 왔으며 19세 때에는 학질을 200직이나 앓았지만 의지로써 병을 이겨냈다. 21세엔 죽촌(竹村) 이우신(李友信)을 찾아가 담론하던 중 죽촌이 경기도 천거에서 화서를 추천하려 했기에 사사로운 정에 의했다고 왕래를 끊었다.

화서는 위기(爲己) 공부에 주력하면서 논어, 맹자, 중용, 대학을 주로 삼고 주자(朱子)의 집주(集註)와 장구(章句)를 익히고 더욱 주자대전과 송자대전을 터득하여 공자(孔子)→주자(朱子)→송자(宋子)의 학통(學統)을 계승하였다.

집을 다스리는데 있어선 근검 절약 예비를 치가삼원칙(治家三原則)으로 삼았고 나라 살림도 이와 다를 바가 없다고 하였다. 30대가 되어선 명성(名聲)이 날려 사방에서 찾아오는 사람이 많았다. 그리하여 쌍계사나 고달사에 머물면서 공부에 전념하였다. 그러나 제자로 따르는 자가 많았으니, 벽계구곡 산림이 무성하고 경치가 장관을 이룬 곳에서 시를 읊으면서 제자들과 담론하는 초연한 모습은 마치 신선의 세계와도 같았다.

장회진 · 양헌수 · 유중교 · 최익현 · 박문일이 찾아와 글을 배웠고 김평묵이 찾아와 제자가 되었으며 유인석 · 유홍석 · 홍재학 · 백낙관 등이 제자가 되어 글을 배웠다. 화서는 서세동점(西勢東漸)을 걱정하여 시(詩)를 지었는데 「헐어지고 좁은 말만한 집에, 만곡도 넘는 근심이 차곡차곡 쌓였네. 천지에는 봄소식이 적적한데, 바람과 비는 밤새도록 그칠 줄 모르네. 호수의 파란은 요란하기만 한데, 서양 귀신 도깨비는 깊숙이 도사리고 있구나. 동쪽 바다가 아직 얕아지지 않았거니, 어찌 우리 도(道)가 길게 휴실될까보냐」하면서 어지러운 세상과 장차 올 나라의 세태를 걱정하였다. 그리하여 강학규칙에서도 「북쪽 오랑캐(淸)들은 의관(衣冠)을 부숴 없애고 서쪽 귀신(서양)들은 심술(心術)을 좀먹고 있으니 마땅히 몸을 꼿꼿이 하고 다리를 세우며 마음을 밝히고 눈을 부릅떠 성현(聖賢)들의 가르침과 부조(父祖)의 유업을 추락시키지 말 것이니, 이것이 선비 된 사람의 철두철미한 법문(法文)이다」고 강조하였다. 그러하듯 화서는 제자들에게 위정척사를 주창하여 주체의식(主體意識)을 고취하고 '애군여부(愛君如父) 우국여가(憂國如家)' 를 선비된 자의 본받을 바 표적이라고 역설하여 애국애족하는 충의기절지인(忠義氣節之人)을 배출하였다.

화서는 제수되는 화려한 벼슬도 사양하고 초야에 묻혀 추진(後進)을 양성하면서 말만 극대화하던 선비들과는 달리 현실을 걱정하고 염려하여 병인양요시에는 나라의 부름에 응하였다. 화서는 말하기를 "내가 비록 병들어 곧 죽게 되어있는 사람이나 선비로서 일명(一命)이상인 자는 평일에 있어서는 마땅히 사퇴하고 양보하는 것으로써 의리를 삼아야 하나 일단 국가에 환란이 있게 된 떼에는 즉각 달려가 협력하는 것으로써 의리를 삼아야 하는 것인데, 하물며 나는 국가의 후한 은혜를 입었고 또한 교외 백리 내에 있으면서 군부(君父)의 위급을 돌보지 아니하여 되겠는가"하며 견여에 실려 황급히 상경하여 방책을 건의하였다.

화서는 상소문에서 전수척화(戰守斥和)론을 주장하였다. 조정에서는 이를 받아들였고 화서 문인 양헌수가 불란서 함대를 격퇴하였다. 1868년 3월 18일 화서가 별세할 때에 큰 별이 동남쪽에 떨어져 광채를 내더니 사라졌다. 이 어찌 우연한 일이라 하겠는가.

고종은 화서의 제문에서 하기를 "오직 경은 난세를 다스리고자 하늘의 기운을 타고 난 삼대(三代: 夏 · 殷 · 周) 시대의 순수한 인물로서 밝고 슬기로우며 강직하고 과감하여 뭇 사람을 초월하였다고 했으며, 또한 오래도록 살아서 도맥(道脉)을 길이 전해 달라고 하였는데 하늘은 어찌하여 화서를 남겨두지 않았는가"하면서 슬퍼하였다. 또한 나라가 안정된 것은 경의 아름다움을 힘입은 덕택이라고 하며 슬픈 마음이 더하여진다고 화서의 죽음을 애도하였다. 화서의 위정척사사상은 그 문인연원(門人淵源)들에게 계승되어 화서학파가 항일구국운동의 근간을 이루었다.

2) 주리적(主理的) 동정서사론(東正西邪論)

화서는 사학(邪學)의 나라 서양을 이단(異端)이라는 화이적(華夷的) 성격에서 이단으로 보고 양교(洋敎)와 양적(洋賊)으로 구분하고, 조선과 서양을 사람과 짐승이라는 차등적(差等的) 관념에서 서로 화합할 수 없는 정(正)과 사(邪)의 구분을 이기설(理氣說)로 분명히 하였다. 화서는 주자가 말하기를 이(理)와 기(氣)는 결코 두 가지 사물(事物)이라고 하였고, 이 말은 성현(聖賢)들이 서로 전하여 온 결정된 안이라고 하고, 대개 이(理)는 선(善)하지 않은 것이 없는데, 기(氣)는 선한 것과 악한 것이 있으니, 하나와 둘, 선(善)과 악(惡)이 어떻게 합하여 하나가 될 수 있겠는가 라고 하였다.

또한 이기(理氣)는 서로 필요할 때도 있고 서로 항거할 때도 있는데 서로 필요할 때라는 것은 사람에게 말, 장수에게 졸병과 같은 것이요, 서로 항거할 때라는 것은 곡식과 잡초, 효자와 도적 같은 이치(理致)라며 이기(理氣)가

상합(相合)할 경우 안정과 질서라는 정(正)으로, 상충(相衝)을 혼란과 파괴라는 사(邪)로 규정하고 있다. 상합(相合)의 경우는 정(正)과 정(正), 선(善)과 선(善)이 결합하는 관계로 기(氣)가 이(理)를 위하여 긍정적으로 활용될 경우이고, 상충(相衝)의 경우는 정(正)과 사(邪), 선(善)과 악(惡)이 결합하는 관계로 기(氣)가 이(理)에 반하여 부정적으로 활용될 경우인데, 전자의 경우 천하(天下)는 안정되고 후자의 경우 천하는 혼란하여진다고 보았다. 여기서 이주기객(理主氣客)의 성리학적(性理學的) 기본사상(基本思想)이 강하게 나타나고 있음을 볼 수 있다.

이와 같은 화서의 주리적(主理的) 입장에서 당시의 대서양관계(對西洋關係)라는 국제상황과 연결시켜 보면, 서양은 조선과 상합(相合)될 수 없는 모순을 지니고 있었다. 그것은 서양의 무력적으로 조선을 침략하는 것은 불선(不善=邪)이고 조선이 서양의 무력적 침략에 저항하며 자존(自存)하고자 하는 것은 선(善=正)이니, 조선(理)과 서양(氣)이 상합될 수 없는 것이다.

화서가 조선의 자기(유교) 질서의 안정을 이(理)로 보고 서양이란 객체의 침략을 기(氣)로 보는 것은 보국안민(保國安民)하는 주체의식에 기반을 두었기 때문이다. 이것은 화서가 주자학을 조술(祖述)하고, 공자(孔子), 주자(朱子), 송자(宋子)의 도통(道統)을 계승하였고 애군여부 우국여가(愛君如父 憂國如家)라는 애국사상과 자주의식에 연유되는 바로서 위정척사사상의 기초가 되었다.

3) 척사론(斥邪論)

1966년 병인양요시에 화서는 상소(上疏)를 통하여 당시의 상황을 위급존망지추(危急存亡之秋)로 단정하고 조선이 취해야 할 태도를 제시하였다. 화서는 상소문에서 "오늘날 국론(國論)이 交 · 戰 양설(兩說)로 나누어지고 있다. 양적(羊賊)을 공격해야 한다는 주장은 우리측의 주장이요, 양적(洋賊)과 화교(和交)해야 한다는 주장은 적 쪽의 주장이다. 적을 공격하면 나라의 의상지구(衣裳之舊; 전통문화)를 보전할 수 있고 적들과 화교하면 인류(人類)가 금수(禽獸) 지경에 빠지고 만다. 이것은 큰 갈림길이다. ……또한 국변지론(國邊之論)을 주장하는 사람도 또한 양설(兩說)이 있으니, 하나는 전수지설(戰守之說)이요, 다른 하나는 거빈지설(去邠之說; 피난)이다. 생각건대 싸우면서 고수하자는 것은 떳떳한 원칙이요, 거빈하자는 것은 변칙적인 방법이다. 상경(常經)은 모든 사람이 지킬 수 있으나 달권은 성인이 아니고서는 불가능한 일이니, 태왕(周 文王의 祖父)과 같은 덕(德)이 있으면 그것이 가능하지만 그렇지 않으면 장보러 가듯이 모이는 호응이 없는 것이다. 백성은 한번 흩어지면 다시 집합하기 어려운 것이요, 대세(大勢)는 한번 가면 다시 오지 않는다. ……전하가 사변을 당하였다 할 경우 차라리 상경(常經)을 지킬 것이지 거연(遽然)히 성인지사(成人之事)로써 자황(自況)하여서는 안된다. 전하가 이제 전수(戰守)의 태도를 취하여 그 뜻을 견정(堅定)하고 비록 만부(萬夫)가 저요(沮撓)한다 하여도 조금도 동요하지 않는다면 암록파벽(暗聾破躄)들 까지도 원기백배(元氣百倍)할 것이니……이제 빨리 애통한 교령(敎令)을 내려 침구(政寇)의 이유를 스스로 송변(訟辯)하고 선후(善後)의 의지를 명시한다면……거기서부터 민정(民情)을 고발(鼓發)시킬 실마리를 얻게 될 것이다.……"고 하였다.

이 글은 서양의 침입에 대한 화서의 대표적인 척사론(斥邪論)이다. 화서는 여기서 서양을 적(賊)으로 보고 양적의 침입을 국가 존망(存亡)의 위급한 일로 단정하여 교화(交和)를 반대하고 주전척화(主戰斥和)를 적극적으로 주장하였다. 그 이유는 서양의 문물은 우리 고유의 질서를 파괴하게 되고 그것은 국가의 존망(存亡)의 화로 직결되기 때문이다. 화서는 양적에 대한 대응책으로 "널리 언론(言路)을 열어서 중론(衆論)을 들을 것과 장재(將材)를 선발하여 무비(武備)를 정비할 것, 8도 내의 인망(人望)이 있는 사람을 택하여 소사

(召使)라 호칭하여 위권(威權)으로 임하게 하고 또한 작록지영(爵祿之榮)으로 부관(副官)들을 보상하여 충의기절지인(忠義氣節之人)으로 하여금 의려(義旅)를 삼아서 관료와 함께 서로 응원하여 적이 오거든 절충어모(折衝禦侮)하여 왕실을 보위하고 적이 물러가거든 윤리(倫理)를 밝혀 사교(邪敎)를 종식(終息)케 하는 것이 전화위복의 계기가 될 것이다."고 하였다. 즉, 화서는 국가 존망의 위기 극복책으로 민중(民衆)의 의지를 기본으로 한 단결된 저항과 윤리도덕의 확립이 요구된다고 주장하고 있다.

4) 양화론(洋禍論)

화서는 서양인(西洋人)들이 우리나라에 들어와 사학(邪學)을 전파하는 이유는 다른 곳에 있는 것이 아니라, 자기 동정자를 구하고 그들과 상통(相通)하여 우리나라의 허실(虛實)을 정탐함이요, 후에는 군대를 이끌고 들어와 아름다운 우리 풍속을 진창 속에 쓸어 넣고 우리의 재물을 약탈해서 자기들의 한량없는 탐욕을 채우려는 데에 있다고 주장함으로써 인간의 윤리 도덕을 문란케 하는 천당지옥설(天堂地獄說)이란 황당무계한 교리(敎理)를 배척하고 조상전래(祖上傳來)의 미풍양속을 어지럽게 하는 온갖 사상을 배척하였다.

그것은 사람은 도(道)를 떠나서 생존(生存)할 수 없는데 삼강오륜(三綱五倫)을 모르는 서양과의 교화는 결국 국가도 망하게 되고 사람도 생존할 수 없는 상태에 빠지게 된다는 화서의 애국애족 사상과 성리학적(性理學的) 윤리관념에서 당연히 표출되는 바인 것이다. 화서는 "무릇 양물(洋物)이 흘러 들어 옴에는 그 표본이 심히 많으나 그것은 모두가 기기음교(奇技淫巧)한 것으로 민생일용(民生日用)에 무익할 뿐만 아니라 매우 큰 화(禍)가 되는 것이다. ……하물며 그들의 재화는 손에 의하여 생산된 것(工産品)으로 일계(日計)도 유여(有餘)한 것이요, 우리 재화는 토지에서 생산되는 것(農産品)으로 세계(歲計)에도 부족한 것이다. 부족한 것으로 유여한 것과 교역(交易)한다면 우리가 어찌 곤란하게 되지 않겠는가. 일계(日計)로써 세계(歲計)에 대한다면 어찌 넉넉해지겠는가. 그렇게 되면 저들의 왕래가 무상(無常)하고 혹은 민간에 잠거하여 우리 민속을 바꾸게 하며 혹은 연해지(沿海地)에서 출몰하여 지방 도읍을 분략(焚掠)하게 될 것이니, 그것은 국가의 큰 은혜를 외면하는 바가 되는 것이다."고 하였다. 화서는 서양의 물건은 사치품으로 무용지물(無用之物)이요, 만약 부족한 생활 필수품과 넉넉한 사치품과의 교역은 결국은 경제적 우월과 종속(從屬)은 뻔한 것이니, 보호무역정책을 쓰는 서양에 대해서 보호무역정책으로 대결해야 한다는 위기 극복책을 주장하였다.

또한 화서는 상소문에서 "수양제가 고구려 침입 때에 그 형세가 만근으로 새알을 누르는 것보다 더했지만 을지문덕이 적을 패배시켰고 또 당태종의 영용이 천하무적(天下無敵)이었지만 안시성 싸움에서 패배하였으며 고려 말 홍건적 20여만을 태조(太祖)가 격퇴했다."는 등 역사의식을 일깨워 승리의 자신감을 불러 일으켰고 "오늘의 작은 우환을 가벼이 보고 안일에 빠져있다가는 후일 백배의 환란이 닥칠 것이기 때문에 양적을 가차없이 응징할 것"도 역설하였다. 화서는 당시 척화자존(斥和自存)이라는 조선조의 절박한 난국 타개책으로 위민정치관(爲民政治觀)에 입각하여 첫째로 토목(土木)의 부역을 중지하고, 둘째로 백성을 괴롭히는 정치를 금하고, 셋째로 사치의 습속을 버리고, 넷째로 궁실(宮室)을 낮추고 조의조식(粗衣粗食)하여 민사(民事)에 힘쓴 연후에 비로소 양적을 물리칠 수 있고 국가를 보존할 수 있다는 내수외양(內修外攘)의 방책을 써서 보국안민할 것을 제시하였다.

4. 기정진의 위정척사사상

노사 기정진(奇正鎭,1798~1876)은 재야의 사림으로 주리설(主理說)의 입장에서 위정척사사상을 주장하였다. 그런 점에서 화서와 시대적 사회적 배경을 같이한다고 하겠다. 노사는 이(理)를 사물의 법칙성으로 이해하고 그것을 목적과 의지를 가진 최고의 주체자로 보았다. 따라서 이는 세계 만물을 규제하며, 사회질서와 인간의 운명도 지배하는 것으로 세계의 시원(始原)은 이일(理一)의 세계요, 현상은 분수(分數)의 세계라는 우주론을 전개하였다. 그러나 이일과 분수는 대립되는 것이 아니라 이일이 곧 분수요, 분수가 곧 이일이라 봄으로써 본체와 현상을 유기적으로 파악하였다. 그리하여 인간의 이(理)와 금수의 이(理)를 엄별하고 그것을 화이의식(華夷意識)의 기초로 하고 위정척사론의 이론적 근거로 삼았다. 노사는 병인양요 때에 척사소(斥邪疏)에서 개국의 불가함을 진술하였다.

먼저 서양이 통교(通交)하려는 이유는 팽창주의에 입각한 저들의 무한한 욕망으로써 저들과 통교(通交)하게 될 경우,

① 정치적으로 국가를 복속시키고

② 경제적으로 우리의 강토를 저들의 원료 공급지화하고

③ 문화적으로 우리의 윤리도덕을 버리고 저들의 풍속을 전파시키고

④ 사회적으로 우리의 부녀자를 약탈하려는 것이고

⑤ 민족적으로는 우리를 금수로 만들려는 것으로 보았다.

그러므로 서양과의 통교를 막기 위하여는 국가에는 먼저 일정한 정책이 있고 그 정책에 따라 군신이 상서(相誓)하는 마음이 있어야 만인(萬人)의 정신심술(精神心術)이 귀일(歸一)할 수 있어 공을 이룰 수 있다고 군민(群民)의 합일된 결의를 촉구하였다.

노사의 이러한 척사위정(斥邪衛正)의 사고는 조선조 말기의 변화하는 역사적 상황을 예리하게 분석한 통찰력과 애국 우국의 의지였음을 알 수 있다.

결국 화서나 노사의 애국우국(愛國憂國)의 일념은 위정척사를 민족 자존의 애국애족 사상으로 응결시켜 주는 원기로써 그 문인연원들에게 계승되고

심화되어 민족 자주사상과 민족운동의 원동력이 되었다.

5. 송병선의 위정척사사상

연재(淵齋) 송병선(1836~1905)는 위정척사운동을 순국으로써 실천한 위정척사론자이다. 그는 혹은 벽사설(闢邪說)을 배척하고, 혹은 사론을 선동하여 일본과의 조약을 반대함으로써 위정척사에 힘을 기울였다. 1905년 을사보호조약이 강제로 체결됐다는 소식을 듣고, 그는 통분한 나머지 수일간 단식하다가 왕께 조약의 파기를 상소하였다. 뜻을 이루지 못하자 「나라 망하고, 도(道) 망하고, 인류 또한 멸망하게 되니 내가 처할 곳은 오직 하나 사자(死者)뿐, 죽음을 무릅쓰고 오왕(吾王)께 간(諫) 하노라」는 굳은 결심으로 상경하여 수차십조(袖箚十條)를 올려 조약 파기와 적신(賊臣)의 참형을 극간하였다. 10조의내용은 다음과 같다.

① 제적(諸賊)을 참하여 왕법을 세울 것
② 현능자(賢能者)를 천거하여 부임(部任)을 충실케 할 것
③ 맹전(盟戰)에 의거하여 각관(各館)을 공제(公制)할 것
④ 기강을 세워 명분을 정할 것
⑤ 어사를 파견하여 민정을 순찰할 것
⑥ 재정을 정비하여 국용(國用)을 펼 것
⑦ 정학(正學)을 숭상하여 현사(賢士)를 양성할 것
⑧ 사설(邪說)을 밝혀서 적당(賊黨)을 막을 것
⑨ 법률을 명백히 하여 송사(訟事)를 고르게 할 것
⑩ 군사력을 길러 정우(正虞)를 갖출 것

국가존망지추(國家存亡之秋)를 당하여 위에서 열거한 수차십조(袖箚十條)를 올리고, 왕 앞에서 "나라가 있어야 도(道)가 존재하는 법이오니 이제 폐하의 나라가 이미 망하였은 즉 천하의 도가 또한 망한 것이오니 천폐지척(天陛咫尺)이 곧 신이 죽을 장소입니다. 청한 바를 허락하지 아니하면 물러갈 수 없습니다."라고 버틴 그의 충렬심이 눈앞에 선한 것 같다.

연재는 궁중에서 일단 물러 나왔다. 이 때 경무사 윤철규(尹喆圭)가 교자를 가지고 와 말하기를 "일본헌병이 강박할 염려가 있으니 타라."하고 선생을 속였다. 선생이 교자에서 내려보니 그곳은 남대문 밖이었다. 그러나 일본 헌병이 뛰어와서 몸수색을 하고 임금의 명령이라 하며 강제로 연재를 열차에 태워 대전역에서 내리게 했다. 연재는 이같은 지경을 당하며 "한 걸음 옮기면 한 걸음 옮기는 치욕이 있고 두 걸음 옮기면 두 걸음 옮기는 치욕이 있다."고 한탄하고 통분하면서 석남촌(지금 동구 판암동)에 있는 옛집으로 돌아왔다.

그러나 야속하게도 경무사 윤철규에게 속아 일본 헌병에게 인도된 채, 고향인 대전으로 강제 압송되자 만사가 여의치 못함을 깨닫고 의관을 바로잡고 북쪽을 향해 네 번 절한 후 음독 자결하니, 그 최후의 장렬함이 후세에까지 전해지게 되었다.

이 같은 연재의 애국 정신과 민족 정의가 순절을 통하여 여지없이 발로되었다.

6. 위정척사사상의 현대적 의의

유구한 역사를 이어오는 동안에 나타났다 사라진 국가들은 그것이 소위 오늘날의 민주주의 국가가 아니었고 국왕도 민주 선거에 의한 대통령과는 다르더라도 똑같은 우리 민족국가였고 민본적(民本的) 입장에서 존재해 왔다는 사실에서, 수 천년 전의 애국애족은 그대로 오늘날에도 똑같은 의미의 애국애족이 되는 것이며 국가나 국왕에 대한 충성도 옛날이나 지금이나 다를 바 없다.

그런데 역사적 발전에는 전통수호(傳統守護)의 의지와 진보개혁(進步改革)의 의지가 균형을 이루지 않으면 안 된다. 그것은 개혁에 치우치면 전통을 상실하기 쉽고 전통에 집착하면 발전이 정체되고 국제사회에서 낙오될 위험이 있기 때문이다. 양자는 입장을 달리할 뿐 애국이라는 데에서는 일치한다. 그러므로 균형이 깨지고 갈등이 있게되면 역사의 정상적 발전보다는 역사의 오점을 남기기 쉽다. 전통의 의지든 개혁의 의지든 그 결과가 국가와 민족에게 어떤 이익을, 어떤 해악을 가져오느냐에 따라 평가가 달라질 수밖에 없고 거기에 대한 반성이 있게 마련이다. 그리고 중요한 것은 물질적 혜택보다는 정신적 맥락이 중요시되어야 하는 것이다. 정신적 맥락을 잃은 문명(文明)의 진보는 뿌리 없는 나무요, 모래 위에 세운 집이나 마찬가지의 결과를 초래하기 때문이다. 오늘 한국사를 이끌어 가는 주체인 우리 민족은 이 점을 잊어서는 안될 것이다.

위정척사파가 대두했던 조선조 말기의 국가와 군주는 소위 봉건국가, 봉건군주라 하더라도 그들이 문도들에게 철저하게 가르쳤던 애국사상이나 화서가 제자들에게 역설했던 애군여부 우국여가(愛君如父 憂國如家)는 오늘날에도 지켜져야 할 주체사상이요, 민족윤리이다. 그것은 혼란한 시대를 맞이하여 화서를 비롯한 위정척사파들의 의병운동과 독립운동의 인적계보에서 입증되고 있다.

화서의 중화사상(中心思想)은 공자, 주자, 송자의 도학적 의리정신에 기반을 두고 있다. 그의 일생은 사곡(邪曲)을 배척하고 정직(正直)에 서서 의리와 실천으로 일관되었다.

첫째, 화서의 위정척사사상은 춘추대의(春秋大義)라는 중화사상(中華思

想)에서 벗어나지 못하고 있다. 그러나 조선조에 대하여는 조선도 원래 중국은 아니었지만, 중국에 나아가 능히 만이(變夷)를 하였기 때문에 조선만은 이미 이(夷)가 아니고 동화(東華)라고 하였다. 화서는 조선조가 군사적 열세 때문에 청조(淸朝)와 사대관계를 맺고 있었으나, 문화 이념에서 청조를 비하시키고 지상에서 사라진 명조(明朝)를 매개로 하여 스스로를 '중화(中華)'의 계승자로 자처한 우암 송시열의 소중화사상(小中華思想)에 심취하였다. 따라서 동양사회의 역사적 주체는 오직 조선민이라고 강조한 것이다.

둘째, 중화적 유일한 조선조가 서양이라는 양교와 양적에 의해 민족과 국가가 위급한 생멸의 상황에 처하였다. 이러한 위급한 현실문제를 타개하기 위하여 역사적 사실을 재 강조하면서 민중의 의지를 기반으로 한 민족적 저항의식을 고취하였다.

셋째, 민중의 대동단결로써 민족적 에너지를 창출해 내기 위해서는 국왕 스스로가 양화를 막는데 솔선수범 하여 백성의 모범이 되어야 한다고 강조하고, 다시 사회적 모순을 극복하기 위하여 그 시정책을 제시하여 내수자강(內修自强)을 주장하고 있다.

넷째, 화서는 양화의 가장 심각한 것은 서구 자본주의의 침투로 조선의 농업경제의 모순을 초래하게 된다는 점을 지적하여 공산품이요 사치품인 양물의 교역은 농산품이요 생활필수품인 우리의 경제적 파탄을 가져와 결국 국가를 망치게 될 것이라고 전망하였다.

화서를 비롯한 위정척사파들에 의해 전개된 위정척사사상과 창의호국운동(倡義護國運動)은 당시 외적의 침입에 대한 위급한 상황에서 자기 문화와 자기 질서를 지켜 국가와 민족의 생존을 보호하고자 하는 우국애족적(憂國愛族的) 일념에서 전개된 것이다.

자주자강 없는 자기의 무모한 개방은 결국 나라와 민족을 망칠 수밖에 없다는 위정척사파들의 주장은 병자조약으로 문호개방 이후 일본 등 열강들에 의해 조선이 침식당하고 급기야는 일본 식민지가 되었다는 역사적 사실을 꿰뚫어 보았던 것이다.

국가와 민족이 위급한 상황에 처하여 화서를 비롯한 위정척사파들의 구국운동은 그 인적계보가 독립운동으로 계승됐다. 그 항일운동이 위정척사사상에서 벗어난 대중운동의 성격을 띠었다 하더라도 조국 광복까지의 화서 문인 연원이 그 중심을 이루고 있다는 데서 그 정신이 근대 민족주의적 성격을 지니고 있으며 한민족사의 빛나는 정신사적 지주가 되었다고 하겠다.

개화라는 미명 하에서 전개된 근대사(近代史)가 1905년 주권 상실, 1910년 국가소멸이라는 민족적 비극을 초래하였던 자주 없는 개화에 반대 항거한 위정척사사상은 자주적 민족사상의 근간이 된 것은 부인할 수 없다.

만약 통상(通商)이나 개화라는 명분으로 모두가 그 대열에 섰을 뿐, 서구 열강제국의 침략과 일제 침략의 역사를 꿰뚫어본 사림(士林)의 위정척사운동의 전개가 없었다면, 화서학파들의 구국운동이 없었다면 오늘의 역사는 달라졌을 것이다. 그런 의미에서 위정척사사상의 현대적 조명이 있어야 할 것이다.

5부 民族思想과 事大思想

01절 民族主體性과 事大思想

1. 서 언

우리 민족은 오랜 역사를 통하여 주변 환경에 적응 또는 영향을 받으며 번영과 수난을 되풀이하면서 줄기차게 그 명맥을 이어오고 있다. 인접한 주변 민족 · 국가들로부터 정치적 · 경제적 · 군사적 · 문화적 · 사상적 위협을 받으면서도 외세에 굴함이 없이 전통과 생존을 보전해온 것이니, 이는 오로지 자주와 독립이라는 민족주체성이 강력히 흐르고 있었기 때문이다. 그러나 간혹 시대에 따라 사대사상이니 의타성이니 하는 나쁜 민족성을 운운하는 경우도 있어, 이에 대한 올바른 인식과 이러한 왜곡(歪曲)된 주장을 배격하지 않으면 안될 입장도 있다.

주체성이니 사대성이니 하는 문제는 타민족 · 타국가와의 관계에서 나타나기 때문에 역사적 단계에서 민족 주체들이 어떻게 대외관계를 유지하여왔는가를 바로 이해하는 것이 필요하다.

우리 민족사에 나타난 대외관계는 어느 시대나 정치 · 외교 · 군사 · 경제 · 문화 등의 교류 관계를 이루면서 대상국에 따라 그 차이를 두고 전개시켰다. 그러나 그 기본정신은 평화와 선린우호에 있었다.

우리 민족의 대외관계는 일반적으로 19세기 중엽까지는 동양을 중심으로 전개되었던 것이 19세기 이후부터 구미제국으로 전개되어 가고 있다. 그리고 동양 중심에서도 국력이나 문화면에서 우수한 한족(漢族)과 다른 미개한 민족을 구분하여 차별하였다. 그래서 때로는 업신여김도 받고 침략도 받아 굴복도 하고 난국을 슬기롭게 극복도 하면서 역사적 단계를 연결시켜왔던 것이다.

우리 민족은 타민족에 의한 시련을 맞을 때마다 민족주체의식이 나타나

이를 극복하였던 것이니, 한군현(漢郡縣)의 소멸과 고대국가의 발전, 고구려의 수 · 당의 침공 격퇴, 신라의 당군 축출과 통일국가의 완성, 고려의 요(遼)와 금(金)과의 관계에서, 고려와 元과의 관계에서 자주(自主)와 저항으로 일관했던 사실(史實)을 입증할 수 있다. 그리고 조선조에 와서 대명정책에서, 왜란과 호란에서, 중상주의 정책을 써서 동방 경략에 따른 양요시대에도 그러하였고 일제 식민지 통치와 항일 광복운동에서 나타난 것이 모두 한민족의 자존과 생존권을 위하여 사대성을 배제한 민족주체성의 발로인 것이다. 우리가 어려운 시기를 당할 때마다 민족의 단결과 슬기로 극복하자는 것도 한민족사를 면면히 이어온 역사의식에서 재확립된 민족 주체사상에 근거하고 있는 것이다.

지나온 역사가 그러했듯이 우리의 평화적 노력에도 불구하고 주변 정세는 북괴와 그 배후 세력에 의해 언제 또 조국의 평화와 안정을 깨뜨리고 분화구로 만들지 모르는 긴장상태에 처해 있다.

난국을 극복하는 과정에서 나타난 상황의 대처를 일부 사학자나 지식인들이 바로 인식하지 못하고 마치 과거의 역사가 사대사상에서 일관되어 온 것처럼 「사대주의」란 말을 남발하고 과거 역사를 비난하고 있는데 이것은 민족 주체성을 바로 인식하지 못한 자기 역사의 왜곡이요, 자기 민족의 비하인 것이다. 만약 과거 역사에서 사대를 꼬집어 낸다면 오늘의 한국사, 즉 대서양 관계 특히, 한(韓) · 미(美)관계와 한 · 중관계는 정치, 경제, 문화, 교육, 군사 면에서 사대주의 정책으로 보아야 한다는 논리가 성립된다. 참으로 한국사를 바로 아는 한국인, 주체성이 확립된 한국인은 사대주의란 말을 사용하지 않을 것이다.

그러므로 한민족사의 대외관계에서 잘못 인식되고 날조되어 온 사대주의 사관을 배격하고 민족 주체성의 확립이 국난을 극복하고 전통과 민족생존권을 보존해 왔다는 사실에 입각 민족사관의 올바른 정립과 민족 주체성의 확립이 강조되고 있다.

2. 민족주체성

주체성(主體性)이란 말은 주체 또는 주체적인 것을 뜻한다. 철학적으로 주관이 인식론적(認識論的) 의미에서 초개인적 · 형식적 순수의식 등의 의미를 갖는데 반하여, 주체는 존재적 · 윤리적 · 실천적 의미에서 의식과 신체를 가진 존재자, 행위하여 활동하는 개체적 발동자를 의미한다. 주체는 의식과 신체를 가진 '인간'의 인간적인 것을 의미하는 것이라 할 수 있다.

니히체는 「신은 죽었다」고 선언함으로써 인간의 현실적 생에 대한 사랑을 역설했고, 하이덱거는 인간의 양심에 응답하여 본래의 자기(自己)의 모습을 스스로 되찾으려는 노력을 찬양하였다. 싸르트르는 자유로운 선택과 결단에 의해서 자기운명에 스스로 책임지며 살아가야 하는 인간의 사회적인 면을 강조하였다.

인간은 나의 자각적 선택과 자유로운 결단에 의해서 사회적 존재로서의 나 자신, 주체를 만들어 나아가는 존재이다. 토인비가 인간 및 인간사회의 자유로운 결의와 행위에 의한 역사, 문화의 형성을 강조했음은 우연한 일이 아니다.

이상에서 알 수 있듯이 주체란 인간의 존재의 본질에 관한 개념이다. 그러나 인간은 사회적 존재이기 때문에 주체 또는 주체성은 민족과 역사와 사회를 떠나서는 생각할 수 없는 것이다. 따라서 주체성이라는 말은 민족적 역사적 관건개념이기도 하다.

개인은 개인의 주체성이 있어야 하고 민족은 민족의 주체성, 역사는 역사의 주체가 있어야 하며 사회는 사회대로 주체가 존재하게 마련이다. 그런데 민족은 역사의 주체이고 역사는 민족의 생명원(生命源)이다. 한민족은 어떠한 이유로도 멸망할 수 없으며 한국사는 한민족에 의하여 어떠한 환경에 처하여서도 보존되어야 한다. 민족의 생존권, 하나밖에 없는 한민족의 주체가 생존하기 위하여, 또 살아갈 수 있게 되기 위하여 주장되는 생존(生存)의 원리가 곧 민족주체성이다.

민족은 역사 앞에서 역사의 주체로 등장하고 역사는 민족 앞에서 민족의 활력원(活力源)으로써 서로 결합하고 있다. 그러므로 한국사의 주체인 한민족은 언제나 역사를 지켜 자기 역사로 하여금 제모습을 지니게 하는 근본이 되고 또 한민족의 활력(活力)인 한국사는 주체인 한민족으로 하여금 자기생명을 갖게 하는 원천을 이루고 있는 것이다.

오늘날 우리가 민족 주체성을 강조하는 이유는 어려운 민족국가의 현실 앞에서 한민족의 자기 모습을 보존하면서 자기 생명력을 찾아, 역사 앞에 한민족이라는 주체를 영원히 존속시키려는 민족문화의 위대한 창조를 염원하기 때문이다.

박종홍(1903~1976)은 "주체성을 확보하는 데는 타에 의존하지 않는 독립이 필요하다…… 민족 주체성의 자각(自覺)이나 실천을 실제로 하는 것은 그 민족을 형성하고 있는 사람 곧 백성이다. 어떤 권력층만이 대신 할 수 있는 성질의 것이 아니다. 그것이 금권이건, 정권이건 또는 어떤 특수한 그룹의 독재이건 그것이 백성들의 뜻을 제대로 펴게 하는 것이 아니라면 그것은 가장된 자각이요 강요된 행동일 뿐이다. 백성들 자신의 자각이 아니요, 실천이 아닐 때 아무리 진지한 학자의 교묘한 이론이라 할지라도 그 역사는 하나의 공상(空想)에 불과한 것이다. 민족 주체성은 자유평등의 민족적 토대 위에서 자각과 실천에 의하여 밝혀지며 확립될 것이 짐작된다."고 하였다.

박종홍은 민족 주체성의 확립은 민중 스스로 해야 한다는 점을 강조한다. 그것은 금권, 정권, 독재를 배제하며 타율적, 나아가 어떤 외세에 의존하거나 외세에 의해서가 아니라 민중 스스로의 자각과 자주적 실천으로 가능함을 강조한 것이다. 이것은 한 민족의 우월성을 강조하는 배타적 독선이나 국수주의와는 다르다. 왜냐하면 자기만이 제일이라고 하는 우월성은 열등의식과 마찬가지로 올바른 자각(自覺)이 될 수 없기 때문이다. 그러므로 주체성을 확립하는 데는 남에게 의존하지 않는 독립이 필요하다. 그러나 독립은 고립이 아니다. 민족 주체성은 다른 민족의 희생에서 얻어지는 것이 아니라 서로 상대방의 특성(特性)을 살릴 때, 그것의 의의를 발휘할 수 있다.

민족 주체성은 자주적 적극적 보편적 진보적인데, 주체성의 확립은 민족역사의 재창조 과정에서 자기 민족의 특성을 보존하면서 타민족의 장점을 도입하여 세계사 속에서 한민족사의 주체로 영원히 생존할 수 있으며 행복을 누릴 수 있어야 하는 것이다.

역사의 주체로서 민족이 주체성을 살려 나갈 때에 그들의 역사를 바르게 창조 발전시킬 수 있으면 민족사는 그 정통성(正統性)을 유지하고 문화적 독창성을 발휘할 수 있는 것이다. 민족적 자각과 자주 없이 타율적, 의타성에 의한 역사가 전개될 때, 그 역사는 주체를 상실하게 되며 민족은 흩어지고 불행하게 되는 것이다.

우리의 현실이 어찌되었건, 혹 어리석은 정치가들이 사대적인 경우가 있더라도 한민족은 주체성을 지키고 사대성을 배제하면서 유구한 역사를 이어오고 민족문화를 재창조하여 온 우수한 민족임을 자부할 수 있다.

3. 사대주의사상

민족이 역사의 주체로서 유구한 역사를 계승 발전시키는 동안에는 타민족과의 접촉이 있게 마련이다. 그 접촉에는 합리적인 것과 비합리적인 방법이 있는데, 합리적 방법에는 민족의 자주성이 인정되어 주체성에는 하등의 문제가 없으나, 비합리적 방법에는 자주성이 상실되고 주체성에 문제가 따르는 법이다. 그러나 합리적이든 비합리적이든 타민족과의 접촉은 하나의 역사적 단계를 이루게 마련이며 그 단계마다 새로운 주체들은 민족사에 대한 주체성을 공통된 특색으로 하고 있다.

역사를 이끌어 가는 주체들이 주체성 없이 타민족의 우월성을 인정하여 그들의 문물을 숭상하거나 수용하려 하는데 이것이 소위 사대주의라는 것이다. 흔히들 사대주의하면 조선시대의 외교정책을 표본으로 여기고 있다. 사대란 작은 나라가 큰 나라를 섬긴다는 뜻으로 맹자가 양혜왕장에 「性智者爲能以小事大」란 말에서 그 출처를 찾아 볼 수 있다.

중국은 근세 이전에 동양의 최대 강국이었을 뿐 아니라 최고의 문명국이었다. 그러므로 그들은 주위의 민족을 대등한 관계에서 보지 않고 항상 자기중심으로 생각하는 중화사상으로 다루어 왔다. 따라서 주위의 여러 나라들은 경제적 · 문화적 · 군사적 이익을 얻었던 것이다. 한민족사에서 특히 조선시대에는 중국의 권위를 빌어 왕권을 강화했고 선진 중국과 무역을 통해 경제적 이익을 얻었으며 문화적 교류를 통해 여진족이나 왜 등과 외교정책에서 자존적 권위를 과시했던 것이다.

한영우는 사대주의에 대해 대내적 불안을 스스로 수습할 힘이 없어 "외세와 결탁하거나 또는 결탁하려는 과정에서 생겨나는 정치 · 경제 · 문화적인 이데올로기이며 여기에는 반민족성, 주체성의 상실이라는 속성이 따른다"고 했다. 고영복은 "사대사상은 우리 민족의 민족성의 하나가 아니라 특권층의 성격이며 또, 성격이라기보다 외적 조건에 대응하는 계급적 태도"라고 규정했다.

사실 사대란 우리 민족성이 아니다. 한국사를 「중국의 지배 하에 굴복함으로써 타율적으로 이루어진 의뢰성, 부수성, 숙명론에 젖어 있는 것이다」고 규정하는 것은 일제시대의 어용사관(御用史觀) 때문에 만들어진 식민지사관(植民地史觀)이다. 사대주의란 용어는 어느 나라에서도 찾아볼 수 없고 유독 우리나라에서만 쓰이고 있는데, 그것은 일제가 우리나라를 식민지로 통합하게 되자 조선 총독부가 방대한 예산을 들여 많은 일본인 학자를 동원해 한국사료를 자기들이 유리한 대로 조작하여 한국사에 이른바 타율사상관(他律思想觀)을 만들어냈기 때문이다. 이에 관해서는 일본인 학자 기전위(旗田魏)도 "조선총독부의 대대적 원조를 받아 연구되고 게다가 조선인을 한국사연구에서 몰아내고 조선에 대한 식민 통치에 의존하여 성장된 일본인의 조선사 연구는 처음부터 제약이 있었고 왜곡된 것이 될 수밖에 없었다."고 자인하고 있다.

삼품창영(三品彰英)은 한반도의 지리적 조건을 내세워 사대주의가 조선조의 숙명이라고 했고 금서룡(今西龍)은 모화사상을 들어 도덕적 사대주의라고 강조하였다.

이와 같이 일본은 조선에 대한 식민지 통치를 정당화하고 조선민족의 독립의식을 없애버리기 위하여 숙명론적인 사대주의란 용어를 만들었으니, 우리는 이것이 일본의 식민주의 이데올로기임을 명심해야 할 것이다. 이기백 · 송건호는 한국사에서 사대주의란 용어를 사용해서는 안 된다고 주장하고 있는데 극히 고무적인 주장이다. 사실 현대의 지식인들도 특히 대명관계를 사대 관계로 보는 입장이 많은데, 이것은 당시 역사적 상황의 이해 부족에서 나타난 결과라 하겠다. 그러므로 새로운 민족사관의 정립이 요구되고 있다.

02 절 民族主體性과 對外關係

1. 고조선시대

고조선은 위만(衛滿)이 죽고 그 손자 우거왕(右渠王,?~B.C. 108) 때에 이르러 한의 망명인을 회유하면서 세력을 양성하여 한무제(漢武帝)의 침략주의에 팽팽히 맞섰다. 대동강 유역의 강성한 국가로 등장한 고조선은 한이 한강 이남의 진국(辰國)과 교역하는 것을 방해하자 양국 사이에는 긴장이 더욱 고조되었다. 무제(武帝)는 경제적 군사적으로 신장되어 가고 있는 고조선을 굴복시키지 않으면 안되었다. 이에 무제는 섭하를 사신으로 고조선에 보내 조공(朝貢)을 바칠 것을 요구했으나 소기의 목적을 달성하지 못하자, 섭하는 귀국 도중 전송 나온 고조선의 한 장수를 죽이고 갔다. 그 공으로 섭하는 요동 동부도위가 되고 이에 격분한 우거왕은 군사를 동원 섭하를 죽였다.

이것이 도화선이 되어 무제는 B.C. 109년 수륙(水陸)으로 대군을 동원하여 고조선을 공격했다. 우거왕은 1년 간이나 왕검성을 중심으로 싸우다 주전파와 주화파 파간의 내분으로 왕검성은 함락되고(B.C. 108) 한은 고조선 땅에 낙랑 · 진번 · 임둔 · 현도군을 설치하여 군에는 태수, 현에는 령(令)을 두고 식민정책을 수행하였다.

그러나 우리 민족은 이민족인 한족의 지배 하에서 착취와 압박을 받아오면서 이에 굴하지 않고 항거하여 한군현은 4차례의 변동이 있었다. 그래서 420여년 간의 긴 세월 속에서도 끝내는 한족을 추방하고 자주적인 민족국가의 발전을 보게 된 것이다.

이와 같이 타민족의 압력을 받으며 민족의식이 자각되어 이를 극복하고 자주적인 고대국가의 발전을 가져온 것은 민족주체의식이 강했기 때문이다. 따라서 한군현의 설치로 민족 주체성을 상실한 모화사상 또는 사대주의가 싹텄다함은 역사에 대한 이해의 부족이라 할 것이다.

2. 삼국시대

1) 고구려

고구려와 중국과 조공관계가 성립된 것은 343년 전연(前燕)에 대하여 신하로 칭한 이후의 일이다. 그것은 고국원왕(故國原王) 때 전연의 모용황이 침범, 국내성이 함락되고 왕부(王父) 미천왕의 시체를 파가고 생모를 인질로 잡아갔는데 10년 후에 돌아왔다. 그동안 고구려는 이런 문제로 조공을 할 수밖에 없었다.

고국원왕의 뒤를 이은 소수림왕은 새로 성립된 중국의 전한(前秦)과 평화적 외교관계를 수립하고 선진 문물제도를 받아들여 국력신장의 기틀을 닦고, 이 토대 위에 광개토대왕과 장수왕 때에 이르러서는 역사상 한민족이 건국한 최대의 영토를 확장하고 대륙 국가와 자웅을 겨루게 되었다.

고구려의 발전과 남만주로의 진출은 대륙 국가의 시기를 받게 되고 충돌이 불가피했다. 남북조를 통일한 수문제는 고구려 영양왕에 사신을 보내 군신의 의를 맺고 조공을 바치라고 했다.(590) 이때 영양왕은 수나라 사신을 감금하고 강이식 장군을 패수 방어전의 최고 사령관으로 임명, 요서를 공략했다. 고구려의 선제공략은 수의 침략을 미리 막기 위한 적극적 대책이었으며, 유리한 전략 지점을 확보하려는 군사행동이었다. 이에 수문제는 영양왕 9년(598)에 수육 30만 군사로 쳐들어 왔으나 실패하고 그 후 양제(煬帝)가 즉위하여 1,133,800명의 대군으로 고구려를 침공했다.(영양왕 23년, 612) 이때 고구려의 상비군은 30만이었는데, 신라와 백제 방어에 10만이 배치되고 20만이 5배를 넘는 적군을 대항했다. 적은 우문술·우중문으로 별동부대 30만5천을 편성, 압록강을 건너 격퇴시켰다. 을지문덕 장군은 선수후공

(先守後攻) 칠전팔기의 전술로 적을 유인 살수대첩을 거두었다. 양제는 그 후 2차례 보복전을 감행했으나 실패로 돌아가고 급기야는 민심 이반으로 각지에서 반란이 일어나 당에 망하고(618), 그 뒤를 이은 당은 수의 외교 방침을 이었다. 당태종은 631년 고구려에 사신을 파견 수의 전사자 해골을 묻고 제사지냈으며 고구려 전승기념물인 「경관(景觀)」을 파괴했다. 당나라는 고구려로 하여금 조공을 바치고 군신(君臣)의 의를 맺자고 외교적 압력을 가했다. 이에 고구려는 듣지 않고 631년부터 16년 간에 걸쳐 요하지방에 천리장성을 쌓는 등 당의 동진정책에 대한 강경책을 썼다. 당시 고구려는 영유왕이 즉위하면서 종래의 북방정책이 달라졌다. 영류왕은 남수북진정책(南守北進政策)을 북수남진(北守南進)로 바꾸고 왕 23년에 태자를 당나라에 파견 조공을 바치며 굴복하였다.

고구려는 역사적 기본 국책을 무시하고 당에 굴복함으로써 백성들의 분개와 비난을 받게 되었다. 이에 천리장성 역사의 감독을 맡았던 연개소문이 쿠데타를 일으켜(642) 왕과 대신을 제거하고 정권을 장악하여 민족 주체의식과 전통적 저항의식을 바로잡았다. 이러한 고구려의 대당 강경책에 대항, 당은 이세적으로 하여금 보장왕 3년(644)에 20만을 출동시켜 고구려를 침공했다. 요동성과 백암성이 함락되고 안시성에서 60여일간 공격 중 성주 양만춘의 반격에 당태종이 화살을 맞고 퇴각했다. 만약 안시성 싸움에서 고구려가 실패했다면 전세는 달라졌을지도 모른다.

고구려의 중국과의 투쟁은 고조선인의 한족에 대항한 전통을 계승한 역사성을 지닌 것으로서 민족적 단결에서 이룩한 승리였다. 고구려는 비교도 될 수 없는 강적과 싸워 승리를 거두고 민족 주체성의 고수와 민족문화 발전에 큰 공헌을 한 것이다.

2) 신라

고구려 장수왕(394~491)의 남진정책에 대항하여 신라는 백제와 동맹을 맺고 약 100여년 간 지속되었다. 진흥왕 때에 전성기를 맞은 신라는 백제의 약한 틈을 타서 당항성(남양만 근처)을 공략, 황해 바다로 통하는 돌파구를 차지했다. 당시 신라는 문화(文化)의 중심지인 당나라로 통하는 대망의 항구를 얻은 것이다. 그리하여 나제동맹은 깨지고 여제동맹이 결성돼 신라의 국경을 치자, 고립된 신라는 김춘추로 하여금 고구려의 연개소문을 만나게 하는 외교적 모험도 했지만 실패하였다.

신라는 선덕여왕 12년 당나라에 사신을 보내 외교 교섭을 했다. 신라는 당태종에게 고구려와 백제가 동맹을 맺고 신라를 멸망시키려 하고 있다. 만약 신라가 망한다면 당나라 국방에도 중대한 영향이 있게 될 것이라고 하였다. 고구려와 우열을 다투며 적대관계에 있는 당태종은 신라의 군사적 요청에 쾌히 승낙하면서 다음 세 가지 방안을 제시하였다.

첫째, 요하(遼河) 서안의 당나라 변방군을 출동시켜 고구려의 영토인 요동성을 친다면 고구려는 당군의 침공을 막기 위해서 백제를 도울 여유가 없을 것이고(제1안)

둘째, 백제가 황해 바다를 난공불락(難攻不落)의 요새로 생각하고 해안선 경비를 소홀히 하고 있는 터인즉, 신라와 협동해서 당이 수백 척의 군선(軍船)을 동원하여 서해로 백제를 기습하면 능히 멸망시킬 수 있을 것이고(제2안)

셋째, 당나라 군사를 한사람이라도 동원할 것 없이 당나라 군복 수 천벌과 군기 수 천기를 빌려 줄 터이니, 이것을 잘 보관했다가 고구려 군사가 쳐들어오면 신라 군사에게 군복을 바꿔 입혀 당나라 군사로 변장해서 싸운다면 고구려나 백제 군사가 도망칠 것이다.(제3안)고 했다.

그런데 당태종은 이 세 방안을 제시하면서 "신라는 여왕의 나라다. 암탉이 울면 집안이 망한다고 했으니, 어찌 여자를 도와주기 위해 대국인 당나라가 군사를 보낼 수 있겠는가. 만일 신라에 임금이 될 만한 남자가 없다면 당나라 황족(皇族) 중에서 한 사람 천거해서 군사까지 딸려 보내겠다."고 의향을 물었다. 이에 신라사신은 어이없는 일이라 첫 번째 외교는 실패로 끝났다. 대당외교가 여왕이라는 이유로 실패되자 상대등 비담은 쿠데타를 일으켰다. 쿠데타는 실패하였지만 선덕여왕은 죽고 진덕여왕이 등극했다. 당시 김춘추(604~661)가 왕에 추대되었지만 김춘추는 「여자 대신 남자가 여왕이 되어 당나라에 굴복하여 정신적 식민지가 될 수는 없다」는 민족주체의식을 가지고 있었기에 왕이 되기를 반대한 것이다.

고구려와 백제의 침공이 격화되어감에 따라 불안한 신라는 다시 대당외교를 폈다. 김춘추 진덕여왕 2년(648)에 아들과 함께 당태종을 만났다. 당태종은 김춘추가 비범한 인물임을 알고 여왕의 나라라고 거부했던 태도를 바꾸어 호혜평등의 입장에서 상호 원조에 대한 밀약을 조인했다. 그 협약 내용은 밀약을 어긴 당고종에 보낸 문무왕의 항의문서(문무왕 11년)에서 밝혀졌는데,

① 당태종은 한반도의 3국간의 벌어지고 있는 전쟁 상태를 종식시키는 데에 조약의 목적이 있는 만큼 산천 토지는 탐내지 않는다고 영토 침략에 대한 야망이 없음을 분명히 하였고
② 전쟁에서 얻게 되는 보물과 자녀들은 자기들의 전리품이니, 옥백(玉帛)과 자녀는 내가 소유할 것이라고 밝혔으며
③ 나아가 고구려, 백제 두 나라를 평정할 경우에는 대체로 평양 이남의 고구려 영토와 백제의 땅 전부를 신라에 귀속시켜 삼국통일의 기반과 안정된 체제를 마련하도록 협력하겠다고 약속하였다.

이리하여 김춘추의 대당외교는 성과를 거두게 된 것이다. 그러나 당나라는 백제와 고구려를 멸한 다음 그 고토(古土)에 도호부를 두고 군정을 실시하여 영토적 야심을 드러냈을 뿐만 아니라 신라에도 계림도독부를 두고 신라마저 합병하여 당의 직속령으로 만들려 했다. 이에 신라는 고구려의 부흥군을 돕고 부여 융(隆)의 백제와 당군을 격퇴시켜 사비성을 함락하고 완전 장악했다. 이에 놀란 당은 문무왕을 인정치 않고 김인문을 신라왕으로 임명하는 동시에 고간 · 이근행으로 신라를 침공케 하였다. 그러나 신라는 이들과 싸워 당군을 축출하는데 성공하고 삼국통일을 하였다.

이 때의 신라의 군제를 보면 구개서당(九個誓幢)으로 편제되었는데, 고구려 인이 3개 서당, 백제 인이 2개 서당, 말갈인이 1개 서당으로 되어 있었다. 즉, 신라군의 3분의 2가 고구려와 백제의 유민들로 구성되어 있었다. 이것은 신라가 백제와 고구려의 유민을 동등하게 대우하고 민족적 일체감이 형성되었기 때문에, 백제와 고구려 유민들은 비록 신라군에 패해서 나라를 잃었을망정 이민족과의 싸움에선 대동단결해서 저항했다는 역사적 사실로써 민족 주체성이 확고함을 입증한 것이다.

여기서 신라가 외세를 끌어들여 삼국통일을 하고 그들을 축출, 민족적 자주독립국가를 건설했음이 사실로 분명한데 신라가 당에 대하여 사대주의정책을 썼다고 보는 것은 잘못이다.

3. 고려시대

1) 遼(거란)와의 관계

신라 말기 혼란한 후삼국을 평정해서 민족의 재통일을 기하고 고려를 건국한 태조 왕건(877~943)은 한민족의 피가 더욱 뜨겁게 흘렀기에 민족 자존의식과 주체사상이 뚜렷했다. 그래서 왕건은 후백제, 신라, 발해의 유민을 동등하게 대우하고 고구려 민족이 세운 발해를 멸망시킨 거란과 상종하지 말도록 훈요십조(訓要十條)에 명시하여 놓을 정도로 거란을 적대시했고 고구려의 고토 회복을 위하여 북진정책을 추진했다. 거란은 태조 말년에 고려에 사신과 낙타 50필을 예물로 보내 화친을 청했으나 태조는 거란을 무도한 호로라 하여 사신을 귀양 보내고 낙타는 만부교(萬夫橋) 밑에 매달아 굶어 죽게 하고 이들의 평화적 교섭을 단호히 배격했다. 그러나 거란은 문화적으로는 宋나라보다 뒤졌지만 군사적으로는 강하였다. 고려는 송(宋)에 대한 문화적 욕구와 거란의 군사적 압력의 중간에서 고민하지 않으면 안되기 때문에 북진정책은 새로운 난관에 부딪치게 되었다.

거란은 성종 12년(993)에 소손녕이 80만 대군으로 고려를 침공했다.(제1차) 전세에 불리한 고려는 중군사 서희(942~998)를 적진에 보내 소손녕과 담판, 거란은 철군하고 고려는 강동육주(江東六州)를 개척하였다. 그 후 현종 원년(1010)에 거란 성종은 40만 군사로 재침했다. 출병 이유는 강조의 정변에 대한 문죄(問罪)를 구실로 삼았으나 실은 강동6주를 되찾고 여진을 제압하고 고려와 송(宋)과의 관계를 감시하려는 데에 있었다. 개경이 함락되고 왕은 공주로 피난갔다. 왕은 하공진(?~1011)을 개경에 보내 강화를 청하니, 성종은 왕의 친조(親朝)를 조건으로 하공진을 볼모로 하여 철군했다.

그러나 고려왕의 친조가 좀처럼 실현되지 않자 독려를 했고, 끝내 응하지 않자 현종 9년에 소배압 등이 10만 군사로 침공하였다. 이들은 고려 강감찬(948~1031) 장군의 신묘한 작전에 빠져 귀주에서 섬멸 패주했다. 그러나 거란의 군사적·외교적 압력은 여전하여 다음해에 강화를 맺게 되었다. 이로써 거란과의 관계는 우호적 관계로 100여년 간이나 지속되었다.

그러나 그 후 개경 주위의 나성 축조 등 북방 경계를 강화하고 대장경조판, 칠대실록 등 문화사업을 추진하였고 압록강구로부터 완산 도련포간에 이르는 천리장성을 쌓는 등 유비무환의 북방정책이 계속 추진되었다.

2) 송과의 관계

고려 광종 때 송(宋)의 건국 직후 여 · 송관계는 약 300년 간 친선을 유지하며 문물교류를 하면서 성종시 거란과의 관계가 수립되기까지는 순조로웠다. 그러나 고려가 거란에게 항복의 형식을 취한 후부터 정식 외교는 단절되고 비공식외교로 지속되었다. 거란과 여진이 여 · 송관계를 꺼리는 것은 여 · 송의 군사적 제휴에 불안을 느꼈기 때문에 고려를 견제하기 위해서 비롯된 것이다.

북방 국가들의 감시에도 불구하고 고려는 송문화 섭취에 힘을 기울였고 송(宋)은 고려에 대해 최대의 호의로 교통에 임했다. 특히 고려 인종 때에는 송과의 정치적 접촉이 활발하여 금군에 의해 피랍 된 휘종 · 흠종 구출을 위하여 송은 고려에 가도를 요구한 적이 있었지만 고려는 강세의 대금관계를 염려하여 송의 요청을 거절하였다.

이와 같이 고려는 송에 대해서 사대 외교를 하지 않고 국가적 불이익한 외교를 거절함으로써 민족 주체성을 지켰다고 하겠다.

3) 金(여진)과의 관계

여진족은 우리의 지배를 받던 민족으로 숙신, 말갈, 물길로 불리던 미개한 민족이다. 고려는 이 여진족을 가리켜 「人面獸心」이라고 야만시하고 이들 민족과는 섞여 살 수 없다는 대여진정책을 썼다. 그런데 송화강 유역에 살던 생여진 완안부의 추장 우야소(1061~1113)가 세력을 규합하여 동여진에 이르자, 숙종 9년에는 고려의 북방 사태가 급속도로 악화되었다. 완안부가 함경도 지방을 점령하자 고려에서는 임간(林幹) · 윤관(尹瓘,?~1111)으로 하여금 여진을 정벌케 하였으나 오히려 패배 당하고, 이를 설욕코자 신기군(神騎軍) · 신보군(神步軍) · 항마군(降魔軍)으로 조직된 별무반 17만을 동원, 예종 2년(1107)에 여진을 정벌하고 구성(九城)을 축조하고 북청에 비를 세워 북진정책을 수행했다. 그러나 여진의 구성환부(九城還付) 간청과 군사적 위협에 의하여 예종 4년에 여진에 환부했다. 그 후 아골타가 추장으로 회령(지금 하르빈)에 도읍하고 왕위에 올라 금국을 세워(1115) 황제라 칭하고 고려에 형제관계를 요구하더니 거란을 격파한 후 더욱 강성해져서 군신관계를 강요하였다.

고려 조정에서는 무례한 짓이라 분개했지만 권신 이자겸(?~1126)이 금과 평화적 우호관계를 위해서 금의 요구를 승낙하였다. 그리하여 이자겸은 사대주의자로 비평을 받고 있다. 그러나 금이 점점 팽대해서 송나라 황제를 생포하는 등 송을 쫓아버리고 아시아 전역의 강대한 국가로 등장한 사실로 보아 오히려 도래하는 민족적 위기를 슬기롭게 넘겼다고 봄이 타당할 것이다.

고려가 금에 굴복하자 서경의 묘청(?~1135)은 풍수도참설과 금국정벌론을 내세워 서경천도운동을 벌이다 김부식(1075~1151) 등 개경파에 의해 평정되었는데, 후세인이 김부식의 사대파와 묘청의 자주파 싸움에서 사대파의 승리였다고 묘청을 영웅시하고 김부식을 사대주의자로 몰아세운다. 그러나 이것은 개경파와 서경파의 정치적 갈등에서 나타난 정파간의 싸움이었고 김부식이 사대주의자라서가 아니라 당시 국제정세를 정확히 판단하고 우리의 처지를 이에 적절하게 대처한 외교정책이었다고 함이 마땅할 것이다.

4) 元(몽고)과의 관계

몽고족은 북아시아 초원지대의 유목민족으로서 13세기 초에 테무진(鐵木眞,1155~1227)이 부족을 통일한 후 1206년 성길사한(成吉思汗)이 되어 몽고제국을 세웠다. 몽고는 금(金)의 반란 장수 포선만노가 세운 동진국과 함께 강동성에 자리잡은 거란족을 소탕한 후 고려와 몽고는 형제지국을 맺었다. 몽고 합진은 고려 조충과 김취려 장군과 몽고군 철수와 전후 처리문제를 협의했는데 협약 조건은

① 고려는 매년 몽고에 조공을 바칠 것

② 공물 운반은 수공사를 파견하겠다.

③ 수공사 수는 10명 이하로 한정한다는 것이다.

이로써 국세정세에 따라 양국 간에는 어느 정도 나라의 체면을 유지하고 몽고군을 돌려보내는데 성공했다. 그 후 몽고의 수공사(受貢使)가 조공을 받아갔는데 고종 12년(1225)에 수공사 저고여가 압록강 건너서 괴한의 습격으로 피살되는 사건이 일어났다. 몽고는 이를 트집잡아 고종 18년 금국의 잔적을 소탕하면서 별군을 내어 살례탑(撒禮塔,?~1232)으로 고려를 침공했다. 고려에는 왕제(王弟) 희안공을 적본영에 보내 살례탑과 협상하여 화약(和約)을 맺었다. 그 결과 몽고군은 다음해(1232)에 행정 감독관 72명과 약간의 경비병을 주둔하고 내정을 간섭했다. 그러나 이들은 조약을 어기고 무례를 자행하였다.

당시 실권자 최우(?~1249)는 강화천도를 단행하여 장기 항전 태세에 들어갔다. 그러자 고종 19년 살례탑이 재차 침입, 남경(한양성)을 함락하고 처인성(용인)에서 승병장 김윤후에게 피살됨으로 적은 퇴거하였다.

고종 22년에는 남송을 공격하면서 당을대가 고려에 침공했다. 고종 40년에 적 아모간이, 고종 41년과 44년에 차리다이가 공략했다. 상황이 갈수록 폐해가 커지고 불리해지자 고려 조정에서는 고종 46년에 태자 전(倎,원종)을 시켜서 몽고와 화평조약을 맺게 되었다. 이 원(元)의 세조 구빌라이를 알현하자 측근 신하 조양수는 "고려는 작은 나라지만 산맥에 용을 의지하고 바다를 요새 삼아서, 원나라가 용병작전을 한지 20여년이 지나도 아직 항복을 안한다."고 하여, 고려의 저항을 말해 주고 있다.

몽고와의 항쟁은 40년 동안이나 민족사에서 가장 고귀한 민족역량을 국내외에 과시한 시기이다. 더욱 이 시대에 3대 문화재를 창조하여 오늘에 이르기까지 자랑거리로 절찬을 받고 있다는 사실이다.

몽고에 가 있던 태자 전(倎)이 왕위를 계승하니 이가 원종(元宗)이다. 원종은 39년 만에 강도(江都)에서 개경으로 환도를 단행했다. 그러나 무인 집권의 뒷받침이 되어온 삼별초는 몽고와의 강화에 불만을 품고 출육(出陸) 을 반대하고 배중손 지휘 하에 항몽 전선을 폈다. 그러나 개경 정부 입장에선 강화도에 한나라가 세워지는 것은 반역이기 때문에 이들을 그대로 둘 수 없어 여몽 연합군으로 토벌하고 말았다. 원(元)은 고려의 저항을 막기 위하여 정복국가로서의 모든 조치를 취했다. 특히 결혼정책을 써서 충열왕부터 공민왕에 이르는 7대까지 원의 공주를 정비(正妃)로 맞이하여 왕실의 혈통관계의 변화를 초래했다. 이것은 몽고의 지도층이 고려는 자기 나라보다 우세한 문화민족이기에 무력으로 정복할 수 없음을 깨닫고 오히려 혈연관계를 맺어 문화적 · 외교적 평화관계를 유지하려 했던 것이다.

또한 관제도 축소 격하시켰고 왕실을 격하시켰으며 영토도 축소되었다. 그리고 내정 간섭을 하면서 심양왕(王)을 두고 이이제이책(以夷制夷政策)을 썼으며, 결혼도감과 과부처녀추고별감(寡婦處女推考別監)을 두고 처녀 과부를 강제 징발하였다. 이렇게 해서 고려 민족의 끈질긴 저항을 제지하면서 식민지화하였다. 민족적 · 국가적 압박과 착취를 어찌 다 기술하리요. 그래서 충선왕은 개혁을 서두르다 부원(附元) 세력 때문에 실패하고 말았다.

공민왕(1352~1374) 때에 이르러 국제정세는 크게 변화하였다. 즉, 원(元)의 순제(順帝)가 음란과 사치로 나라의 기강이 흔들리고 민심이 동요되자 자존심이 상하고 있던 한족(漢族)은 도처에서 반기를 들었다. 주원장(1328~1398)은 남경을 근거로 세력을 확장하더니 공민왕 17년에 북경을 점령, 국호를 명으로 고치고 수도를 연경(燕京)에 옮겼다. 원 순제는 내몽고 응창으로 쫓겨가 죽고 태자 소종도 명군에 쫓겨 화립으로 깊숙이 들어가 북원으로 명맥만 겨우 유지하였다.

공민왕은 즉위하면서 반원자주정책(反元自主政策)을 썼다. 그리하여 몽고

풍의 변발 · 호복(胡服) 폐지, 부원(附元) 세력 제거, 정동행성이문소 폐지, 고려 영토 회복, 관제(官制) 복구, 원연호(元年號) 폐지, 국방 강화 등 자강책을 도모하였다. 공민왕은 흥왕사의 변 등 부원세력의 반대와 모략에도 불구하고 원과의 종속관계를 벗어나기 위해 배원자주정책을 쓴 것이다. 그래서 공민왕을 비롯한 반원개혁파들의 적극적인 투쟁으로 고려는 원의 경제적 착취와 정치적 간섭 속에서 벗어나 자주독립을 회복하고 계속하여 북진정책을 추진하여 나갔다.

공민왕은 자신이 원나라에 가서 공부도 하고 원나라 황실의 부마로 처가살이도 하고 돌아왔지만 고려 사람으로서 이민족의 통치 지배 하에서 벗어나려는 민족적 자존심과 주체의식이 강했던 것이다.

공민왕과 그 개혁파들의 민족적 자존심과 주체사상은 결국 여 · 원의 불평등한 복속 관계에서 여 · 명 자주독립의 평화적 외교관계로 전환시켰다는 점에서 높이 평가하여야 할 것이다.

03 절 朝鮮時代의 民族主體意識

1. 대명관계

고려 말기 공민왕의 반원개혁정책은 민족주의적 차원에서 높이 평가되거니와 친명정책으로의 전환은 친원파와 친명파라는 정파적 갈등을 낳게 되고 원명(元 · 明) 교체라는 국제정세와 때를 같이하여 이성계(1335~1408)가 이인임(?~1388), 최영(1316~1388) 등의 친원 세력을 거세함으로써 친명적 조선조의 건국을 잉태하는 계기가 되었다.

조선조의 건국은 이것이 한민족의 비정통성 탄압으로부터 정통 한민족을 불리 독립시키는 민족적 요청에 의한 것이다. 그것은 전왕조의 대원 종속관계에서 이를 배격하고 대명 자주평등 관계를 선택하였다는 점에서 민족사적 시련의 극복이 아닐 수 없다.

물론 조선을 건국한 이성계는 즉위 직후 신왕조(新王朝)의 개창을 명에 알려 승인을 받고 한상질(?~1400)을 보내 국호의 택정을 청하여 조선을 국호로 정하게 되었다. 그러나 「조선국왕」이란 금인(金印)과 고명(誥命)은 8년(年)만인 태종 원년(1401)에 받았다. 그렇다고 이성계의 친명정책을 사대정책으로 보는 것은 민족 주체성의 차원에서 이해하지 못한 견해의 차이일 것이다.

태조 이성계의 대명외교는 자신의 즉위와 신왕조의 개창을 명(明)으로부터 보장받음으로써 즉, 선진국인 외세의 배경을 가짐으로써 고려 말기이래 오랫동안 기반을 가진 귀족 세력에 대하여 국왕으로서의 지위와 왕실의 권위를 확인시키고 그 반대 세력을 효율적으로 지배하려는데 있었으며 종전부터 중화적인 차원에서 조공과 순종을 요구하는 명(明)에 대하여 화평을 유지하고 왕조의 안정을 기하기 위한 정치적 배려에서 이루어진 것이다.

특히 대명관계를 결정지었던 것은 명으로부터의 고명인데 이 문제가 8년간 해결되지 못한 것은 여진문제와 조공에 대한 문제가 해결되지 못한 때문이었다. 명은 고명(誥命)에서

첫째, 조선은 하늘이 창조한 동이(東夷)라는 독립된 민족으로서 그 독자적 정치 주체임을 확인하였고

둘째, 조선은 중국(中國)으로부터 지배를 받지 않는 정치적 자주가 승인되고 국가적 독립이 확인되었으며

셋째, 조선조가 명(明)에 대한 침략 없이 우호관계를 유지하는 한 평등한 외교관계로서 국가적 자립 병존을 천명했던 것이다.

무엇보다도 대명관계에 있어서 이해관계가 얽힌 것은 교역관계였다. 당시 중국과의 교역은 조공무역을 통하여 이루어졌는데, 그것이 중국과 한국과의 무역관계였다. 그래서 명(明)도 조선과 조공 무역을 유지하려 했던 것이다. 따라서 조선에서는 조공이라는 명목을 내세우더라도 가급적 자주 사신을 명(明)에 파견하려 하였다. 그러므로 여말 조초에 명의 태조가 3년1공(三年一貢)의 제안을 한데 대하여 조선은 일년삼공의 입조(入朝)를 요청하였던 것이다. 물론 비공식적 사행 이외에도 사행이 거래를 하였다.

또한 군사적 측면에서는 당시 국제정세로 보면 명나라가 아시아의 제일의 강대국인데다 이웃에 있는 나라였던 만큼 그의 승인을 얻어 원만한 국제관계를 유지하는 한편 일본이나 여타의 나라들이 조선을 넘보는 군사적 행동을 견제한다는 안보상의 문제도 있었던 것이다. 이러한 점으로 보아 대명관계는 명의 정치적 명분에 대하여 조선은 정치적 · 경제적 · 문화적 · 군사적 이익을 추구한 것이라 하겠다. 사실상 조선조의 명에 대한 정치적 관계는 한갓 형식에 불과한 것이며 조선의 내정 · 외교에 대한 명의 어떤 관여도 없었던 것이다.

조선의 대명관계는 형식상 어찌되었던 간에 고려와는 달리 한민족의 역사적 현실 상황에서 민족 주체성의 확립이요, 자주의식의 회복이었다. 우리는 여기서 양국이 멸망할 때까지 결코 우세한 위치에 있는 명나라가 조선을 넘보거나 침략한 사실이 없다는 점에서, 조선조에 와서 사대주의 일관정책을 써서 민족 발전에 악영향을 끼쳤다는 생각은 역사적 상황의 이해 부족에서 오는 것이라 하겠다.

2. 대왜관계

16세기의 동아정세를 보면 대륙에 있어서는 한족중심의 명이 흔들리고 호로인 여진족이 고개를 들기 시작하며, 일본은 전국시대라는 내란을 수습하여 통일국가로 등장하는 반면 조선은 통일에서 정치적 당파의 분열로 국력이 쇠약해졌다.

통일을 이룩한 일본은 군웅들의 내부적 불만을 외부로 돌리기 위하여 대륙침략이란 돌출구를 마련하였다. 일본은 중으로 가장한 첩보원을 조선에 밀파하여 내정을 정탐하고 지리를 익히며 조선과 명나라와의 관계를 이간하는 한편 사신을 보내 정명가도(征明假道)를 요구하였다. 조선이 일본의 요구를 들어줄리 만무였으며 일본은 왜란을 일으키게 되었다. 동서간의 당파싸움으로 국방 태세도 허술한 임진년(선조 25)에 왜군은 반도에 침략의 발을 딛고 파죽지세로 북상했다. 조선군이 신식화된 무기로 무장한 왜군을 격퇴한다는 것은 불가능한 일이요, 조정에는 패전의 슬픈 소식(悲報)만 들려올 뿐이고 왕은 피난길에 오르게 된다.

다급해진 조선은 그동안 우호관계를 유지해온 명(明)에 구원병을 요청하게 되고 명은 황명조훈(皇明祖訓)에 따른 자체 보호와 우방지원(友邦支援)을 위하여 조승훈 · 이여송의 부대를 두 차례 파병하였다. 명나라 원병이 조선에 파병되게 된 데에는 명나라 고위층 석성(?~1597)과 조선의 통역관 홍순언(1530~1598)의 역할이 컸다.

명군의 동원은 조선이 왜적에 의해 식민화 되는 국가적 · 민족적 위기 상황에서 조선을 구출하여 준 재조번방지은(再造藩邦之恩)이었다. 조선은 이에 대한 감사의 표시를 하였으니, 역대 국왕이나 정치 주체측이 의리를 지켜왔던 것이다. 그것이 창덕궁의 대보단, 가평의 조종암, 화양동의 만동묘 등에서 입증되어지고 있다.

이러한 정신은 호란 후 북벌을 계획 추진했던 우암 송시열에 의해서 복명멸청(復明滅淸) 이라는 북벌 준비에 있어서 전 민족적 응집력의 이론적 뒷받침이 되었던 것이다.

오늘날 이에 대한 평가를 사대주의로 낙인찍는 것은 역사적 사실을 평가할 줄 모르는 무식한 사람의 자가당착(自家撞着)의 모순에 빠진 것에서 연유된다고 하겠다. 한편 왜적의 침략으로 국운이 위기에 처하였을 때에 백성도 국가를 지키기 위하여 항전에 나섰다. 충효와 절의로써 일어난 구국 의병들은 평소 닦아온 애국심을 발휘하여 국은에 보답하고자 거의(擧義)한 것이다.

이 의병들은 민족의식의 맥락을 계승시켜 주는 잠재의식으로써 민족과 국가를 지키려는, 타민족주체에 항거하는 민족운동의 전개였다. 그러므로 의병은 개인의 재산 · 생명을 조국에 바쳐 자율적 · 협동적으로 거룩한 민족적 사명감에서 우러나온 민족의 저력, 원동력을 발휘한 것이다.

이와 같은 민족의 저력, 원동력의 발휘는 우리 민족의 평상시 가정교육에서부터 사회 · 국가 교육에 이르기까지 충효정신으로 닦아진 행동 지침과 국가관에서 우러나온 것이다. 즉, 의병은 민족과 국가와 민족문화를 지키려는 호국정신으로 주체의식의 상징이었던 것이다.

왜란 때에 나타난 칠백의사의 장렬한 죽음, 고경명 같이 삼부자의 죽음, 정문부, 곽재우, 김천일, 유정 · 휴정 등 수많은 의병이 전후 각지에서 일어나 왜적과 싸운 의병정신은 그 후 병자호란 시와 일제 침략 시에서도 그 맥락을 이어 근대 민족주의 의식의 맥락을 이루고 있다.

3. 대청관계

왜란을 계기로 명(明)이 쇠약한 틈을 타서 명(明)의 지배 하에 있던 만주족은 추장 누르하치에 의해 후금을 세웠다.(1616년) 후금은 얼마 후 청(淸)이라 국호를 고치고 명(明)을 위협하기 시작하였다.

당시 조선조의 광해군은 중립외교(中立外交)를 써서 별 문제가 없었다. 광해군이 패륜 행위를 자행하여 인조반정(仁祖反正)이 일어났다. 새로 왕위에 오른 인조는 호로인 금에 대하여는 태도를 바꿔 배금향명정책(排金向明政策)을 분명히 하였다. 한편 후금은 명(明)을 치기 위해서는 먼저 배후를 위협하고 있는 조선부터 굴복시켜야 할 필요성을 느끼게 되었다.

이때에 이괄(1587~1624)은 인조반정 공신의 서훈에 대한 불만을 품고 난을 일으켰으나 실패로 돌아갔다. 이 이괄의 잔당들은 청나라에 들어가 인조반정의 부당성과 조선 정벌을 종용함으로써 조선을 침입케 하였다.

후금군의 일부는 가도(椵島)에 주둔하고 있는 명(明)나라 장수 모문룡(1576~1629)을 치고 주력부대는 의주 평양성을 거쳐 서울을 위협하게 되었다. 조정에서는 주전(主戰) · 주화(主和) 양론이 대립되었으나 최명길(1586~1647)의 주화론을 따라 강화를 청하고 형제의 맹약과 함께 적군은 철수하였다.

호란 후에 후금 태종은 국호를 '청(淸)'이라 고치고 명나라를 정벌키 위하여 조선에 군수물자 지원과 군신관계(君臣關係)를 요구하였다. 그러나 조선에서 청의 요구를 거절하자 청은 용골대와 마부대로 하여금 10만 대군을 이끌고 재차 침입하였다.(인조 14년)

왕은 왕족을 강화도로 보내고 남한산성으로 들어가 항전을 계속하였다. 그러나 고립된 상태에서 부족한 식량과 군사로 저항할 수 없게 되자 주화파 최명길의 주장에 따라 부득이 송파에 설치된 수항단에서 청 태종에게 굴복하는 민족적 치욕을 당하고 말았다. 이 삼전도의 항복은 조선조의 자주성에 대한 일대 굴욕이었다.

이로써 조선은 청을 상국으로 섬겨야 하는 신하의 예를 하는 수밖에 없었다. 인조는 그 해 11월 왕비와 소현세자는 인조 17년 6월과 9월 각각 책봉을 받고 청의 정삭(正朔)을 받아 봉하고 성절사 등의 사절을 보내는 등 종전의 명(明)에 대해서 행한 예의를 청나라에 하여야만 하였다.

그러나 이는 조선의 군사적 열세에서 불평등하게 강압적으로 이루어진 것이기 때문에 문화적인 우리가 호로였던 청국을 명국 대신 상국으로 섬기며 우호관계를 유지한다는 것은 용납될 수 없는 일이다. 또한 명나라가 존재하는 한 조선의 반청 감정과 명에 대한 재조지은(再造之恩)의 의리정신은 쉽게 사라질 수 없는 것이다.

그러므로 청은 소현세자 · 봉림대군 두 왕자와 3정승 6조의 자제들을 인질로 잡아가 심양에 감금하고 계속 압력을 가하는 한편 조선의 동태와 인심을 계속 감시하였다.

명나라가 점점 쇠약하여 갔지만 조선의 명나라에 대한 관계는 의리적 명분론(名分論)에서 조금도 쇠퇴하지 않고 있다. 그러므로 항복할 때에 명의 고명(誥命)과 책봉을 청나라에 바치고 명의 연호를 폐지하고 명과 절연(絕緣)할 것을 서약하였지만, 그 다음 해부터 정월 초하루에는 명에 대한 망궐례(望闕禮)를 행하였다. 연호에 대해서도 청나라에 대하여 공식상 또는 청나라의 눈에 띄는 표면상에서는 청나라의 연호를 사용하였다.

그러나 그 밖의 강원 · 충청 · 전라 · 경상도와 부산 왜관 등 남부지방 및 일반 제향 출사(出使), 일본과의 외교문서에는 명(明)의 연호를 사용하거나 간지(干支)만을 사용하였다. 이러한 현상은 명(明)이 멸망하고 청(淸)이 조선을 지배한지 300여 년이 넘고 조선이 망한 일제 식민지하에서도 선비들은 명(明)의 연호를 사용하였음을 볼 수 있다.

이와 같은 반청향명(反淸向明) 사상은 첫째, 이미 밝힌 바와 같이 명(明)나라가 선진 문화민족 국가이면서 조선과의 평등 · 우호관계를 유지하여 왔고 임진왜란 때에 일제의 식민지가 될 뻔 했던 국가와 민족의 위기를 두 번이나 구출하여 준 은혜를 저버릴 수 없는 것은 물론, 명(明)이 멸망하였다 할지라도 그 은혜를 보답하는 것은 개인이나 국가에 있어서도 당연한 도리이기 때문이다. 그러므로 병자호란 당시의 정온(鄭蘊,1569~1641), 김상헌(金尙憲,1570~1652), 홍익한(1586~1637), 윤집(1606 ~1637), 오달제

(1609~1637) 등의 척화론자의 숭명반청(崇明反淸) 사상은 일반 사림의 광범한 지지를 받은 것이다.

둘째, 호로였던 청나라 군사력에 의한 물리적 강화를 강요하여 조선조의 자율성을 위협한 점이었다. 그러나 이러한 향명반청(向明反淸) 사상은 효종의 등극과 송시열의 중용으로 그 정당성이 인정되고 그 사상적 권위가 지속되어 왔다. 더욱이 무력으로 청나라를 대적할 수는 없었기에 표면상으로는 부득이 신하의 예를 표하였으나 내면상으로는 원수로 경멸하였던 것이다. 그리하여 삼학사 등 주전파가 높이 평가받고 임경업(1594~1646) 장군은 명과 내통하여 청을 치려고 하였던 것이다. 그러나 명맥만 유지하던 명나라가 완전히 멸망하자 청나라는 안심하고 그동안 인질로 잡아갔던 세자(소현세자 · 봉림대군)와 조선사람을 돌려보냈다.

소현세자와 함께 호란의 인질로 8년 간이나 심양에서 고초를 겪은 효종은 민족사의 한(恨)이 맺힌 설욕의 뜻을 두고 북벌(北伐)을 계획하였다.

효종은 송시열(1607~1689)을 중용하여 독대(獨對)를 하면서까지 은밀히 북벌을 추진하였다. 그리하여 대청조약(對淸條約)과 금지되어 있는 병기 제작과 성지 수축을 위하여 일본이 침입할 기세가 있으니 병기 정비와 성지 수축을 허용토록 해달라고 청나라에 요청까지 하였다. 그러나 김좌점(1588~1651)의 밀고로 계획이 좌절되었다.

효종(1649~1659)은 청(淸)에 인질로 있을 때에 그 내정을 살피어 실력을 알고 있었기에 국력을 길러 충분한 군비를 갖춘 후에 북벌을 감행하기로 하였는데 왜란, 호란으로 폐허된 상태에서 국력을 충실히 다진다는 것은 쉬운 일이 아니었다. 그러던 중 효종은 재위 10년에 승하하고 북벌 계획은 실패로 끝나고 말았다.

북벌 계획에 대하여 가부(可否)의 논란이 없지 않으나 효종과 우암은 그 가능성을 확신했었다.

효종은 우암과의 독대에서 휘! 하고 탄식하며 말하기를,

"오늘에 말하고자 하는 것은 당금(當今)의 큰 일이오, 저 오랑캐는 반드시 망할 형세가 있으니, 먼저 한(汗)의 때에는 형세가 매우 번성하였는데 이제 인즉 점점 소모되었고, 먼저 한의 시대에는 인재가 많더니 이제는 모두가 용렬하여 약한 자들이고, 먼젓번 한의 때에는 오로지 무비를 숭상하였는데 지금은 무비를 점차 해이하게 하고 중국의 일을 많이 본받으려 하니, 이것이 바로 경이 전날에 보인 주자가 말한 오랑캐가 중원 사람을 얻어서 중국 제도를 가르쳐 받아 오랑캐가 점점 쇠하고 미약해진다는 것이오, 지금의 한은 비록 영웅이라고 말하겠으나 주색에 빠진 것이 이미 심하여 그 형세가 오래가지 못할 것이다. 오랑캐의 일은 내가 요량하기 오랫노라! 여러 신하들이 다 내가 병사를 다스리지 말 것을 바라지만 내가 굳이 듣지 않는 것은 하늘의 시기와 사람의 일이 어느 날에 그 좋은 기화가 올 때인지 알지 못하겠는 고로 정교한 포수 10만 명을 양성하여 사랑하기를 자식같이 하여서 모두 용감하게 죽을 수 있는 군사를 만들려 하는 것이니, 그런 연후에 그 기회 있는 것을 기다려 그 불의에 내달어 곧장 관(山海關) 밖에 이르면 중원의 의사나 호걸이 어찌 메아리처럼 응하는 자가 없겠소. 대저 곧장 관 밖에까지 이른다는 것은 심히 어렵지 않은 것이 있소. 오랑캐가 무비를 하지 아니하여 요동 · 심양 천리길에 끝내 활잡고 말 타는 자가 없으니 마땅히 무인지경에 들어가는 것 같을 것이요, 또 하늘의 뜻을 가지고 요량한다면 우리나라 세폐(歲幣)를 오랑캐가 다 요동과 심양에 두었으니 하늘의 의사가 모두 우리의 소용이 되게 하려는 것 같고 우리나라 사람이 포로가 되어 간 사람이 그 몇 만명인지 알지 못하겠는데 어찌 내응할 자가 없겠소. 오늘의 일은 오직 그 하지 않는 것을 근심할 것이지 그 성공하기 어려운 것을 근심할 것이 아닌가 하오."하였다.

이에 대하여 송시열은 "성상(聖上)의 뜻이 그러하시오니 비단 우리의 동

방뿐이 아니라 천하만세의 다행이옵니다. 그러나 제갈량은 오히려 성공하지 못하고 '알기 어려운 것은 일이라' 하였사오니 만일 실패하면 복망(伏望)의 화가 있을 것이온 즉 어찌 하겠나이까?"라고 말하였다.

다시 효종이 말하기를 "…나도 나의 재주가 능히 그 일을 해 낸다는 것은 아니오. 다만 하늘의 이치나 사람의 마음에 하지 않으면 안되는 일인데 어찌 재주가 미치지 못하다 하여 포기하고 있겠는가…"라고 대답했다.

우암 송시열은 "청(淸)을 쳐 원수를 갚으려는 북벌(北伐)에서 오늘날 모두들 병력이 약해서 불가능하다고 한다. 그러나 고구려 때는 우리의 3분의 1을 가지고도 타(隋)나라 당(唐)나라의 백만의 무리를 물리쳤다. 또 당태종과 같은 영웅호걸도 우리 안시성을 공격하지 못하고 곤란을 당하였다. 더구나 오늘의 우리 군대는 천하의 병력들이니 어찌 청나라쯤이야 치지 못하랴"고 기축봉사(己丑封事)에서 주장하였다.

효종과 우암의 북벌계획의 성공과 실패는 따질 것 없이 북벌은 나라의 원수라는 단순한 복수심뿐만 아니라 동양적 국제적 질서, 민족 주체의 보존, 전통문화의 계승을 위해서 이룩할 과제였다. 우암은 조선조라는 자기주체의 보전은 우선적 가치로 주장하나 주체성의 현실적 측면에서 한민족이 걸어온 역사의식과 연결시킴으로써 주체의식을 더욱 심화시켰다. 그리고 이 같은 역사의식은 뒷날 서세동점(西勢東漸) 앞에 저항하던 위정척사 사상이나 일제의 침략 앞에 항거하던 의병운동에서 그대로 재창조됨으로써 한민족의 민족의식 성장과 진기(振起)에 끊임없는 역사의 맥락을 이루어 왔던 것이다.

우리는 민족사의 수난을 당할 때에 이를 극복하기 위하여 민족적 자주가 더욱 요구되며 자주적 활력을 되찾아야만 민족사를 재창조하고 전통을 계승할 수 있는 것이다. 그래서 효종이 승하한 후에도 신경윤(1624~1704)은 1669년 이후 연경을 다녀올 때에 북벌의 꿈을 가지고 군비상태 · 지형을 탐문하여 기록하였던 것이다. 비록 북벌계획이 수포로 돌아갔지만 한민족의 자주적 저항과 민족의식을 찾아 볼 수 있으니, 그 웅지야 말로 우리 민족의 뚜렷한 주체사상에서 근본하는 것이다. 즉 북벌사상은 고구려 멸망 후 역대 왕조(王朝)에 계승되어 온 전통적 주체사상이라 하겠다.

4. 대서양관계

대내적으로 조선이 세도정치로 인하여 정치 기강이 문란해지고 천주교의 전래로 사회가 혼란하여 민중이 절망 속에 빠져 있던 19세기 전반기에 걸쳐, 서양은 산업혁명을 거쳐 근대 자본주의사회를 이룩하였다. 그들은 아시아에 눈을 돌려 상품 시장과 원료 공급지를 구하려고 중상주의 정책 하에 식민지 개척에 나섰으니, 포르투칼, 이스파니아, 영국, 불란서, 미국 등 서구 제국들이다. 당시 영국은 세계에서 해가 지지 않는 나라로 불릴 만큼 식민지 개척에 성과를 올려 5대양과 6대주에 식민지를 확보하기에 이르렀다.

대원군이 세계 정세에 어두워 쇄국정책을 씀으로써 일찍 국제사회에 진출하지 못하고 조국 근대화를 늦추었다고 한다. 그러나 이는 잘못된 사관이다. 역사란 그 시대상황으로 평가되어야 하는 것이기 때문이다. 대원군의 쇄국정책과 병인박해(丙寅迫害)는 오늘의 시각에서 보면 국제정세에 능동적으로 대처하지 못하고 8000여명의 생명을 유린하였다는 점에서 비난받아 마땅하지만 민족주의적 차원에서 이해되어야 할 것이다.

왜란과 호란 양란을 통하여 서구문물에 접한 우리는 천주교에 대한 전통사회와의 마찰을 박해라는 탄압의 측면에서만 보아서는 안될 것이다. 이것은 타문화의 침투로 무너져 가는 자기문화의 수호 · 보존이라는 역사적 상황에서 이해되어야 할 것이다. 그것은 오늘날 이스라엘에서 불교나 회교가 수용될 수 없으며, 아랍 회교권 국가에서 기독교나 기타 종교가 수용될 수 있을 것인가를 생각해 보면 정당방위였다고 보여질 것이다.

유교사상, 유교문화로 5백년 간이나 다져진 사회에 침략자들이 신봉하는 천주교 · 기독교가 쉽게 수용될 수 없음은 명백한 이치이다. 천주교인인 서양사람에 의한 군사적 침투라는 상황에서 이해되고, 유교화 된 조선이 그들을 쉽게 받아들일 수는 없다. 그러나 천주교인에 대한 배척과 탄압은 국익우선주의와 자국의 국민은 타국에 있어도 보호해야 할 입장이라는 견지에서 양국의 마찰은 불가피한 것이었다. 그러므로 인간을 최고로 현실을 중요시한 유교와 「하나님」만을 최고로 내세(來世)를 추구하는 천주교가 마찰이 있을 때에 천주교에 대한 제재는 불가피한 것이다.

아무튼 1866년 소위 병인박해 때에 탈출한 불란서 신부가 천진에 있는 불란서 함대에 사실을 보고하여 불란서의 감정을 사게 되고 결국 불란서는 물리적으로 군함을 이끌고 조선의 영토를 침범하였다. 이때에 양헌수가 불란서 군을 격퇴하였으니, 이것이 병인양요이다.(1866) 한편 독일 상인 오페르트는 충남 덕산군에 있는 대원군의 생부 남연군(南延君)의 묘를 발굴하다가 미수에 그치고 도망하는 사건이 일어나 대원군과 민중은 격분하게 되고 따라서 척양사상(斥洋思想)이 더욱 굳어졌다.

고종 8년(1871)에는 미국 상선 제너럴 셔먼호가 평양까지 불법 침입한 사건이 있어 군민관이 배를 소각하고 선원을 죽인 사건이 있자, 미국은 이를 계기로 통상을 맺기 위하여 아세아 함대를 동원, 강화도에 침범하여 광성진에서 어재연(1823~1871)과 격전을 벌이다 물러갔다.(신미양요)

이러한 사건은 우리나라 뿐 아니라 아시아 전역에서 자행되고 있었다. 이것이 미명으로는 통상이라 하지만 서구 열강 제국의 조선 침략이지 통상은 될 수 없었다. 설사 통상이 이루어졌어도 의도적으로 운양호사건을 일으켜 강제로 강화도조약을 체결한 후에 점차적으로 조선을 침략하고 합병하였듯이 중상주의하의 식민지 개척에 혈안이 된 당시 서구제국의 활동으로 보아 식민지화하였을 것은 명백한 일이다.

병인양요로 민심이 술렁이고 국론이 교전양론(交戰兩論)으로 분분할 때에 대원군은 양근 벽계에서 후학을 가르치고 있던 화서 이항로를 불러들여 의견을 들었다. 대원군은 화서가 주장한 전수척화론(戰守斥和論)을 받아들여 그의 문인 양헌수로 하여금 불란서 함대를 격퇴시켰으니, 이것은 열강의 조선 침략에 대한 위기의 극복이었다.

화서의 전수척화론은 송시열의 숭명반청 사상 및 소중화 사상이 화서의 위정척사 사상과 일맥 상통하고 정치적 · 문화적 · 경제적 · 군사적 차원에서 호로인 서양을 배격하여야 한다는 논리로 발전하게 되었다.

화서는 이기론적(理氣論的)으로 서양의 무력적 도전에 대한 조선의 자기 질서 안정에 있어서 조선을 '정(正)'으로 서양을 '사(邪)'로 규정하여 오늘의 양적의 창궐은 위급한 국가존망(國家存亡)의 때에 해당된다고 보고 당면한 국가적 · 민족적 위기로 단정하였던 것이다. 따라서 서양문물은 우리 고유의 질서를 파괴하게 되고 그것은 국가의 위급한 화가 된다고 하였다.

그러므로 양적을 물리치고 위기를 극복하기 위해서는 민족의 의지를 기반으로 한 단결된 저항 즉 국론통일과 총력전이 필요하다고 강조하였다.

화서는 양물배격론(洋物排擊論)에서는 공산품인 서양 물건과 농산품인 우리측의 교역은 우리의 경제적 위기만 초래케 하고 교역론을 배제하여 조선의 자존과 경제적 자립을 꾀하여야 한다고 강조하였다. 이는 보호무역을 통한 경제적 자립을 주장한 것이라 하겠다.

화서의 이러한 대서양관은 송시열의 숭명반청 · 소중화사상과 일맥상통하고 있어 당연히 전개되는 논리일 뿐만 아니라 현실적으로도 타당한 논리였다. 왜냐하면 화서는 초야에서 후진을 교육시키던 선비였지만 천주교에 대하여 문외한이 아니었고 국제정세나 세계 지식에 어두운 사람은 아니었다는 데에서 그의 주장은 단순히 배타적 성격을 지니고 있는 것은 아닌 것을 알 수가 있기 때문이다.

대원군의 대외정책은 민족주의 입장으로 볼 때 불가피한 실정이었으며 비록 개국정책을 폈어도 조국 근대화에는 아무런 도움도 되지 못하였을 것이다. 그리고 화서의 위정척사 사상은 개화사상과 대조를 이루면서 근대 민족주의의 사상적 기반이 되었다. 그의 사상은 척왜(斥倭)하여 구국절의(救國節義)를 지킨 그의 문하생인 최익현, 유인석, 홍재학 등을 중심으로 한 자주적 위정척사파에 계승되고 의병운동 · 독립운동으로 이어지고 있다는 점에서 민족 주체사상으로써 한국 근대민족주의의 정통을 이루고 있는 것이다.

5. 일제의 식민통치

서세동점과 사교의 횡행으로 인한 위기의식에서 전개된 화서 이항로 등을 주축으로 한 위정척사 사상은 일제의 침략기에 있어서는 주로 그 문하생들로 하여금 왜양일체(倭洋一體)라는 대일본관(對日本觀)에서 척사운동이 전개된다.

제너럴 셔먼호 사건, 병인양요, 신미양요에서 나타난 국가 존망의 위기의식과 사교의 횡행이 전통문화를 해치며 서양과의 통상이 경제적 침투의 길을 열어 주어, 결국에 가서는 군사적 침략을 가져와 국가는 망하고 사람이 금수가 돼서 사람다운 삶을 살수 없다는 대서양관의 위정척사 사상은 서양에 의해 개국된 일본도 서양이나 같으므로 일본과 어떤 조약도 체결해서는 안된다는 견지에서 화서의 문하생 김평묵 · 유중교 · 최익현 · 홍재학 · 백낙관 · 이근원 · 박장호 · 유인석 등 재야의 선비를 중심으로 척사운동이 전개된다. 그러나 이와는 달리 변화하는 세계정세 속에서 각국의 문제를 알고 세계 지식을 알려는 소위 개화사상이 싹터 개화 세력을 형성하게 되었다. 그리하여 정계는 개국과 쇄국의 파벌이 되고 상호간 반목과 대립(反目對立)이 날로 격화되어 가고 있다.

이러한 흐름 가운데 대일 강경책과 쇄국정책을 취하던 대원군이 집권 10년 만에 물러나고 고종의 친정과 민씨 정권이 수립되었다. 그리하여 일본은 1875년 외교 교섭을 벌였으나 실패하였다. 그러자 일본은 불법적으로 운양호사건을 일으켜 구실로 삼고 그 다음해에 강압적으로 병자조약을 체결하였다.

이 때에 일본은 이미 국제적 도발을 목적으로 사건을 일으키고 한국 침략의 유리한 방향으로 조약 체결의 방침을 마련하여 놓고 조약에 임한 것이다. 이 강화도조약은 힘의 우세자인 일본과 힘의 열세자인 조선과의 불평등한 조약이란 점에서 조선조의 약점을 드러내게 되고 그러므로 해서 일본에서 조선 침략의 자신감을 주게 되었다.

면암 최익현은 병자수호조약을 반대하는「병자지부상소(丙子持斧上疏)」에서 5개 조항의 부당성을 지적하여 반대하였으니, 이는 면암이 일본의 속셈을 꿰뚫어 본 것이다. 이는 민족적 주체의식을 확립하려는 전통문화의 보존과 조선조에 대한 주권국가로서의 면목을 계승할 수 있는 이유를 들어 진실한 민족평등의 합리성을 주장한 것이다.

결국 일본은 조선 침략의 제1보를 내딛게 되고 이로써 조선은 소위 개화사상을 가졌던 김옥균, 박영효, 유길준, 홍영식 등의 친일세력이 표면화되어 보수 세력과 갈등을 일으키게 되었다.

개화파들은 일본 세력을 배경으로 개화니 개혁이니 하는 명목으로 침략주의 일본 세력을 끌어들이고 일본의 주구적(走狗的) 역할을 하여 이적행위(利敵行爲)에 빠지고 만다. 민씨 일파의 개화정책도 전국 유림들의 반대에 부딪쳐 성토와 상소로 번져가고 그러한 가운데 나라는 날로 기울어져 일본 세력이 뿌리를 내리기 시작하고 일부 수구세력(守舊勢力)에 의해 대원군이 새로 부상하기 시작하였다.

소위 개화정책이란 미명 하에 신·구간의 갈등은 신식 군대와 구식 군대의 차별 대우가 나타나고 그것은 임오군란을 빚어냈다. 그런가 하면 개화·개혁이란 정치적 욕심을 채우려는 김옥균, 박영효, 서광범, 홍영식, 서재필 등은 갑신정변을 일으켰으나 실패하고 말았다. 특히 정변의 주동 인물이었던 김옥균은 개화 후 일본을 드나들면서 일본의 침략적 권모술수에 이용되어 외세를 끌어들여 정변을 꾀했던 것이다.

임오군란·갑신정변은 청·일 양국의 세력이 적극 개입하는 계기가 되고 정계에도 표면상 또는 잠재적으로 친청·친일 두 파벌이 형성되었다. 그 후 동학란으로 인하여 청일전쟁이 일어나고 러시아 세력이 개입함으로써 일부 친러파도 형성되었으니, 이들 친청·친일·친러파는 민족주체사상이 결여된 상태라 하겠다.

동학사상은 서학에 반대하는 사상이지만 유·불·선의 3요소를 가미한 관계로 유교 사상과 반대되고 척양척왜를 외쳤다는 점에서 위정척사 사상과 같은 점이 있지만 출발의 근본과 이론적 근거가 다르기 때문에 위정척사 사상과 다르다. 또 동학난은 기존 정부를 부정하고 정부에 도전하는 민중운동이었다는 점에서 기존 정부를 존속시키며 그 폐단의 시정을 촉구, 개혁을 추구하고 부국강병을 내세운 지식층(=선비)의 창의호국의 애국운동과 상반된다.

아무튼 동학란은 청·일 전쟁을 일으키고 일본이 우위에 서게 되자 러시아 세력이 개입하게 된 것이다.

한편 일본은 조선 정부에 내정 개혁을 강행하여 갑오개혁(甲午改革)을 단행하고 친일주구(親日走狗)들로 하여금 또 하나의 도박(賭博)을 자행한 것이다. 그러나 청국의 개입은 병자호란 후부터 형식적이든 실질적이든 불가피한 일이었다. 침략주의 일본 세력을 끌어들여 정변을 일으키고 나라를 망하게 한 소위 개화당을 독립당으로 부르고 수구파를 사대당으로 부르는 것도 문제이거니와 김옥균 등 갑신오적(甲申五賊)들을 영웅시하고 선구적 민족주의자로 보는 것도 잘못이다. 그것은 해방 후에 친일계의 인맥이 정계를 이어오고 따라서 역사도 왜곡된 채 바로잡지 못하고 있는데서 흐려진 민족사관과 나약해진 민족 주체성의 부르짖음에서 불가피한 현상이라 하겠으나 굳이 사대주의란, 사대당이란 말을 사용한다면 개화당들이야말로 철저한 친일 사대주의자라고 하여야 할 것이다.

의암 유인석의 말처럼 나라가 망하는 것은 우리의 척사수구(斥邪守舊)에 있는 것이 아니라 준비 없이 외세를 끌어들여 자주 없는 개화를 하기 때문이었다.

재야의 자주적 위정척사파들이 끈질기게 반대하고 상소함에도 불구하고 힘없는 조정은 개화주구들에 의해 일본의 침략정책에 이롭게 전개되어 결국에는 국모 명성황후가 시해되고, 국부 고종황제가 독살되었고, 급기야는 한일합병으로 조국이 망하고 민족이 압박과 착취를 당했음은 물론 우리민족의 고귀한 생명이 희생되었던 것이다. 광복 50주년! 그러나 지난날을 생각하면 그 철천지원수의 한을 어찌 풀 수 있으리오! 제국주의 일제의 식민통치 하에서 위정척사파의 재야 선비들은 일제와 싸우면서 또 친일 정부군 저지를 받으며 상소와 성토만이 아닌 무력 행동으로 구국 운동에 나섰다. 그것은 이민족에 의한 시련을 극복하고 한민족사를 이끌어 온 민족 주체사상에 근본한 저항운동이요, 민족운동인 것이다.

조국이 망하고 민족이 압박과 설움, 희생이 커 가는 데도 일본 세력에 아첨해서 부귀영화와 권세를 누리며 치사하게 살아온 민족적 양심도 없는 친일파들, 그들이 해방 후 어찌되었으며 오늘날 어떤 삶을 누리고 있으며, 항일 구국운동가의 후손(유족)들은 어떤 삶을 영위하고 있는가.

일제 식민지 통치 하에서도 민족 정기가 흐르고 있었다면 말할 것도 없이 자주적 위정척사파와 항일 운동가에서만 찾을 수 있는 것이다. 그러므로 일제가 사대사관을 만들어 민족과 민족문화 말살정책을 썼지만 우리 민족은 쉽게 소멸되지 않고 표면상 또는 숨어서, 국내에서 국외에서 일제에 저항하여 독립을 회복하였다. 이는 반만년 역사를 이어오면서 외세에 대항한 끈질긴 저항의식, 역사의식, 민족의식에서 나타난 민족 주체성의 회복인 것이다.

6. 맺는말

유구한 역사와 전통을 자랑하는 우리 민족은 인접한 민족과 국가와의 관계에서 민족의 활동 무대를 잃고 점차 축소된 민족국가를 이루게 되었다. 이제는 그 축소판이나마 조국과 민족이 분단된 고통스런 현실이다. 이것은 일제침략으로 빚어낸 엄청난 상처요, 열강들의 양극화와 강대국들이 진정한 우방(友邦)이 되지 못하고 자국의 이익만을 생각하는 실리주의를 취하기 때문이다. 이제 강토는 극과 극이 마주치는 전장이 되고 만 것이다.

어찌 되었건 이 역사의 현실을 흔히들 지나간 역사가 중국과의 사대관계에서 특히, 유교의 폐단에서 온 결과라는 경향이 많다. 이는 마치 유리대롱을 통하여 사물을 바라보는 것과 같이 세계사 속에서 한국사를 보는 것이 아니라 한국사 속에서의 세계사를 보는 오류일 것이다. 지금 세계사는 대륙 중심 문화에서 해양 중심 문화로 바뀌었다. 그러나 지나간 역사를 그 당시의 현장대로 보려 하지 않고 1세기도 안되는 해양 중심의 서구문물이 몰아닥친 혼돈된 역사의 시점이란 유리 대롱을 통하여 과거 44세기를 바라보는 것이다. 이는 역사의 진실을 알 수 없을뿐더러 자기 현실의 주제도 파악하지 못하는 어리석음의 표출이라 하겠다. 특히 국제관계란 선진과 후진, 강대국과 약소국으로 구분한다면 대륙에 인접한 우리나라는 후자로서 44세기 동안 세계사의 중심이었던 선진 중국과 대외관계가 이루어져 왔다는 점을 생각해야 할 것이다. 지금 서구의 문물제도가 들어온 지 겨우 1세기 남짓하며, 또 44세기의 역사를 가진 우리가 2세기도 안되는 선진 미국의 것을 그저 무턱

대고 받아들여 혼돈된 역사의 현장에 서서 과거 역사를 사대 운운하는 것은 가소로운 일이다.

44세기를 끈질기게 버텨온 우리 조상, 우리 민족의 괴로운 역사를 이해하고 유구한 역사와 전통을 자랑으로 삼아야 할 것이다. 어느 민족 어느 국가이건 시련과 극복은 있었겠지만 우리 민족처럼 강대국 틈에 끼여 크나큰 시련을 겪으면서 슬기롭게 극복한 경우는 볼 수 없다.

오늘 우리가 과거의 그 괴로움을 함께 느끼고 슬기를 자랑스럽게 여기지 못한다면 우리의 역사는 사대주의 역사의 틀을 벗어날 수 없으며 혹 우리가 세계 문화의 중심을 이루면 몰라도…, 따라서 우리 후손이 오늘날을 평가할 때에 또다시 사대주의 역사로 평가하게 될 것은 당연한 논리이다. 이는 사대주의란 말을 남발함으로써 역사를 왜곡하고 민족의 자존의식을 저하시켜 자승자박, 자포자기, 자기비하의 죄를 범하여 후손들에게 물려준 결과라 할 것이다.

근대화라고 보아야 할지, 서구화라고 보아야 할지 미국과 밀착된 역사의 짤막한 한 단계에서 과거 역사의 진실을 발견할 수는 없는 것이다. 자기가 서 있는 현실도 정도의 차이가 있을 뿐 과거 그러한 시대와 다를 바가 없기 때문이다. 과거 중국 문화권 내의 한국사가 현재 서구 문화권 내의 한국사와 기본적 입장에서 무엇이 다르겠는가.

44세기의 긴 역사를 이끌어 온 주체는 한민족(韓民族)이고 그 주체의 생명은 민족 주체성이다. 만약 우리 민족이 사대주의로 일관해 왔다고 본다면 이는 주체성 없이 서구 풍조에 휘말려든 자기 모순에 빠진 결과라 할 것이다.

고대사, 중세사, 근세사에 이르기까지 타민족으로부터 시련을 극복하기 위하여 취하여진 역사의 한 단계 한 단계가 우리 후손들에 의하여 「사대」라는 혹평을 받는다면 조상에 죄가 클 것이며 또다시 후손에 대하여 부끄러운 일이 아닐 수 없다.

우리 민족이 생존하기 위하여 국가를 만들고 그 국가들이 취하여온 외교 관계를 사대로 보는 것은 잘못이다. 우리 민족 생존의 원리가 민족 주체성이라면 우리 민족에 강조되는 것은 과거를 보는 사대주의 사관을 배제하고 자주성과 창조성, 자존심을 길러야 할 일이다.

주체성 없는 외래 문화의 수용은 사대가 될 것이며, 그것은 민족의 자주성과 창조성을 상실하여 세계사 속의 한국사의 존재를 부정하게 된다.

민족 주체성을 망각한 상태에서 역사의 현장을 바라보는 것은 색안경을 쓰고 물체를 보는 것이나 다름없는 일이며, 오늘의 시점에서 역사의 현장을 바라보는 것은 유리대롱을 통하여 하늘을 쳐다보는 것과 같다. 따라서 우리의 역사는 사대주의 일 수밖에 없는 것이니, 자기를 인식하고 자기민족, 자기문화의 올바른 인식과 자존의식이 아쉽다.

6부 인간의 행복과 직업

01절 인간과 행복

1. 행복의 의미

사람은 누구나 행복을 추구하며 살아가고 있다. 인류의 궁극적 목적은 행복이다. 그러나 실제로 행복하다고 느끼는 사람은 없는 것 같다. 그리고 유복한 나라도 없는 실정이다. 인간은 행복을 추구하며 살고, 행복은 욕구충족에서 얻어지는 것이기 때문에 우리는 인간의 행위를 다루는 교양 · 윤리를 이야기하면서 행복을 말하지 않을 수 없다.

래시댈(H.Rashdall)은 행복이란 당면한 현재만이 아닌 과거와 미래를 지닌 인간으로서 존재하는 데 대한 만족으로 보았다. 50대 이상의 사람들에겐 찢어지게 가난했던 어린 시절이 있었다. 그 때는 배불리 먹고 잘 입으면 행복하리라고 생각했었다. 그러나 풍요로운 오늘에 생각하면 오히려 그 가난했던 어린 시절이 행복하게 느껴진다. 미래를 꿈꾸고 살지만 현실은 도덕의 타락과 경제파탄이 불행을 예고하고 있기 때문이다.

인간이 왜 사는가? 사람이 사는데는 반드시 목적이 있다. 그 목적을 이루는 동안의 목적은 수단이다. 그러나 중간의 목적이란 목적이 될 수 없다. 그것은 목표이다. 목적지에 이르기까지 무수한 단계의 수단 목표가 반복되고 최종적으로 목적에 도달하는 것이다. 그러면 최종 목적은 무엇인가? 아리스토 텔레스는 이것을 행복(eudaimonia)이라고 답하였다. 행복해지면 그 이상 더 바랄 것이 없으므로 그것이 삶의 궁극적 목적이 되는 것이다.

그러면 '행복이란 무엇인가?' 행복은 일반적으로 심신의 요구가 충족된 상태를 말한다. 그러므로 그 욕구와 주체를 어떻게 생각하느냐에 따라 여러 가지로 달라진다. 행복은 개인의 감성적 요구의 만족, 즉 쾌락과 동일시하는 에피쿠로스 학파와 공리주의가 있다. 또 행복은 고통이나 불쾌함이 없는 상태, 자족 · 무욕 등의 정신적 독립의 상태를 논하는 쇼펜하우어, 스토아학파가 있다. 그리고 행복을 자아(自我)나 인격의 전체적 · 영속적 만족이라고 보는 플라톤, 스피노자가 있다. 또는 행복을 현실적 종교적 열락(悅樂)으로보는 신플라톤파와 기독교 등이 있다.

사람의 정신적 · 육체적 쾌락의 상태, 편안한 상태, 만족한 상태, 선한 상태, 이상적인 삶, 즐거운 상태, 성취감과 보람, 미에 대한 관조, 이상적인 삶, 종교적 열락(悅樂)의 상태 등이 모두 행복과 관련되어 있으므로 어느 하나를 가지고 행복이라고 결론지을 수 없는 복합개념이다.

복합적인 개념으로 볼 수밖에 없는 이유는 다음과 같다.

① 사람은 가난한 생활 속에서, 또는 정신적 육체적 고통으로 살면서도 행복을 느끼기도 한다.

② 쾌락이 행복의 전부는 아니지만 행복하기 위해서는 쾌락은 빠질 수 없는 요소이다.

③ 행복은 외부적 압력이나 고통을 제거할 때에 자족으로 느껴지는 것이 아니다.

④ 그러면서도 사람에 따라서는 외부적 환경에 의하여 행복을 느끼는 경우가 많다.

⑤ 부귀 · 권력 · 명예는 행복을 주지만 인생의 최고의 목적은 될 수 없다.

⑥ 최고의 선은 행복이지만 악으로도 행복을 느끼는 사람들이 있다.

⑦ 이상적인 삶을 반드시 행복이라고 말할 수는 없다.

⑧ 행복은 시간과 공간을 초월하여 영원할 수 없다.

그러므로 행복은 주체에 따라 주관적 · 객관적으로 다양한 조건과 다양한 종류가 있고, 다양한 의미를 지닌다. 여기서 우리가 '행복하다' 고 말할 수 있기 위해서는 이론적인 깊이를 벗어나 어떤 조건들을 갖추어야 하는가. 현실적 · 환경적인 면에서 생각하여 보기로 하자.

2. 행복의 조건

인간은 행복을 추구하고 살고 있지만 행복한 사람은 아직 발견하지 못하였다. 그러나 이러한 사람은 '행복한 사람이다' 라고 말할 수는 있을 것이다. 이에 대하여 김태길은 행복의 조건으로 주관적 조건 두 가지와 객관적 조건 다섯 가지를 들어 다음과 같이 설명하고 있다.[1]

첫째로 행복하려면 마음이 평화로워야 한다. 마음은 일신(一身)을 주재한다. 질투와 시기, 증오와 분노, 근심과 걱정, 고민과 갈등 등으로 정서가 안정되지 못하고 마음이 불안한 자는 행복하다고 할 수 없다. 완전한 행복이란 있을 수 없다. 일반적으로 기쁨과 만족감이 정서적 · 심리적 · 육체적으로 불안요소들을 쇠약하게 만드는 경우를 보통 행복하다고 할 수 있겠다.

둘째로 자신의 삶에 대해서 보람을 느껴야 한다. 사람이 하루 하루를 무의미하게 살아가면서 보람을 느끼지 못하는 사람들은 행복한 사람이 아니다. 하루종일 땀을 흘리며 열심히 일을 하고, 저녁에 하루를 돌아보고 "아! 오늘은 참으로 보람 있는 하루를 보냈구나!" 하면서 만족하게 여길 때, 우리는 그를 행복하다고 말할 수 있을 것이다.

셋째로 기본적인 생활이 안정되어야 한다. 인간도 생물인 까닭에 생리적 욕구를 충족해야 한다. 의식주에 대한 기본적 욕구를 충족시킬 수 있어야 한다. 입을 옷이 없어서 누더기 옷을 입거나 거지처럼 입고, 먹을 것이 없어 배를 굶주리고, 편안히 잠잘 곳이 없다면 결코 그는 행복할 수 없다. 기본적 생

1) 김태길, 직업윤리와 한국인의 가치관, 철학과 현실사, 1997, pp.40~61.

활이 안정될 때에 마음이 평화롭고 사회적 역할도 건강하고 그래서 사회도 건전하게 발전할 수 있을 것이다.

넷째로 건강해야 한다. 건강을 잃고도 행복하다는 사람은 아무도 없을 것이다. 정신적 · 육체적 건강은 행복의 필수조건이다. 또한 정신적으로 문제가 없더라도 체력의 뒷받침 없이는 행복할 수 없다. 그러므로 정신적으로 건간하고 육체적으로도 건강해야 행복할 수 있다.

다섯째로 자아(自我)의 성장이다. '자아의 성장'이라 함은 정신적 육체적으로 전보다 좋아지는 것을 뜻한다. 학력이 향상되는 것도 자아의 성장이요, 일이나 업무의 능력이 향상되는 것도 자아의 성장이요, 체력 또는 체격이 좋아지는 것도 자아의 성장이요, 인격이 완숙해지는 것도 자아의 실현이다. 전보다 발전하여 좋은 방향으로 달라질 때 그를 행복하다고 할 수 있겠다.

여섯째로 공동체 안에서의 떳떳한 구실이다. 사람은 수많은 공동체의 일원으로서 살아가고 있는데, 그 공동체 안에서 필요한 일꾼으로서 떳떳하게 맡은 일을 해야 한다. 만약 소속에 대하여 별로 도움이 되지 않고 필요한 존재가 되지 못하면, 자신의 삶에 대한 긍지와 자부심을 느끼지 못하고 마음이 편치 못할 것이다. 일자리를 잃은 사람들의 하루생활은 고뇌와 불행이 있을 뿐이다. 소속된 공동체 안에서 제몫을 다하고 인정받는다면 행복할 것이다.

일곱째로 원만한 대인관계이다. 사람은 사회적 존재인 까닭에 여러 사람들과 인연을 맺고 살아간다. 현대사회는 대중사회라 대인관계가 복잡하다. 더불어 살면서 서로가 불신하여 원만한 인간관계를 이루지 못하면 소외감을 느끼게 되고, 상대방으로부터 인정을 받지 못한다면 불행할 수밖에 없다.

이상과 같이 행복의 조건들 중 첫째와 둘째는 주관적 조건이고, 셋째부터 일곱 번째까지는 객관적 조건들이다. 행복은 이와 같은 내면적 조건과 외면적 조건들이 이루어 질때에 가능한 것이다. 사람들이 각각 기본생활의 안정, 건강, 자아 성장, 공동체 안에서의 떳떳한 구실, 대인관계 등의 조건을 충족하면서 서로가 이해하고 협력하며, 사회가 평화를 누리며 번영하면 개인들의 삶은 행복해질 수 있을 것이다.

우리가 보통 유복(有福)하다고 할 때에 복(福)은 다섯 가지를 들고 있다. 상서(尙書) 「홍범(洪範)」에서는 수(壽) · 부(富) · 강녕(康寧) · 유호덕(攸好德) · 고종명(考終命)이라고 하였다. 이와는 달리 통속편(通俗編) 「축송(祝誦)」에서 환담(桓譚)은 수(壽) · 부(富) · 귀(貴) · 강녕(康寧) · 자손중다(子孫衆多)라고 했다.

3. 행복과 쾌락의 유형

윤리를 말하고 행복을 말하면서 쾌락(快樂)은 지나칠 수 없는 일이다. 쾌락은 감성(感性)의 충족, 욕망의 충족에서 오는 유쾌한 감정을 뜻한다. 쾌락은 서양의 윤리사상과 윤리학의 역사를 통하여 다양하고 불분명하고 애매하게 이해되고 사용되어 왔다. 그러므로 다양한 학설이 있다.

① **개인적 쾌락설** : 쾌락에는 보편 타당성이 없고 주관성이 있어 주관적 쾌락만이 의지와 행위를 결정하는 동기가 되며 선(善)이라는 것은 각 개인의 쾌락에 지나지 않는다는 설이다. 데모크리토스, 엘베시우스, 에피쿠로스 등이 이에 속한다.

② **심리적 쾌락설** : 인간은 그 심리에 있어 쾌락을 궁극, 최대의 추구대상으로 삼기 때문에 인생의 목적은 쾌락에 있다는 입장이다. 벤담, 홉즈 등이 그 대표자이다.

③ **직각적 쾌락설** : 쾌락의 추구는 심리적 사실보다도 근원적으로는 실천 이성의 직각(直覺)에 의해서 이루어지며, 도덕은 이러한 실천성 이성이 직각하는 공정의 원리에 의거해야 한다는 합리적 공리주의의 기초가 되는 학설이다. 시지위크가 그 대표자이다.

④ **공중적 쾌락설** : 환경에는 상관없이 각 개인은 행복추구에 평등한 권리를 가지므로 우리의 행위는 '최대다수의 최대행복' 을 목적으로 하여야 한다는 설로써 벤담, 밀, 베일 등이 그 대표자이다.

이 밖에도 진화론적 쾌락설, 양적 쾌락설, 질적 쾌락설 등이 있다. 이러한 다양한 학설에도 불구하고 "인간은 모든 자극이나 쾌락을 빼앗기게 되면 일을 할 수가 없게 된다."는 미국의 신프로이트 학파의 정신분석학자인 프롬(Erich Fromm, 1900~1980)은 1947년 그의 저서 「주체적 인간(Man for Himself」에서 쾌락의 유형을 다음과 같이 4가지로 분류하였다.[2)]

1) 생리적 긴장해소에 수반되는 감정으로서의 쾌락

모든 쾌락의 본질은 고통스러운 긴장의 해소에 수반되는 감정이라는 것이다. 그러면 구체적으로 어떤 것이 긴장으로부터의 해방에 수반되는 감정인가? 구체적으로 말하면 배고픔, 목마름, 성적 만족, 수면, 신체적 운동의 필요성 등의 요구다. 그러한 욕구들이 만족되지 않으면 긴장이 생기고 그러한 긴장이 얼마간 지속되면 그것이 고통스런 긴장으로 느껴진다. 이러한 욕구들을 만족시키려는 객관적이고 생리적인 필요성은 주관적인 '욕망' 으로 인지된다. 이 욕망의 충족에 따르는 감정이 바로 쾌락(만족)이라는 것이다.

2) 심리적 긴장해소에 수반되는 감정으로써의 쾌락

이것은 비합리적인 욕망이 충족되지 않음으로 인해서 생긴 긴장이 충족될 경우에 느껴지는 쾌락이다. 이것은 신체적 필요성에 의해서 생긴 욕구가 아니라 비합리적인 심리적 욕구에 의해서 생긴 긴장의 해소에서 온다는 것이

2) 고범서, 행복의 윤리학, 소화, 1997, pp.102~107.

다. 예를 들면 시기하고 소유하고 학대하려는 사람의 욕망은 충족되더라도 사라지지 않으며 사라진다고 해도 순간적으로 밖에 사라지지 않는다는 것이다. 그러한 비합리적인 욕망들의 본성은 그것들이 '만족될 수 없다'는 데 있다. 만족되더라도 일시적이며, 그것을 완화하는 정도에 그치고 만다. 작은 명예를 얻고 나면 보다 큰 명예를 추구하려하고, 그래서 만족을 얻지 못하고 주체성이 없이 충족만 쫓아가는 불행한 인간이 된다는 것이다.

3) 어떤 종류의 작업의 성취에 수반되는 즐거움

여기서 작업의 성취란 테니스 게임이나 어린이의 제기차기와 같은 것을 말한다. 이러한 활동은 어떤 작업을 수행하는데 약간의 어려움은 있지만 어떤 특수한 기술을 요하는 활동을 필요로 하지 않는다. 그렇기 때문에 그러한 활동에서는 사람의 잠재적 가능성을 발휘하는 생산성이 반드시 필요하지 않다. 이러한 종류의 쾌락은 작업이 가지고 있는 약간의 어려움을 극복하고 그것을 성공적으로 수행하는 데 수반되는 쾌락이다. 취미나 오락생활에서 얻는 즐거움이 이 같은 쾌락에 속한다고 할 것이다.

4) 긴장의 이완에 수반된 쾌락

이것은 노력의 이완이 아니라 긴장을 푸는 긴장의 이완에 수반되는 즐거움이다. 인간의 유기체는 계속해서 활동하고 따라서 긴장을 계속할 수 없다. 그러므로 긴장을 푸는 것, 즉 휴식은 유기체의 활동의 주기적 반복을 조절하기 위해서 매우 중요한 기능이다. 긴장의 이완이 주는 이 같은 쾌락은 우리의 삶에 있어서 필요하고 중요한 것이다.

휴식은 삶의 에너지를 재충전하는 것이거니와 그 즐거움은 삶의 행복이 아닐 수 없다.

4. 행복과 쾌락과 기쁨

인간이 생리적 욕구의 충족에 수반되는 쾌락은 생존과 행복한 삶의 조건이지만 기쁨(joy)이 없는 삶은 행복한 삶이 아니다. 욕구가 충족되지 않은 결여(lack)를 충족시켜 주는 데서 생기는 만족감을 쾌락이라고 한다면 기쁨(喜樂)은 풍요의 영역에서 주어지는 만족감(쾌락)이다. 프롬은 사람은 누구나 쾌락(만족)과 비합리적 쾌락 및 기쁨을 즐기지만 그것들 중의 어느 것에 중점을 두는가에 따라 그의 사람됨이 구별된다고 하였다. 그는 모든 영역의 활동에서 부족과 풍요 사이의 구별이 쾌락 경험의 질을 결정한다는 것이다. 모든 사람은 누구나 삶에 있어서 쾌락(만족), 비합리적 쾌락, 기쁨을 체험하기 마련이라는 입장이다. 그리고 사람들을 구별짓는 것은 그들의 삶이 이러한 쾌락들 중에서 어느 것에 무게를 두느냐 하는 것이다.

쾌락(만족)과 비합리적 쾌락은 감정적 노력을 요하지 않는다. 다시 말해서 단지 긴장을 해소하는 조건을 생산하는 능력을 요할 뿐이다. 희락(joy)은 성취이다. 그것은 내면적 노력, 즉 생산적 노력을 전제로 한다. 프롬은 인간과 모든 생물에게는 다른 존재들과의 결합(합일)을 통해서 자기를 성취하려고 하는 욕망이 있다. 이를 구체적으로 말하면 인간과 생물은 음식, 운동, 성장, 집단에의 참여, 성적 결합을 원하는 욕망을 가지고 있다. 이러한 욕망들의 성취는 쾌락에 의해서 수반된다. 그러나 욕망되는 것은 쾌락 자체가 아니라 욕망을 채워주는 것과의 결합인 것이다. 폴 틸리히(Paul Tillich)는 욕망으로 인해서 생기는 결합에는 쾌락이 수반되지만 사람이 욕망하는 것은 쾌락이 아니라는 것이다. 여기서 채워진 욕망은 쾌락이고, 채워지지 않은 욕망은 고통이다. 그러나 이러한 사실들로부터 삶이 본질적으로 고통을 피하고 쾌락을 추구한다는 의미에서 고통-쾌락을 끌어낸다면 그것은 언제나 삶의 부패가 초래된다는 것이다. 오직 왜곡된 삶만이 고통-쾌락의 원리를 좇는다는 것이다.

틸리히는 '참된 성취' 또는 '인격적 중심에서 성취'만이 희락을 줄 수 있다고 하였는데, 그것은 사람이 예술이나 문학 또는 학문과 종교 및 직업에서 그가 추구하는 참되고 선한 진리와 가치를 각자 나름대로 고유하게 실현하는 것(自我實現)을 말한다. 이와 같은 고범서의 해석은 틸리히가 주장한 "희락은 성취를 위한 인간의 추구적 노력의 모든 수준에 존재한다. ……희락이 있는 곳에 성취가 있다. 그리고 성취가 있는 곳에는 희락이 있다. 성취와 희락에서는 삶의 내적 목적과 창조의 의미와 구원의 목적이 달성된다."는 글에서도 알 수 있다.

프롬은 자아실현에 수반되는 만족감을 희락이라 하고, 기쁨의 지속적이고 통합된 상태를 행복이라고 한다.

5. 쾌락주의의 비윤리성

쾌락주의는 고통을 피하고 쾌락을 취하는 것을 선(善) 또는 삶의 목적으로 여기는 삶의 원리를 말한다. 그런데 사람이 쾌락추구를 삶의 목적 그 자체로 삼으면 삶이 가지고 있는 희락이나 종교적 열락(悅樂)을 도외시하게 되고 무관심하게 된다. 그렇게 되면 삶이 물질적 본능적 쾌락만을 추구하게 되고 더 나아가서 보다 강렬한 쾌락만을 추구하다가 마침내는 물질적 · 본능적 쾌락만을 추구하는 향락주의(享樂主義)에 빠져버리고 만다. 그렇게 되면 도덕적 타락과 삶의 사치와 퇴폐의 수렁에 빠지게 되고 자신의 불행은 물론 가정과 사회와 국가의 파국을 초래하는 원인이 될 것이다.

향락주의는 향락을 인간의 최상의 목적이라고 하는 주의이다. 향락주의의 대표자는 소크라테스의 제자 아리스팁포스(Aristippos; BC.435~355)로서 그는 우리들에게 확실한 것은 개개인의 감각뿐이며 이것이 우리들의 행위에 규준(規準)을 준다. 더욱이 이 행위의 목적은 개인적인 달콤한 감각임과 동시에 한 번만 존재하는 현재의 쾌감(快感)이다. 이런 의미에서는 가장 현실적인 육체적 쾌락을 높이 평가하는 육욕적(肉慾的)인 향락설이다. 그에 의하면 행복은 이런 개개의 현실적 쾌감이며 행복은 철학의 목표임과 동시에 인생의 목적이다. 그는 "쾌락설만이 자기 목적적이며 최고선(最高善)이고 기타의 모든 것은 그저 쾌락을 얻는 수단으로써만 의의가 있다. 선(善) 또는 덕(德)도 이와 마찬가지이다."고 할만큼 철저한 쾌락주의자이다.

우리는 물질적 및 관능적 향락주의 추구의 삶이 도덕적 타락을 초래하여 국가나 세계에 얼마나 심각한 결과를 가져오는 가를 알아보자. 미국의 즈비그뉴 브레진스키는 그의 저서 「통제이탈(Out of Control, 1993)」에서 미국은 '마음대로 허용되는 풍요'에 떨어졌다고 진단하고, 물질적 및 관능적 향락에 빠져 있다고 경고하였다. .

오늘날 미국이 '마음대로 허용되는 풍요'가 지배하는 상황에서, 세계는 지구촌 시대로 발전하여 세계에서 일어나는 일들을 나라 안에서 일어나고 있는 것처럼 방안에서 생생하게 볼 수 있게 되어가고 있다. 그런데 세계의 인구는 2,000년에는 70억이 되고, 2025년에는 85억이 되는데, 85억 중 65억은 빈곤 속에 살게 될 것이라는 예측이다. 이렇게 되면 국가 간의 정보가 신속하게 교환되는 정보화시대에서 65억의 빈곤한 국가들은 나머지 부유한 국가들에 대하여 상대적 빈곤감을 느끼며, 증오와 적대감을 가지고, 나아가서는 부유한 국가와 가난한 나라들 사이에 충돌이 생길 수 있다는 것이다.

브레진스키는 21세기에 대한 전망에 있어서 매우 심각한 문제를 제기하고 있다. 그에 의하면 20세기는 히틀러, 스탈린, 모택동 등의 '초신화' 정치에 의하여 1억6천7백만 명이 학살된 '초사망'의 시대라는 것이다. 지금은 21세기로 진입하고 있다. 21세기에는 총체적인 통제의 정치에서 벗어나 '마음대로 허용되는 풍요'에 빠지게 될 것이라는 예측이다. 이로 인하여 미국은 지도력을 상실하여 세계를 이끌어 나갈 수 없으며, 미국이 지도력을 상실하면 미국이 아무리 경제대국, 군사대국이라 하더라도 세계질서를 유지할 수 없을 것이라는 전망이다.

그러므로 21세기는 20세기 못지 않게 혼란한 세기가 될 것이라고 예측한다. 그래서 브래진스키는 '서구의 소비사회는 삶에서의 물질적 측면과 정신적 측면의 조화와 균형을 찾음으로써 물질적 및 관능적 자기만족 추구에 제약을 가하는 것을 배워야 한다고 주장한다. 그리하여 사회적 필요와 개인적 만족, 지구적 빈곤과 국가적 부유, 물질적 자연 및 심지어 인간 존재의 무책임한 변조와 자연의 유산 및 인간적 정체성의 본래성을 보존하려는 노력 사이의 균형을 이룩하려는 의식적 노력의 필요성을 역설하고 있다.

브레진스키에 의하면 오늘의 산업사회의 인류는 물질적 욕망과 관능적 쾌락만 집착하여 삶의 정신적 차원에 대하여 무관심하고 무감각하면, 21세기는 혼란하고 불안한 세기가 될 가능성이 있다는 것이다. 핵무기의 개발이 확산되고 화학무기와 세균탄이 발달되어 각종무기의 개발로 인류는 상상조차 하기 어려운 파멸의 위기에 직면하게 될지 모른다는 것이다.

그러므로 쾌락주의는 물량주의, 향락주의에 빠지고 인간적 가치와 도덕적 가치를 타락시켜 국가와 민족, 인류와 문명의 파멸을 초래할 수도 있는 것이다.

02 절 경쟁시대의 생존전략

1. 자유경쟁의 필연성

경쟁은 하나의 대상 · 목표 · 목적에 대하여 다투는 것을 말한다. 경쟁하고 있는 개인 또는 집단의 만족은 상대방의 만족을 배제하는 결과가 되지만 목표로 향하는 힘은 투쟁처럼 상대방에게 직접 향하는 것이 아니라 병행하고 있다는 점에 특색이 있다. 경쟁은 지향이 비인간적인 목적물에 나란히 평행으로 이루어지고, 무의식적 · 영속적인 일이 많음에 대하여 투쟁은 인간의 지향이 직접 상대의 개인 또는 집단으로 향하고 의식적이고 감정적인 표현이 격렬하여 영속성이 없고 돌발적인 점이 다르다.

경쟁은 사회의 진전에 따라 사회질서의 원리로서 또 사회변동의 원동력으로서 점점 그 비중을 증가하여 사회의 발전과 인격의 형성에 큰 영향을 끼친다.

국제사회는 교통, 통신, 정보산업의 급격한 발달로 인하여 하나의 세계를 향하여 전진하고 있다. 경쟁은 국내에서의 경쟁뿐만 아니라 국제적 경쟁이 불가피한 현상이다. 세계가 "하나의 마을"로 변해 가는 시점에서 내국인 간의 경쟁에서 외국인 간의 경쟁을 피할 수 없게 되었다.

미래사회는 정보화 및 개방화 시대를 지향하고 있다. 정보 및 통신체계의 획기적 발달은 인류사회의 가족형태, 노동조건, 경제구조, 정치활동 등 다양한 측면을 구조적으로 개편함으로써 다양한 형태의 국제사회를 창출하고 있다. 여기서 내가 살아 남고, 우리가 살아 남기 위해서는 경쟁이 불가피하다. 여기서 이기려면 나의 학문 · 지식 · 기술 · 능력 등이 '세계 최고' '세계 일류' 의 수준급에 이르지 않으면 안된다.

자본주의 사회는 자유경쟁을 원리로 하고 있다. 자본주의는 자유경쟁을 통하여 영리를 추구하고 부를 축적케 한다. 그러나 본래의 자본주의 정신은 직업정신으로 근면 · 검소 · 절약 · 정직을 생활원리로 하고 있다. 아무리 우리가 '세계최고'를 향하여 다름질 치고 목적지에 도달하였어도 이러한 정신이 결여되었으면 모래 위에 탑이나 다름이 없기 때문이다.

우리가 1997년 도약단계에서 IMF시대를 맞이한 이유는 무엇 때문일까? 그것은 자본주의 사회에 속에서 도덕성이 결핍된 상태로 무엇이든 경쟁만 할 줄 알았지 진정한 직업정신인 근면 · 검소 · 절약(예비) · 정직을 상실했기 때문이다. 아무리 무한한 경쟁시대를 맞이하여 승리를 쟁취하였어도 도덕성이 결여되어 있다면 아무 소용이 없는 것이다.

2. 실력배양과 자격취득

미국의 미래학사 토플러는 최근 제3물결의 정치, 새로운 문명의 창조라는 저서에서 현재 진행중인 정보혁명이 가지고 있는 의미를 "인류사회의 정치, 경제, 사회, 문화 등 모든 분야에서 새로운 가치관을 출범시키게 될 것"이라고 예언하였다. 컴퓨터 기술 혁명으로 대두되는 새로운 문명을 토플러는 「제3의 물결(The third wave)」이라고 하였다. 이 말은 '제3차 혁명'이란 말로 이미 세상에 나온지 오래된 말이다.

인류 역사상 문명의 진보에는 대개 혁명이 두 번 있었다고 본다. 제1차 혁명은 인류가 일정한 주거도 없이 수렵 · 어로 · 채집 생활에서 농경 · 목축업으로 정착생활을 하는 단계이고, 제2차 혁명은 1760년~1830년대 영국에서 일어나 100년 동안에 유럽 등 세계 각국으로 번져나간 산업혁명이다. 인간의 근육노동을 기계가 대신하게 되었다. 인류가 태어나면서 제1차 혁명까지와 제1차에서 제2차 까지는 너무나 지루하였다. 그러나 제2차에서 제3차까지는 너무나 빠르다. 제3차 혁명은 인간의 두뇌의 역할을 기계가 대신하게 된다. 즉 컴퓨터 기술 혁명에 의한 새로운 문명이 그것이다. 그래서 미래사회에는 정보산업 분야의 직업이 주종을 이룰 것이라는 것이다.

앞으로 세계사의 중심이 아시아와 태평양으로 옮겨질 것이라고 전망하는 사람들이 있다. 세계문화는 먼 옛날의 그리스, 이스라엘, 이집트 등 중동에서 근세에는 스페인 ,영국, 프랑스, 독일 등 유럽으로 그 중심이 옮겨갔고 제1차 세계대전을 계기로 미국이 세계 최대 강국으로 부상하였다. 미국은 영역을 넓혀서 태평양 한가운데 위치한 하와이까지 차지하였다. 그러나 일본은 미국과 어깨를 겨루는 경제대국으로 급성장하였고 한국의 발전상과 중국의 잠재력 그리고 동남아 제국들이 선진 대열을 뒤쫓고 있다는 것이다. 그러므로 어느 지역의 나라가 세계사를 좌우하게 될지는 명백하다는 것이다.

앞으로 세계사의 중심지는 아시아 태평양 시대가 도래할 것이라는 예견이다. 그러나 아시아 태평양에 위치한 모든 나라가 영광과 번영을 누린다는 보장은 없다. 약소국은 항상 강대국 그늘에서 어려운 시련을 겪어야만 하기 때문이다. 앞으로 아시아 태평양시대가 도래하더라도 그 주도권은 일본과 중국이 잡게 될 것이다. 중국의 광활한 국토와 풍부한 자원, 저임금의 풍부한 노동력과 그리고 일본의 단결력과 질서의식과 첨단 기술이 이를 가능케 하고 있다.

그러나 한국은 사정이 다르다. 땅덩어리도 좁고, 국가공동체의식이 결여되어 있고 사치와 방탕과 이기주의와 향락주의에 빠져있다. 경제는 물거품경제가 되어 파탄에 이르고 말았다. 중국과 일본 틈바구니에서 민족이 겪었던 고초와 불행을 거울삼지 않고 나태와 안일과 향락으로 빠져들고 있다.

앞으로 국제질서가 재편되어도 한국의 위치는 변함이 없을 것이다. 국제적인 교류가 증대하고 이해관계를 둘러싼 갈등도 심화될 것이다. 중국의 동북공정, 즉 백두산은 물론 북한과 남한이 결코 독립국이 될 수 없을 것이라는 것이 그들의 확신이다. 경쟁에서 스스로를 지키면서 우리나라의 계속성,

민족의 생존을 위해서는 정신을 똑바로 차리고 세계사의 변화에 대비해야 할 것이다.

이와 같은 시대적 변화에 대비하여 우리가 살길은 힘에는 힘으로 대항할 수밖에 없다는 결연한 각오를 하지 않으면 안된다. 그것은 '국내에서 최고'로 인정받는 실력을 배양할 뿐만 아니라 '세계에서 최고'로 인정받는 지식과 기술을 보유하지 않으면 안되기 때문이다. 양적인 국민이 아니라 질적인 국민을 교육하지 않으면 안된다는 것이다. 일인일기(一人一技)를 부르짖던 시대가 지나간 것이 아니다.

3. 자아인식과 자기계발

자아인식(自我認識)이란 일상적 · 자연적 상태에 놓여 있는 단순한 심신합일체(心身合一體)로서의 자기를 반성함으로써 자기의 자유와 책임을 스스로 질수 있게 된 진정한 자기를 발견하는 것이다. 진정한 자기발견이 없이는 자기계발이 불가능하다. 진정한 자기발견이란 미완성된 존재로서의 자기의 여러 가지 부족한 점과 사회적 적응능력을 깨닫는 일이다.

대한민국 헌법 제1조에는 "대한민국은 민주공화국이다."라고 규정하고 다시 "대한민국의 주권은 국민에게 있고 모든 권력은 국민으로부터 나온다."고 규정함으로써 민주주의 국가임을 천명하고 있다. 국민이 국가의 주인이라면 나라가 잘되고 못되는 것은 그 책임소재가 분명하다. 국민이 질적으로 수준이 높아야 정부를 감독할 수 있고, 올바른 지도자를 뽑을 수 있다. 올바른 지도자라야 정치, 경제, 교육 등 나라 살림이 전반적으로 향상될 것이다. 기업이 발전하는 길도 이와 다를 바가 없다.

대학에 수신 · 제가 · 치국 · 평천하(修身齊家治國平天下) 한다는 가르침이 있다. 그렇게 하기 위해서는 격물 · 치지 · 성의 · 정심(格物致知誠意正心)이

선행되어야 한다. 이것은 모든 사람의 수양에 기본이 된다.

현대 산업사회를 살아가려면 자기 자신을 누구보다도 잘 알아야 한다. 자기 자신을 안다는 것은 대인관계에서나, 직업을 선택하는 데서나, 사업을 하는데 있어서 매우 중요하다. 자신을 알고 자신을 발전시키려면 자신을 돌아보는 일이 필요하다. 그리하여 자신의 성격과 적성과 처지와 분수와 능력과 사상과 사고와 학식과 건강 등을 헤아려서 미래를 설계하고, 부족한 점을 메꾸기 위해 부단한 노력을 경주해야 할 것이다. 소크라테스가 "너 자신을 알라"고 하였다. 우선 자신을 한 번 돌아보자.

• 성격과 적성을 알아보자
• 장점과 단점이 있다면 무엇인가
• 마음먹은 일은 초지일관하는가
• 과거의 경험과 능력은 어떠하였는가
• 직업의식과 책임감은 강한가
• 무엇인가 하고자하는 의욕이 있는가
• 관계하고 있는 사람들과 대인관계는 원만한가
• 도덕성에 문제되는 일은 없는가
• 세상 돌아가는 정보가 어둡지는 않은가 하는 것 등이다.

이렇게 하여 자신을 한 번 돌아보고 문제가 제기되면 부족한 점은 보충하고 고쳐야 할 점은 고치도록 계획을 수립하여 실천하는 것이다. 자신의 계발은 자신의 성장을 위한 지름길이다. 자기 성장 없이는 경쟁에서 뒤질 수밖에 없다. 자기계발을 위해서는 다음과 같이 여섯 가지를 생각할 수 있겠다.

① **적극적 사고** : 현재의 능력보다는 적극적인 사고를 가져야 한다. 소극적인 사고는 실패의 원인이다.

② **자기관리** : 자기관리란 심리적 안정과 언어 · 태도 · 표정 · 예절 등의 변화가 따라야 한다.

③ **건강관리** : 정신적 · 육체적 건강 관리가 필수적이다. 적당한 운동, 다양한 영양섭취, 스트레스의 소화 등이 필요하다.

④ **여가선용** : 하루 일과 외에 남는 시간을 적절히 분배하여 쓴다.

⑤ **시간관리** : 하루의 시간을 전략적으로 잘 분배하여 활용하는 것이다.

4. 직업정보의 수집

정보가 늦으면 경쟁에 뒤진다. 인생도 마찬가지이다. 국제적 사회의 추이, 정치권력 구조의 변화, 법률의 제정과 개폐, 산업 · 경제의 변동, 자신의 목표와 자신의 생활과 관련된 사물의 동정을 빨리 알아서 적절히 대처해야 한다. 정확한 정보는 일의 성공과 실패를 좌우한다. 더구나 복잡하고 변화무쌍(變化無雙)한 시대를 살아가려면, 그리고 자기의 어떤 목표와 관련된 긍정적 부정적 정보를 입수하고 적극 대처하지 않으면 실패하게 마련이다. 이것은 운동선수가 꼴인 지점에서 촌극을 다투어 승리가 결정되는 것이나 마찬가지이다.

회사의 신입사원 채용은 대략 신년도 충원계획에 의한 것이므로 취업계절하면 대략 11월 말경부터 12월과 1월 초가 될 것이다. 물론 중간에도 충원이 불가피한 경우에는 비공개로 모집하는 경우도 있다. 해마다 취업철만 되면 취업 · 직업정보가 쏟아져 나온다. 그러나 각 정보가 각각 상이한 차이가 있으므로 올바르게 분석하여 취사선택(取捨選擇)하는 것이 좋다. 취업정보를 입수하려면 다음과 같은 방법[3]을 이용하는 것이 좋을 것이다.

① **대학취업전담기구** ; 취업정보센터, 산학협력과, 취업상담소 등

3) 이경훈, 취업준비노트, 일터와 사람, 1993, pp.41~50.

② **매스컴의 활용** ; 즉, 신문, 방송, 사보, 업계의 전문지, 취업정보지 등

③ **취업 광고** ; 대규모 광고, 약간명 구인광고 등. 여기엔 주의할 점이 있으므로 잘못하다가는 인신매매조직이나 피라미드 조직처럼 큰 낭패를 당하는 수가 있다.

④ **기업설명회** ; 리쿠르트 종합취업설명회, 대학별 기업설명회, 기업주최 설명회 등

⑤ **선배와의 대화** ; 선배초청 간담회, 직접방문,

⑥ **친구끼리의 정보교환** ; 직장친구와의 정보교환, 정보수집팀 결성

⑦ **전자통신 네트워크** ; 하이텔(서울 513~2114), 천리안(서울 220~0220) 포스서브(서울 411~1399) 등

⑧ **취업안내 알선기관** ; 공공직업안내소, 민간직업안내소 등

03 절 인간과 직업

1. 인생의 설계

인생이 행복한 삶을 영위하자면 합리적인 인생설계가 필요하다. 설계 없이 살아가는 인생은 바람 따라 물결 따라 흘러가는 나룻배와 같은 것이다. 바람 부는 대로 정처 없이 떠도는 구름과도 같은 것이다. 삶에 대한 목표도 없고 중심도 없고 변화도 모르면 미래에 대한 희망도 없다. 삶을 설계함에 있어서 고려하여야 할 사항이 있다.

첫째, 인생을 설계함에 있어서 자신에게 주어진 여건을 충분히 고려하여야 한다. 사람은 누구나 소질과 환경, 취향에 남다른 차이가 있다. 이렇게 사

람에 따라 다른 여건을 충분히 고려하여야 한다. 사람에 따라서는 삶에 모험주의자가 있고 도박처럼 요행을 바라다 운 좋게 복권 당첨되듯 행운을 차지하는 경우도 있다.

건물을 지으려면 대지, 재목, 자금, 용도, 주변 환경 등을 고려해야 하듯 인생 설계에도 자신의 실정에 맞는 합리적인 설계가 필요하다.

둘째, 인생을 설계함에 있어서 내면적인 가치가 우위로 실천되도록 설계하여야 한다. 즉 삶의 과정에서 외면적 가치에 의해서 내면적 가치가 밀려나는 경우가 없도록 설계해야 한다. 여기서 '외면적 가치'란 재산, 권력, 지위, 명예 같은 외적인 요인들에 의하여 가치가 결정되는 경우이다. '내면적 가치'란 인격·사상·학문·예술·사랑과 같은 것으로 가치의 실현이 그 가치를 경험하는 자신의 내적 요인에 의해 결정되는 경우이다.

사람들은 대부분 권력, 금력, 사회적 지위, 명예 등 외면적 가치를 우선시하는 경향이 있다. 그렇게 되면 자기 직업에 만족하기 어렵다. 그러므로 내면적 가치를 우선으로 하는 인생설계를 하여야 할 것이다.

셋째, 인생을 설계함에 있어서 사회규범을 준수하는 범위 안에서 설계하여야 한다. 자기의 인생설계는 자기가 원하는 방향으로 자유롭게 설계할 수 있다. 그러나 사람은 사회적 존재이기 때문에 자신이 처해있는 공동체의 존재와 운명을 같이한다. 그러므로 개인의 자유는 방임되는 것이 아니고 제한을 가할 것이 요구된다. 사람이 무한한 욕망을 가지고 제 멋대로 살기를 괴한다면 불법이 난무하고 질서가 파괴되어 아수라장이 되고 모든 사람이 불행하게 될 것이다.

직업을 선택하는 것은 자유이지만 의사라야만 의료행위를 할 수 있으며, 의사라고 하여 마음대로 낙태수술, 뇌사환자를 처리할 수 없다. 공무원도 일정한 자격이 요구된다. 공무원이 되었다 하더라도 복무 중 기밀을 누설해선 안된다. 이와 같이 인생을 설계함에 있어서 공동사회의 질서를 파괴하는 행위는 없도록 설계하여야 한다.

2. 인간과 직업

사람은 일하는 동물이다. 인간은 잠자는 시간을 빼놓고는 의식적인 행동(일)을 하며 살아간다. 인간은 생계를 유지하기 위하여 자연을 변화시키며 자연물을 가공하는 일을 하지 않으면 안되었다.

창세기에 보면 일은 인간만이 하는 것이 아니다. 우주만물을 창조한 신도 6일간 일을 하고 일곱 번째 되는 날은 일하지 않고 쉬었다는 기록이 있다.(창세기1장 1~2절) 이와 같이 신성하였던 일이 어느 날 하나님의 명령을 어기고 선악과를 따먹은 다음에는 그 벌로써 일은 수고와 고통을 수반하는 형벌로 바뀌었다. 그리고 "누구든지 일하기 싫거든 먹지도 말라."(살후 3장1절)고 하였고, 탈무드에서는 "자기가 하는 일을 보람으로 생각하면 한평생이 천국이요, 자기가 하는 일을 의무로 생각하면 한평생이 지옥이다."라고 하여 일의 당위성을 강조하였다.

그러나 근대적 개념의 직업이란 산업혁명 이후에 쓰인 말이다. 19세기의 산업사회에 접어들면서 일과 노동의 개념은 '직업'의 개념으로 변화하게 되었다. 직업이란 생활에 필요한 물자를 획득하기 위한 계속적인 정신적·육체적 노동을 말한다. 다시 말하면 "직업은 정신적·육체적 에너지의 소모에 따라 그 보수로써 경제적 급부를 받아 그것에 의하여 생활을 유지하는 지속적인 사회활동"을 말한다. 그러므로 직업이란 "경제적인 소득을 목적으로 하는 성인들의 일상적인 생산적 활동"이다. 그리고 활동의 지속성이 유지되기 위해서는 개인의 능력·적성·개성 등이 그러한 활동에 합치되어야 한다.

그리고 사회활동이란 점에서 직업은 단순히 개인의 생계유지를 위한 직접적 노동으로만 끝날 수 없는 사회적 역할의 분담인 것이다. 사람은 누구든지 자신의 생계를 유지하기 위해서는 일정한 사회적 역할을 분담해야 하고 이 분담된 역할이 충분히 수행될 때만 사회는 유지 발전되고, 사회가 유지 발전되는 한에서만 개인의 생계가 보장된다.

사람은 일하는 동물이다. 학생들이 그동안 배워왔고 현재 교육을 받는다는 것은 인격도야라는 도덕적 수양과 지식과 기술을 습득하여 전문직업인이 되기 위한 준비과정이라는 두 가지가 있다. 어차피 인생은 건강이 허락하는 한은 평생동안 직업을 떠나서는 살 수 없을 것이다. 그렇다면 미래에 내가 어떤 직업과 어떠한 직업관을 가지고 사회적 역할을 분담하면서 자신을 성취하고 내 가족, 내 이웃과 함께 공동체 속에서 뜻있고 보람 있는 삶을 영위할 것인가를 꿈꾸지 않으면 안된다.

3. 일하는 목적

사람의 하루 생활은 크게 가정생활과 직업생활로 대별된다. 그리고 시간적으로 말하면 수면하는 시간을 빼고는 가정생활보다 직업생활로 보내는 시간이 많은 편이다. 생계를 유지하는 데 필요한 돈은 직업을 통하여 받는 월급으로 충당되고 있다. 그러므로 돈을 벌기 위해서는 직업을 가져야 하고 직업을 선택하는 데는 자기의 적성과 취미와 보수가 맞고 장래성이 기대되며 일의 보람을 느낄 수 있어야 한다. 이와 같이 직업인이 직업을 보는 인식, 태도 또는 상태를 직업관(occupational view)이라고 한다. 직업을 보는 관점은 대개 다음과 같이 네 가지로 분류하여 생각할 수 있다.

첫째, 직업을 통하여 생계유지에 필요한 돈을 벌기 위한 보수지향형이 있다. 사람은 생명과 육신을 보존하기 위해서는 의식주가 필요한데 이것은 돈이 아니고는 해결할 길이 없다. 여기서 직업은 산업의 의미를 갖는다. 생업과 관련 없는 단순한 사회적 기여만 생각한다면 그것은 봉사에 해당한다. 돈은 내가 에너지를 소비한 만큼의 '받는 것' 이다. 사람들은 사회적 기여나, 자아실현이나, 출세는 그만두고라도 우선 보수체계가 좋은 기업체나 직업을 택하려 한다. 이런 사람들은 대개 경제적으로 유족하지 못한 사람들이다.

둘째, 직업을 통하여 가정과 사회와 국가에 기여하려는 기여지향형(寄與指向型)이 있다. 사람은 돈만 가지고 사는 것이 아니다. 내가 하는 일에 의하여 사회 여러 사람의 욕구를 충족시켜 주고 국가사회에 기여할 경우 거기서 삶의 보람을 느끼게 된다. 직업은 내가 '사회에 주는 것' 이라면 돈은 '사회로부터 내가 받는 것' 에 해당한다. 이들은 부유한 사람들로 보수보다는 사회적 기여도에 만족하고 보람을 느끼는 사람들이다.

셋째, 직업을 통하여 각자의 자질과 능력을 발휘함으로써 자아를 실현하려는 자아실현적(自我實現的) 직업관이다. 사람은 반드시 의식적으로 느끼지 않더라도 성실하고 안정된 직장생활로 '자아의 성장' 을 얻게 된다. 여기에 속하는 사람들은 직업을 통하여 자기의 소질과 능력을 발휘할 수 있다는 데 만족하고 있다.

넷째, 직업을 통하여 사회적 명예와 권세와 지위를 얻으려는 출세지향형이 있다. 그러므로 한 직업에 만족하지 않고 여러 가지 사회적 역할에 참여하고 천문학적 숫자의 돈을 탕진하면서까지 자리를 차지하기 위한 도박을 하는 것이다. 기업가와 정치인과 관료계층이 대개 여기에 속한다. 그것은 순자기 자본에 의한 흑자기업은 없으면서 사회조직체의 수령에 오르거나, 평생을 풍족하게 쓸 수 있는 돈을 가지고 확실한 보장도 없는 선거에 후보자로 도전하는 것 등에서 찾아볼 수 있다. 이러한 유형을 기여지향형이라거나 자아실현형으로 보기는 어렵다.

고범서는 직업생활을 하는 사람은 그 직업을 통하여 추구하는 어떤 목적이 있다고 보고 직업관을 다음과 같이 다섯 가지로 설명하고 있다.

첫째, 생존의 수단으로써의 직업관이다.

둘째, 물질적 유복(裕福)의 수단으로써의 직업관이다

셋째, 성공의 수단으로써의 직업관이다.

넷째, 자기발전의 수단으로써의 직업관이다

다섯째, 소명으로써의 직업관이다.

이상과 같이 자아실현의 수단으로써 직업관을 가지고 직업에 종사하는 사람은 직업에서 의미를 발견하고 보람을 느끼며 따라서 직업에 헌신적 투신을 할 수 있다. 그러한 사람은 즐겁고 행복하게 직업에 종사할 수 있다는 것이다.

소명으로써의 직업관은 직업의 의미를 종교적 신앙과 하늘(天)과의 관계에서 이해하는 것이다. 이 직업관은 직업을 하나님 또는 하늘이 부여한 책임이나 사명으로 이해하는 것이다. 즉 직업은 신으로부터의 위임이요, 하늘이 주는 천명인 것이다. 이러한 사상의 대표적인 것은 마틴 루터의 소명(Beruf ; calling)사상이다. 소명은 '부른다' 이다. 부른다의 명사형은 '직업' 이다. 루터는 각자의 직업은 하나님이 그를 불러서 맡긴 책임이라는 것이다. 이 책임의 충실한 수행은 영혼의 구원과 직결된다는 것이다.

이러한 소명으로써의 직업관은 직업이 가지는 의미를 종교적 신앙과 관계시킨 것으로 직업에 대해 보다 강하고 헌신적 투신을 할 수 있게 한다. 이러한 헌신적 투신으로 고통과 역경을 이겨낼 수 있고 죽음까지 극복할 수 있는 성스러운 의미를 발견하게 하며 사명감을 가지게 한다. 기독교적 진리를 전파하기 위하여 목숨까지 바친 순교자나 성직자를 생각하면 쉽게 이해할 수 있을 것이다.

이러한 종교적 직업관 또는 직업윤리가 실천되고 생활화되는 나라가 경제적 발전과 번영을 누리는 것은 당연한 귀결이다. 막스 베버는 「개신교윤리와 자본주의정신」에서 루터의 '소명사상' 과 존 칼뱅의 '세계 내적 금욕주의' 가 자본주의를 발생 발전시켰다고 주장하였다.

이러한 직업관을 가진다면 세상은 밝아지고 행복해질 수 있다. 직업에 대한 소명의식(召命意識), 천직관(天職觀)은 불행의 요소가 가득찬 현대를 살아가는 우리에게 교훈이 아닐 수 없다.

04 절 직업인의 4대정신

1. 선비정신

한국의 유교사상(儒教思想)은 오륜이 그 핵심을 이루고 있다. 오륜은 부자, 군신, 부부, 장유, 붕우관계에서 각자가 지켜야 할 도리를 말하는 것이다. 유교사상은 오륜 속에 모두 함축되어 있다. 그리고 유교사상을 가장 모범적으로 실천하는 사람이 선비다.

현대의 사람들은 이 유교정신이 비합리적, 전근대적인 것으로 자본주의 경제 발전에 장애가 되는 것으로 생각하고 있다. 그러나 최근에 한국을 비롯한 일본, 대만, 싱가포르, 홍콩 등 유교문화권의 나라에서 자본주의 경제 발전을 이루어냈다. 그리하여 이제는 서구의 학자들이 유교문화권 내의 잠재력을 연구하기에 이르렀다. 즉 동양에도 직업정신이 있으며 그것이 후기 산업사회를 이룩하는데 기여했다는 것이다. 서양의 횡적인 평등주의와 달리 동양의 종적 · 횡적인 윤리가 산업의 발전을 가져왔고 기업을 성장시키는데 뒷받침이 되었다.

인간관계로서의 오륜(五倫)이 직업정신으로써 어떻게 산업발전에 기여하였다고 할 수 있는가 알아보자.

첫째, 부자유친의 부자자효정신(父慈子孝精神)은 기업에 가족주의 정신으로 승화하여 노사간의 순종과 사랑이 실천되었다. 그동안 근로자는 사장의 지시에 잘 따르고 기업주에게 부모(가장)를 받드는 마음으로 아무 일이나 열심히 잘 하였다.

둘째, 군신유의의 군의신충정신(君義臣忠精神)은 사장님과 기업에 대한 충성스런 마음으로 열심히 일하였다. 그리고 직원에 대하여는 기업이 끝까지 책임을 지며, 전직은 의리에 위배되는 것으로써 불충으로 여겼다.

셋째, 부부유별의 상경여빈정신(相敬如賓精神)은 이성간의 서로를 이해하는 화합의 장으로 이끌었다.

넷째, 장유유서의 형우제공정신(兄友弟恭精神)은 상하와 선후배의 질서를 유지하는데 기여하였다. 직장 선배와 후배간에 상부상조하고 협동하는 자세를 갖게 하였다.

다섯째, 붕우유신의 이우보인정신(以友補仁精神)은 직장 동료 간의 친목과 협조를 이루어 냈다.

이상과 같이 유교주의 정신이 기업발전에 정신적 밑바탕이 되었다. 그러므로 한국의 기업이 급속도로 성장하게 되었다는 것이다.

특히 유교사회의 주체인 선비들은 오륜을 몸소 실천한 모범적인 인물이다. 선비는 청빈과 고거로 안빈낙도(安貧樂道)하며 일도 안하고 글만 읽는 사람으로 알고 있으나 그렇지 않다. 선비는 인격의 완성을 위하여 끊임없이 학문과 덕성을 키우며 의리를 위하여 목숨까지 버리는 지조 있는 고결한 사람들이다. 선비는 학문과 덕을 겸비한 인간이기도 하지만, 국가가 위태로울 때에는 일신의 생명을 돌보지 않고 대의(大義)를 위하여 싸울 줄 아는 의인(義人)이다.

신라의 강수는 "가난하고 비천한 것은 부끄러운 일이 아니요, 도(道)를 배우고서 실천하지 않는 것은 부끄러운 일이다."고 하였는데 이 말은 선비정신의 표현이다. 유교에서 말하는 도(道)는 내가 살고 남이 살고 우리 모두가 사는 길(道理)이다. 이러한 길은 대도로써 이 길을 가는 것이 의리인 것이다. 신라의 박제상, 고려 말기 정몽주, 조선 초의 사육신, 조선 중기의 이황과 이이, 임진왜란과 병자호란 때의 의병들과 북벌의 대의를 주장한 송시열, 조선 말기 병인양요 때의 이항로, 일제하의 최익현·유인석 등은 모두 선비들로서 의리정신을 몸소 실천하였다.

서구학자들은 한국이 경제적으로 세계 11위에 오르고, 일본이 미국의 경제를 위협하는 경제대국으로 발전한 것은 유교주의 정신에 입각한 직업정신에서 그 원동력을 찾고 있는 것이다. 한국, 대만, 홍콩, 싱가포르, 일본 등의 눈부신 경제성장을 선비정신에서 찾고 있음은 주목해야 할 것이다. 그러므로 오륜은 동양의 전통적 윤리로서 직업윤리의 정신적 기초를 이루고 있음이 인정된 것이다.

2. 장인정신

장인정신(匠人精神)이란 자기가 하고 있는 일에 전념하거나 한 가지 기술에 전공하여 그 일에 정통하려고 하는 철저한 직업정신을 말한다. 우리 민족은 예로부터 일정한 직업에 전념하거나 한 가지 기술에 전공하여 그 일에 정통한 사람을 '장이' 라고 하였는데, 즉 땜장이, 대장장이 등이 그것이다.

'우리말큰사전' 에 보면 "대장장이는 시우쇠를 달궈서 온갖 연장과 기구를 만드는 일을 업으로 삼는 사람" 으로 기록되어 있다. 여기서 알 수 있듯이 장이란 전문기술인 또는 전문직업인임을 암시하고 있다. 이것은 우리 민족정신 속에 내면화 되어있는 철저한 장인정신과 직업윤리의 한 표현이라고 할 수 있다.

장인이란 "여러 가지 손재주나 기술을 요하는 물건을 만드는 것을 업으로 하는 삶"이나 "봉건사회에서 수공업적 기술을 가지고 노동으로 살아가는 사람을 두루 이르는 말"이라고 한다. 그러나 오늘날에는 장인이란 "물건을 만드는 것을 업으로 삼는 사람"을 뜻한다. 이는 고전적 의미로서 일생동안 하나의 업에 종사하며 손재주나 수공업적 기술을 가지고 살아가는 사람에서 확대해석 되고 있음을 알 수 있다. 그리고 장인은 일생동안 하나의 업종에 종사할 뿐만 아니라 같은 업을 대를 물려간다는 점이다.

장인정신(mastership)의 삼대요소는 근면 · 검약 · 정직이라고 할 수 있다. 장인정신의 목적은 '천하 제일' '세계 일류' 라는 최고에 도달하는 것이다.

일본은 패전국이면서도 세계 최대의 강국인 미국을 능가하는 경제대국으로 성장하고 또한 군사대국으로 발돋움하고 있다. 이것은 패전국의 치욕을 교훈 삼아 결연한 각오와 인내를 가지고 온 국민이 근면 · 검약 · 정직의 정신 위에서 총력을 기울여왔기 때문이다. 일본은 한국보다 30년~100년 앞섰다고 한다. 원대한 일본의 미래를 위하여 전세계를 활동무대로 뻗어나가고 있다. 일본인의 인간형은 "한 가지 일에 몰두할 줄 아는 사람"이라고 한다. 정신적 무장이 잘되어 있는 국민이다. 이렇게 내가하고 있는 직업을 천직으로 여기고 한 일에 몰두할 수 있는 정신이야말로 '세계 최고' '세계 제일' 을 창조해 낼 수 있는 것이다.

나라가 잘 되려면 지도자가 지혜로와야 하지만 아무리 지도자가 지혜로와도 국민이 어리석으면 나라는 잘 될 수 없다. 이와 마찬가지로 기업가는 기업을 살리려면 직원들을 잘 교육시켜야 한다. 그래서 기업가는 "상품을 만들고 사람도 만든다."고 한다. 이것이 기업을 성공으로 이끄는 길이다.

자유경쟁에서 이기려면 우수한 제품이 생산되어야 하고 우수한 제품이 생산되려면 우선 직원 모두가 4대정신이 직업활동에 있어서 생활화되어 있어야 한다. 와우아파트 붕괴, 성수대교 붕괴, 삼풍백화점 붕괴, 한보사건, 전직

대통령의 수감 등은 직업윤리의 부재를 단적으로 말해주고 있다.

그런 의미에서 우리나라의 장인정신과 서구적 장인정신은 오늘날 한국 직업인의 정신으로 승화되어야 한다.

3. 금욕정신

루터(M. Luther)는 모든 직업을 신의 소명(vocatio)에 의한 봉사관계로 설명하고 있다. 그는 '모든 인간은 그가 존재하고 있는 사회내에서 특정한 요구를 신으로부터 부여받고 있는데, 그것이 소명론이 나온다.

루터는 수도원의 생활이 악한 것으로 판단되기 시작하면서 1521년에 발표한 「수도원의 맹세(De Votis Monasticis)」라는 글 속에서 직업문제를 처음 제기한다. 인간은 '복음'을 통하여 하나님의 부름을 받는다. 그 말은 또 각자가 농부로서, 장인으로서, 또 각각의 직업인으로서 하는 일을 의미한다. 모든 사람은 자기의 위치와 직책에 의해서 크리스찬의 지상적 일(과제 · 과업) 또는 노동개념을 가지게 되는데, 이것은 하나님의 명령과 사랑과 이성에 합치되어야 한다. 만약 그렇지 못할 때 수도원의 맹세는 악을 행하는 허위의 맹세일 수밖에 없다고 하였다. 이것은 후에 독일어의 직업소명(Beruf)으로 발전하였다.

루터의 소명론은 칼뱅(J. Calvin)에게 있어서 자본주의적 청교도(淸敎徒)의 노동윤리로 더욱 발전하게 되었다. 청교도 윤리는 근면, 검소, 정직 이 세 가지가 정신적 기초를 이루고 있다. 칼뱅은 신에게 영광을 돌리기 위하여 현세적으로 금욕주의와 소명주의가 완전히 결합되어 깊은 종교적 의미로 승화될 때에만 직업주의가 확립된다고 하였다. 중세 수도적인 신의 경배에서 벗어나 세속적인 직업을 통한 신의 경배에 보다 깊은 종교적 의미를 부여하였다. 그리하여 세속적 생활과 금욕적 직업이 결합되어 종교적 의미를 갖게 되

었다. 이와 같은 칼뱅의 금욕주적 직업윤리사상은 다음과 같이 정리되고 있다.[4)]

첫째, 중세의 신학자나 선조들이 노동이나 직업을 기독교 교리나 신앙생활과는 무관한 것으로 생각한 것에 대해서, 노동의 의무야말로 신과 인간에게 함께 영광을 돌릴 수 있는 자연의 윤리인 동시에 사회질서의 핵심이라고 하였다.

둘째, 노동이나 직업을 갖기를 기피하던 중세 스콜라주의자들의 풍조에 대하여 노동과 직업이 인간의 삶과 진실에 엄밀히 연관되어 있다는 것을 일깨워 주었다.

셋째, 절제와 금욕적 직업정신을 고취함으로써 노동을 남용하거나 노동을 착취하는 것을 죄악의 대상으로 규정하였다.

넷째, 게으름은 소외된 인간의 한 형태이다. 하나님의 축복이 일하는 자의 손에 있다. 하나님은 분명히 '게으른 자가 빵을 먹는 것을 저주하신다' 고 하면서 '다른 사람들의 땀에 의지해서 살아가면서 인류에겐 조금도 도움을 주지 않는 자는 아무 짝에도 쓸모 없는 인간들' 이라고 질타했다.

다섯째, 인간은 직업을 통해서 하느님께 영광을 돌릴 수 있으므로 일의 나태와 기피 그리고 일의 반대는 실업을 유발하는 요인이므로 사회악으로 철저히 배격하였다.

이러한 칼뱅의 직업관은 청교도의 노동윤리를 잉태시켜 자본주의정신을 창시하게 되었다. 칼뱅의 직업관은 막스 베버(M.Weber)의 사회, 경제, 문화, 직업적 정신의 이론적 근거를 제공하는 계기가 되었다.

베버는 루터의 종교적 직업 소명론과 칼뱅의 세속적 금욕론을 결합하여

4) 배영기 외, 현대산업사회와 직업윤리, 학문사, 1997, pp. 173~174.

그 나름대로의 독특한 자본주의적 발전의 윤리적 바탕을 이룬 천직론을 제시하였다. 베버의 천직론은 종래의 신으로부터 인간에게 부여된 '하늘에 속한 일'이 아니라 인간이 인간에게 부여된 '세상에 속하는 일'이라는 인식으로 전환하게 되었다. 그러므로 '일'이란 이 세상에 소속된 인간과 인간, 이웃과 이웃과의 공동체에 대한 봉사이다. 이 봉사는 반드시 직업이 있어서, 직업을 통해서 가능하므로 '천직(天職)'이라는 것이다.

베버는 청교도들의 생활양식에서 경제적인 효과를 거둘수 있는 몇 가지 이유를 들고 있다.

첫째, 금욕적 생활은 소비를 억제하는데 크게 이바지하였다. 중세 귀족들의 낭비적 생활에 대한 반항으로 감각적 향락을 거부한다는 것이다. 즉 근검 · 절약의 생활태도가 강조되었던 것이다.

둘째, 이윤획득을 정당화하였다. 이러한 직업관에 힘입어 청교도주의가 직업에 열성적인 활력을 불어넣어 생산이 크게 증가되었다. 그리고 재산의 축적이나 이윤획득이 정당화되었다는 것이다. 이리하여 근검 · 절약과 저축이 늘어났다는 것이다.

셋째, 이윤은 소명(召命)의 충실한 이행이며 하느님이 부여하는 은총이라고 보았다. 자본가는 하느님의 은총을 받는 심부름꾼으로서 은총을 받고 축적된 자본은 자기 자신을 위해서가 아니라 교회나 사회전체를 위해서 사용할 것을 시사하고 있다.

넷째, 모든 사람을 위해 근면해야 한다는 것이다. 꾸준히 노력해야 한다는 가르침은 소비와 사치의 풍조를 제한하게 되었고 아울러 자본의 증가를 가져온다. 계속적인 노동은 저축을 촉진시켰고 저축의 촉진은 자본의 축적을 가져오게 되었다.

이상과 같이 베버의 천직론은 자본주의정신과 결합하여 근대적 개념의 직업윤리의 기초가 되고 있다. 베버의 정신은

- 직업은 하늘이 부여한 '천직' 이다.
- 직업은 인간으로서 의무요, 책임이다.
- 직업은 영리를 위한, 재산 축적을 위한 수단이다.
- 직업은 공동체에 대한 봉사이다.
- 직업은 선택의 자유가 완전히 보장되어 있다.
- 직업은 맹목적인 개인의 희생을 요구하지 않는다.
- 직업은 자아실현과 개성의 발휘가 보장된다.
- 직업활동에 있어서 나태심, 이기심, 무절제, 사치심, 퇴폐와 낭비를 제거한다.

베버의 자본주의적 천직론은 합리적인 생활태도로 하여금 세속적인 금욕생활을 가져왔으며, 이는 금욕적인 직업윤리에 바탕을 두고 있다. 이 금욕적인 직업윤리에서 자본주의정신을 발휘하여 시민적 직업윤리의 기초를 형성하게 되었다. 그러나 부(富)의 증가에 따라서 종교적 금욕정신은 변질을 가져오게 되었다. 금욕적 직업윤리는 근대 시민사회에서 발생한 가장 합리적인 윤리라고 할 수 있다.

직업인은 유교정신, 장인정신, 금욕정신 세 가지 정신에 근본을 두어야 한다. 여기서는 종교를 초월해야 한다. 종교적 편견을 갖는 것은 잘못이다.

4. 봉사정신

봉사란 대가없이 정신적 육체적 노력을 제공하는 것이다. 그러면 봉급을 받는 직장에서 봉사란 모순된 말이 아닌가? 직업에서의 봉사정신은 무급으로 직무를 수행하는 것이 아니다. 현대산업사회는 서구의 합리주의가 지배하는 사회이기 때문에 인심이 각박해졌다. 즉 하루 근무시간이 8시간이라고 하면 8시간만 한다는 것이다. 그러나 사람의 일이나 회사의 일은 꼭 합리적으로만 생각할 수 없는 것이 있다.

가령 하루노동 시간이 8시간인데, 작업량은 상자 100개를 옮기는 작업이다. 그런데 8시간 노동을 했지만 아직 10개의 상자가 남아있다. 앞으로 10분만 더하면 작업을 마무리할 수 있다. 서양의 합리주의로 보면 손을 놓아야 한다. 동양의 온정주의로 보면 10분 더 일하고 일을 마무리할 것이다. 직장에는 이런 정신, 그 대가를 바라지 않고 일을 끝내려는 정신이 필요하다는 것이다.

05 절 현대사회의 삶의 조건

우리가 사업을 하려면 자본이 필요하다. 사업을 하는데 필요한 요소인 토지 · 노동 · 자본 · 경영을 4요소라고 한다. 이와 마찬가지로 인간이 삶을 영위하기 위하여는 적어도 기본조건으로 건강, 지식 · 기술, 경제력(돈), 신용이 네 가지는 반드시 갖추고 있어야만 원만한 삶을 영위할 수 있다.

1. 정신적 육체적인 건강

현대 산업사회에서 인간이 첫째로 갖추어야 할 것은 건강(健康)이다. 세계보건기구(WHO)의 헌장에는 "건강이란 단순히 병이 없고 허약하지 않다는 데 그치지 않고 육체적 · 정신적 그리고 사회적으로 완전히 양호한 상태를 말한다."고 정의하고 있다. 이 정의는 사람은 인종 · 종교 · 정치 · 경제 · 사회의 상태 여하를 불문하고 될 수 있는 대로 고도의 건강을 누릴 권리가 있다는 것을 천명한 것이다. 종래에는 건강이란 육체적으로나 정신적으로 질병이나 이상이 없고, 개인적으로 정상적인 생활을 영위할 수 있는 신체 상태를 말하였다. 그러나 요즈음 개인이 사회생활에 의존하는 경향이 커짐에 따라 사회가 각 개인의 건강에 기대하는 건강이란면에서 이와 같은 정의가 내려진 것으로 보인다.

건강의 상실은 개인적으로나, 사회적으로나, 국가적으로나, 직업적으로도 불행한 일이다. 그러므로 건강관리, 건강교육, 건강지도가 요구되고 있는 것이다. 우리는 미국 교육행정가 협회가 학교에 있어서 가이던스를 생물학적 · 사회적 · 윤리적 · 직업적인 네 분야로 분석하였던 점에 유의하지 않으면 안된다.

건강을 잃었을 때에 그 정도의 차이는 있겠으나 만사가 괴롭고 쓸모없는 것이 된다. 드높은 명예도, 천하를 호령하는 권세도, 아름다운 여인도, 마음껏 쓸 수 있는 재산도, 진귀한 음식도, 화려한 궁궐도, 사랑하는 아내와 자식도 모두 아무소용이 없다. 그래서 건강은 황금을 주고도 바꿀수 없고 어떤 경우로도 남에게 양보할 수 없는 것이다.

건강을 해치는 3대 적이 있다. 그것을 흔히 과음, 흡연, 색욕 등이라고 한다. 직장생활을 하는 직업인은 건강관리에 더욱 관심을 가져야 한다. 김광준은 비즈니스맨이 건강관리에 유의할 점을 규칙적인 생활을 할 것, 피곤할 때 무리하지 말 것, 과음 · 과식하지 말것, 적당한 운동을 할 것, 건강진단을 자진해서 받을 것 등을 들고 있다. 그러나 여기에 백해무익(百害無益)하고 유독단명(有毒短命)하는 흡연에 대한 금연이 반드시 포함되어야 할 것이다. 자신이 건강해야 가정도 건강하고, 가정이 건강해야 사회가 건강하고 그래야만 직장도 건강하고 기업이 건강해 진다.

2. 유능한 지식 · 기술의 소유

현대 산업사회에 있어서 인간이 삶을 영위하려면 지식이나 기술은 필수적이다. 지식이란 정신이 어떤 대상을 아는 작용 및 이 작용에 의하여 알려진 내용을 말한다. 넓은 의미로는 사물(事物)에 관한 개개의 단편적인 실제적 · 경험적 인식을 뜻하고, 엄밀한 뜻으로는 원리적 통일적으로 조직되어 객관적 타당성을 요구할 수 있는 판단의 체계를 말한다. 지식과 상식과의 구별은 어려운 일이다. 그것은 상식의 순화(純化)에 의한 지식도 있으며 반대로 과학적인 지식으로서, 그것도 고도의 지식이 상식화되는 경우도 있기 때문이다. 지식은 지혜와 구분되기도 하나 뚜렷한 금을 긋기는 어렵다.

과학적으로 대표되는 이론적 지식은 아무리 집적(集積)되어도 인생을 어떻게 살아갈 것인가에 대하여 해답을 주지는 않는다. 해답을 주는 것은 지혜이다. 생활의 지혜를 얻는데에는 지식도 필요한 것이다. 윤리적으로 살아가려고 하는 인간도 독선적으로 되지 않기 위해서는 철인(哲人)이 저술한 책으로부터 많은 지식을 배울 필요가 있다.

"사람은 빵만으로 살 수 없다."는 말이 있다. 사람이 먹는 것으로 족하다면 만족한 돼지는 될지 모르나 불만족한 인간은 될 수 없다. 그러므로 인간은 지식을 필요로 하고 있는 것이다. 지식은 삶의 힘이다.

특히 현대산업사회는 변화가 빠르고 산업이 고도로 발전하여 지식과 기술의 전문화 · 세분화가 이루어지고 있다. 그러므로 한 분야의 전문적 지식이나 전문적인 기술을 소유하고 있어야 한다. 혹자는 현대사회의 특징을 "지식의 폭풍"이라고 한다. 산업기술의 혁신과 지식산업의 발달은 항상 새로운 지식과 기술을 필요로 하고 있기 때문에 과거의 지식과 기술만 가지고는 급변하는 현대사회에 적응하지 못하고 낙오자가 되고 말 것이다. 전문적인 지식이나 기술이 없으면 가지 없는 나무와 같다. 가지 없는 나무는 잎이 피지 않고 꽃을 피울수 없으며 풍성한 열매도 맺을 수 없다. 무성한 수목과 수목 사이에서 영양실조를 보이거나 고사(枯死)되고 말 것이다.

우리가 삶을 영위하기 위해서는 적어도 대학에서 스스로 선택한 전공분야의 지식과 기술에 대하여는 통달하고 숙련되어야 함은 물론 파도처럼 밀려오는 새로운 지식과 기술을 섭취하는데 민감하지 않으면 안된다. 더군다나 직업인으로서 21세기를 살아가려면 지식과 기술 양면에 있어서 둘째가라면 서러울 정도가 되어야 할 것이다. 일인일기(一人一技)는 현대산업사회를 살아가는 필수적 조건이다.

3. 돈(기본적 생활안정)

우리가 세상을 살아가는 데 필요한 세 번째 자본은 경제력(돈)이다. 돈은 오늘날 교환경제 사회에서 상품의 교환, 유통을 원활하게 하기 위한 일반적 교환수단 내지 일반적 유통수단이다. 실제로 우리의 경제생활에 있어서는 돈의 매개작용에 의하여 비로소 자기가 원하는 상품을 얻을 수 있다는 것은 틀림없는 사실이다. 그러므로 돈만 있으면 무엇이든지 얻을 수 있다.

인간의 욕망은 무한대하고 무한한 욕망을 충족하기 위해서는 돈이 필요하기 때문에, 돈을 벌기 위하여 수단과 방법을 가리지 않는 사람들이 많다. 그러므로 돈과 관련하여 윤리도덕적인 문제가 제기되고 있다.

돈은 정당하고 합리적인 방법으로 벌어야 한다. 합리적으로 벌은 돈은 깨끗한 돈이 되겠지만 부정한 방법으로 벌어들인 돈은 더러운 돈이다. 합리적 방법으로 돈을 축적했다면 깨끗한 부자가 될 것이고, 부정한 방법으로 돈을 모았다면 더러운 부자가 될 것이다.

돈은 인간 욕망을 채워줄 수 있는 물질적 자본이다. 인간생활의 3대 기본요건이라고 하는 의식주(衣食住)는 돈에 의해서 해결된다. 인간은 풍족한 생활은 그만두고라도 적어도 최소한의 기본적인 의식주만은 해결되어 있어야 체면을 유지하면서 사회적인 삶을 영위할 수 있다.

아무리 인간이 존엄하고 평등하다고 할지라도 격식에 맞는 평범한 옷차림은 갖추어야 한다. 속담에 "입은 거지는 얻어 먹어도 벗은 거지는 얻어먹지 못한다."는 말이 있다. 사람이 아무리 학식과 덕망이 있어도 의복이 남루하다면 인격적인 대우를 받지 못할 것이다.

사람이 생명을 보존하고 건강을 유지하기 위하여서도 정상적인 영양섭취가 필요하다. 적어도 끼니를 거르지 않는 하루 밥 세끼는 스스로 해결할 수 있어야 한다. 속담에 "수염이 대자라도 먹어야 양반이지."라는 말이 있다. 허기진 사람에게서 정상인의 윤리도덕을 요구하는 것은 지나친 기대에 지나지 않는다.

사람이 하루를 활동하고 나면 마음놓고 편히 쉴 수 있는 집이 있어야 한다. 내집이 있어야 마음이 편하고 다음 날을 위한 에너지 축적이 가능하다. 집은 복된 삶의 보금자리이다. 고급저택을 그만두고라도 게딱지 같은 오막살이 집 한칸이라도 내집이 있어야 마음이 편하다.

사람이 사람다운 삶을 영위하자면 적어도 남의 옷을 빌리거나, 조석거리를 꾸러가는 일은 없어야 한다. 그리고 내집에서 마음놓고 쉴수 있어야 한다. 돈의 많고 적음을 떠나 돈 때문에 사람노릇 못하고 돈 때문에 서럼받는 일은 흔히 있는 일이다. 기본적인 의식주는 그 자체가 도덕적이다. 따라서 도덕보다 우위일수는 없지만 그렇다고 결코 낮게 평가하거나 소홀하게 여길 수는 없다.

4. 도덕적 자본(신용)

신용은 삶을 영위하는 도덕적 자본이다. 신(信)을 사람(人)의 말(言)이라고 풀어본다면, 인간의 말에는 믿음이 있어야 한다는 뜻으로 생각할 수 있다. 사람에 있어서 신용은 마치 수레바퀴와 같다. 수레에 바퀴가 없으면 굴러갈 수 없는 것과 같이 사람에게 있어서 신용이 없으면 살아갈 수가 없다. 비단 살아갈 수만 없는 것이 아니라 세상에 설 수도 없다. 따라서 말은 반드시 믿음성이 있어야 하고 행동은 반드시 과단성이 있어야 한다.

전통윤리에서 오덕(五德：五常)을 인의예지신(仁義禮智信)이라고 할 적에 신(信)은 인의예지의 울타리가 된다. 사람은 사회적 동물이라고 한다. 남과 더불어사는 인간관계에서 상대방을 믿을 수 없다면 더불어 살수가 없다.

공자는 “신이 아니면 세상에 설수 없다.”라고 하였다. 부자간에 불신하면 천륜이 깨지고, 군신간에 불신하면 의리가 사라지고, 부부간에 불신하면 분별이 없어지고, 장유간에 불신하면 차례가 무너지고, 친구간에 불신하면 소원애지는 것이다. 더 나아가서 국민이 정부를 불신하면 다스려지지 않고 국제간에 불신하면 고립되고 전쟁이 일어날 것이다. 우리는 IMF체제가 정부와 국민간, 한국과 다른 나라와의 불신에 그 원인이 있음을 알아야 한다.

그러므로 신용은 지켜야 한다. 남과의 약속은 반드시 지켜야 하고 빌린 물건은 반드시 돌려주고 꾸어온 돈은 반드시 갚아야 한다. 그래야만 불신의 사회가 물러가고 믿음의 시대가 열릴 것이다.

06 절 한국사회의 병리현상

1. 현대사회의 문제점

지구촌이라고 불릴 정도로 가까워진 세계는 다양한 문화 · 언어 · 풍습 ·

인종 · 민족 · 종교 · 제도 · 환경 등으로 나라마다 특성을 지니고 있다. 그러나 각 국가마다 국가안보, 경제발전, 복지향상, 질서안정을 목표로 하고 있다는 데에는 공통점이 있다. 궁극적으로는 어느 나라를 막론하고 인류의 행복을 위하여 보조를 같이하면서 공동의 노력과 협력을 계속하고 있다. 그러면서도 자국의 이익을 앞세워 국제경쟁이 불가피하게 되고 경쟁에서 이기고 살아남기 위한 암투는 계속되고 있다.

인류의 행복을 위해서, 국가의 번영을 위해서, 국제경쟁에서 낙오되지 않기 위해서 과학 기계문명은 급속도로 발전하고 있다. 그런데 이러한 발전은 인류의 행복이 궁극적 목적이 되기보다는 인류에게 고통과 위협을 가하는 과학 기계문명의 존재가 되어버렸다. 그러므로 선진국이든 후진국이든 인간의 행복을 위한 과제나 해결해야 할 공통적인 문제점이 있다. 가난의 구제는 나라도 감당할 수 없다는 말처럼, 국제연합이라는 거대한 기구도 이 세계적인 문제를 해결하지 못하고 있다.

지금 세계가 공통적으로 안고 있는 문제는 대략 다음과 같이 11개의 문제가 될 것이다.

첫째, 인구 문제이다. 인구 문제는 모든 문제의 바탕을 이루고 다른 문제를 수반하게 된다. 인구가 너무 증가해도 문제가 되고 지나치게 감소해도 문제가 된다. 문명의 진보는 가치관의 변화를 가져와 인구는 결코 기하급수적으로 증가하는 것이 아니라 산술급수적으로 감소하는 새로운 문제로 제기되고 있다. 인구문제는 빈곤 · 질병 · 식량 · 범죄 등등 문제가 수반된다.

둘째, 빈곤 문제이다. 선진국이나 중진국에서 볼 수 있는 상대적 빈곤은 그만두고라도 아프리카 지역이나 동남아 지역의 후진국이 안고 있는 절대적 빈곤은 세계가 인도적 차원에서 함께 고민하고 해결해야 할 문제들이다. 그리고 예기치 못한 인위적 · 자연적 재해로 나타나는 빈곤 문제도 있다.

셋째, 질병 문제이다. 과학의 발달과 산업의 발전에 비례하여 새로운 질병이 인류의 건강을 위협하고 있다. 폐결핵 · 매독 · 에이즈 · 간염 같은 난치병이나 장애인의 증가 등은 심각한 문제들이다.

넷째, 식량 문제이다. 인간은 생명을 유지하기 위하여 영양을 섭취해야 되고 그러기 위해서는 먹어야 한다. 굶어서 죽는 사람이 있다면 실감이 안나겠지만 하루에 수많은 생명이 굶어서 죽어가고 있는 것이 지구촌의 현실이다. 그리고 환경 오염과 농약 살포에 의하여 먹을 것이라고는 하나도 없다는 데에서도 문제는 크다.

다섯째, 범죄 문제이다. 범죄 문제는 인간의 신체나 자유와 생명과 재산 또는 행복을 직접적으로 침해 · 억압 · 박탈하는 경우와 간접적으로 방조 · 직무 유기 · 뇌물 수수 · 횡령 · 재임 등의 다양한 형태이다. 특히 마약 · 밀수 · 테러 · 간첩죄는 국제적 범죄 조직을 가지고 있어서 국제적 협력을 필요로 하는 문제들이다.

여섯째, 이념 문제이다. 자본주의니 사회주의니, 공산진영이니 자유진영이니 하는 것이나 제3세계니 하는 국제사회의 이념적 갈등은 또다시 일어날지도 모르는 전쟁의 불씨로 남아있어서 문제가 아닐 수 없다. 세계대전 · 한국 전쟁이 이념적 갈등에서 비롯되었다면 쉽게 해결될 문제는 아닐 것이다.

일곱째, 전쟁 문제이다. 전쟁은 국제 간의 이념이나 이해관계에서 비롯되는 인류의 비극이다. 인류에게 가장 처참한 비극을 안겨 주기에 평화의 유지, 평화적 해결 방법은 가장 이상적이다. 전쟁으로 인한 고아 · 미망인 · 장애자는 또다시 새로운 문제를 낳게 되고 전략 핵 개발과 전략 무기 생산, 전쟁에서 오는 불안과 공포는 더욱 심각한 문제이다.

여덟째, 종교 문제이다. 각 종교 이념은 타종교나 비종교인과의 갈등을 낳고 국법이나 사회통념을 외면하고 있어서 국법질서상이나 민족화합차원에서 문제를 안고 있다. 종교 분쟁이나 종교 전쟁은 종교 문제를 입증하는 사실들이다.

아홉째, 핵 문제이다. 핵 문제는 이제 전략무기 차원이 아니라, 인류를 한꺼번에 멸망시킬 수 있다는 점에서 국제사회가 가장 위험시하고 가장 심각하게 다루지 않으면 안될 문제이다.

열째, 환경 문제이다. 인간 활동에 의해 발생되는 폐기물이나 현상이 자연환경을 오염시켜 자연계의 평형과 질서가 파괴되고 생물의 생육에 피해를 주고 있다. 생물계의 피해는 인간의 생존과도 무관하지 않기 때문에 심각한 문제이다.

열한째, 자원 문제이다. 자원은 무한정 되어있는 것이 아니라 한정되어 있다. 그리고 그것도 지역적으로 불균형하게 치우쳐 있다. 유한한 자원이 무한한 인류의 욕망을 어디까지 채워 줄지도 불확실하다. 가령 전기가 끊어지고 석유가 바닥이 난다고 생각해보자. 여기서 인류의 비극은 시작될 것이다.

2. 한국 사회의 병리

국가의 발전, 민족의 번영을 갈구하는 것은 국민(민족) 모두의 강력한 희망이다. 그럼에도 불구하고 사회가 병들고 국가가 어지러운 것은 첫째로는 지도층의 책임이요, 둘째로는 지식인의 책임이며, 셋째로는 구성원의 책임이다. 유능한 지도자를 명시적이든 묵시적이든 받들고 따르거나, 무능한 지도자를 추방하고 유능한 지도자를 세운다면 그 국가사회는 밝아질 것이요, 반대로 유능한 지도자를 탄핵하고 무능한 지도자를 세워서 받들고 따른다면 그 국가사회는 어두워질 것이다. 또한 유능한 지도자가 우매한 국민을 교화하여 잘 이끌어간다면 국가사회는 다스려질 것이고 무능한 지도자가 명석한 국민을 폭력을 써서 강제로 이끌어간다면 국가사회는 원성이 가득할 것이다.

중국의 양계초는 "그런 국민 가지고는 그런 정치밖에 할 수 없다"고 하였다. 국민이 똑똑하여야 유능한 지도자가 선출되며 정치도 발전하고 나라도 번영할 수 있다는 것이다.

일본의 식민통치로부터 광복한 이후 한국 사회는 파벌이 형성되고 의견이 엇갈려서 정치투쟁, 공작정치 속에서 혼미를 거듭하였고 급기야는 한국전쟁이라는 민족사에 오점을 남기고 말았다. 구심점을 가지고 민족이 하나로 단결되지 못하고 동족끼리 의심하고 불신하여 스스로의 안정만을 도모하고 자기 몫을 챙기기에 급급하였으며 신사조와 외래 문물에 현혹되어 전통윤리와 전통문화를 구시대의 폐습으로 간주하여 비하시키고 버리기에 이르렀다. 대아보다는 소아에 살고 공익을 우선하기보다는 사익을 우선, 이성보다는 감정에 의하여 살아가고 있다. 이리하여 한국 사회의 각종 병리현상이 파생되어 만연해 가고 있다. 그리하여, 「도덕이 타락했다. 말세가 되었다.」라는 국가사회에 대한 우려와 탄식의 소리는 어제오늘의 소리가 아니다. 참으로 뜻있는 생각을 가진 사람들에게서 가장 강도 높게 나오고 있다. 사실 대다수 국민이 걱정할 만큼 사회의 부정과 비리와 불법과 무질서와 범죄가 난무하고 있다는 것은 누구나 피부로 느낄 만큼 심각성을 더해가고 있다.

3. 병리현상의 원인

사람은 사회적 동물이라고 한다. 사람은 본질적으로 남과 더불어 사회를 이루고 삶을 영위하여 나가게 마련이다. 사람은 자의적으로든 타의적으로든 여러 가지 형태의 사회 즉, 가정 · 학교 · 직장 · 향토 · 지역사회 · 국가 등의 일정한 조직사회에 소속되어 살고 있는 것이다. 그리고 소속된 일정한 사회의 관습 · 도덕 · 법률 등의 제약을 받고 사람들과 생활관계를 맺어가며 살고 있다. 그러므로 가족이 병들면 가정이 어지럽고, 가정이 병들면 향토가 명랑하지 못하고, 향토가 병들면 사회가 어둡고, 사회가 병들면 국가가 혼란하며 국운이 기울게 된다.

매일 같이 보도 매체를 통하여 전달되는 각종 사회의 병리현상은 이국 땅에서 가난과 고통에 시달리다 잘사는 고국이라고 찾아온 재일교포나 중국의 교포들까지 심각하게 느끼고 있다. 구사일생으로 자유를 찾아 망명해온 북한 학생들도 실망하고 있다. 이처럼 심각하게 느껴지고 있는 당면한 한국 사회의 병리현상은 10개 주의로 분류할 수 있다.

1) 이기주의

이기주의는 자기의 이해만을 행위의 규준으로 삼고 사회 일반의 이해는 염두에 두지 않는 주의이다. 이기주의자는 인간이 남과 더불어 사는 존재이기를 망각한 사회의 공적이다. 이기주의자는 남과 이웃, 향토와 지역사회, 민족과 국가를 생각하지 않고 자기의 편의와 이익을 중심으로 살아간다. 그리하여 욕구 충족을 위해서는 수단과 방법을 가리지 않고 범죄행위도 서슴없이 자행한다. 즉, 남이야 죽든지 말든지 나만 살면 되고, 다른 집이야 못살든지 말든지 우리집만 잘 살면 되며, 나라야 망하든지 말든지 나만 부귀영화를 누리면 그만인 것이다. 그러므로 개인적 이기주의, 가족적 이기주의, 집단적 이기주의, 지역적 이기주의 등이 사회를 병들게 하고 있다. 공직사회의 지도층에서 이루어지는 부정 축재, 정치 재판, 정치 깡패, 공작 정치, 정치 살인 등은 이기주의에서 비롯되는 대표적 사건들이다.

2) 공생주의

공생이란 종류가 다른 두 생물이 한 곳에서 서로 이익을 주고 받으며 공동생활을 하는 생물학적 용어다. 인간 사회에도 共生의 불합리한 점이 많다. 공직사회에서 일반화되다시피 되어진 10% 상납이라는 것이라든지 각종 인·허가와 입찰 과정이나 세무 조사, 감사, 준공 검사, 특혜 등에서 주고받는 거액의 검은 돈, 떡값, 의례적인 금품 상납이라는 것 등이 공생주의의 산물들이다. 개미와 진딧물이 공동으로 나무의 영양분을 빼앗아 공생하는 것이나 마찬가지로 외형적으로는 합리적인 것 같으면서 내부적으로는 공정성을 상실하고 국가와 사회를 병들게 하고 있다. 정기 상납 · 정경 유착 등은 공생주의의 대표적인 예이다.

3) 파벌주의

파벌주의란 개별적 또는 집단적 이익에 따라 파벌적 행동을 주정하는 주의이다. 파벌주의는 거대한 사회구성원을 「우리」라는 틀 속에 가두고 그 집단의 특징 목적을 위하여 정실에 흘러 자파 중심의 일을 도모한다. 특히 인사 문제나 업무 분장과 처리, 특혜 등에서 압력을 가하거나 합리적 · 비합리적 방법을 동원하여 자파가 독식하여 요직을 점거한다. 이는 공식 조직이든 비공식 조직이든 마찬가지이다. 지역 감정, 동문 의식, 종교 집단, 정당, 문중 의식, 친목 단체, 동기생 모임 등은 파벌주의로 객관성 · 공정성 · 합리성 · 중립성을 지키기 어려운 파벌 집단들이다.

공직사회에 특정 지방의 인사들이 대폭 기용되어 있는 것이나, 몇몇 대학이나 기업체가 특정 대학 출신과 특정 지역 출신만 대거 기용한 것이나 정치 검찰, 정치 행정, 정치 판사, 정치 군인 등은 파벌주의 소산의 대표적인 것이다.

4) 권위주의

권위주의란 일정한 부문에서 사회적으로 인정받고 일정한 영향력을 끼칠 수 있는 사람이 자기 의사대로만 일을 처리하거나 맹목적으로 이에 추종하는 태도를 말한다. 권위주의는 민주 발전에 역행하는 것으로 독선에 빠져 아랫사람의 능동적 · 창의적 직무 수행을 억제하고 올바른 의견이나 여론을 수

렴하려고 하지 않는다. 일이 중의에 따르거나 법률에 의해 처리되기보다는 한 사람의 뜻에 따라 획일적으로 처리되며 객관성 · 합리성 · 공정성이 결여되기 쉽다.

친일 도배들에 대한 민족적 심판의 부재, 독립기념관 내부 공사에 일본 자재의 사용, 외제로 꾸며진 지방청와대, 왜곡된 한국사의 재평가 · 재정립의 부재, 김영삼 야당 총재의 국회의원 제명 파동, 김대중씨 납치사건, 관존민비적 대민 자세, 민원에 대한 당국의 무관심과 묵살, 학생들의 정당하고 합리적인 주장에 대한 당국의 묵살이나 질책 · 처벌 등은 민주 발전에 역행하는 권위주의의 형태들이다.

5) 배금주의

배금주의란 돈을 최고로 여기는 주의이다. 이는 덕본덕말(德本財末)을 근본으로 하는 동양 전통도덕에 배치되는 재본덕말(財本德末)의 서구사상으로, 현대사회는 돈이면 해결 안되는 것이 없다는 황금만능시대가 도래하였다. 돈만 있으면 국회의원도 될 수 있고, 별도 달 수 있으며, 권력도 잡을 수 있고, 형벌도 감해질 수 있으며, 이렇다 하는 사위도 얻을 수 있으며, 사회적 우대를 받고 살 수 있다. 그리하여 유전무죄 무전유죄란 말이 있다. 돈 있는 사람은 형을 살아도 편하게 살고, 구속되어도 보석으로 풀려날 수도 있다. 부유한 집 애경사엔 사람들이 모여들어도 가난한 집 애경사엔 잘 오지 않는다. 종교계에서도 헌금을 많이 하면 우대를 받고 적게 내면 뒷전으로 밀려난다. 정치헌금을 많이 내는 기업은 살려주고 특혜를 주지만 돈을 잘 내지 않는 회사는 세무 감사를 해서 해체시킨다. 혼수가(지참금) 적다고 아내를 폭행하고 시어머니가 며느리를 구박하기도 한다. 부모의 시신을 놓고 상속재산 싸움부터 하고 재산문제로 친족간에 살인극까지 벌인다. 사람을 도덕과 인격으로 평가하는 것이 아니라 돈(재산)을 가지고 평가하는 나쁜 사고방식이 팽배한 현실이다.

6) 기회주의

기회주의란 확고한 주관이 없이 그때그때의 상황이나 세력에 따라 행동하는 것을 말한다. 가회주의자는 의리를 저버리고 개인적 이익과 실세에 다라 지조 없이 살아가는 소인배이다. 소인배는 주어진 직무에 충실하지 않고 실세에 아부하여 대아보다는 소아에 살며 충신이 될 수 없다. 국왕의 의리를 버리고 민족을 배신한 을사오적, 친일파 변절자들이나 한국 민족이면서 황민화를 외친 이광수 같은 무리들이다. 한국전쟁 당시 공산측에 편승하여 학살을 자행한 자들이나 실세에 있다고 하여 압력을 가해 재산을 치부하거나 권력을 남용한 자들이다. 고위층이 다니는 사찰이나 교회 또는 일정한 장소에 의도적으로 나가는 사람이나 대통령 순시 때에 잘 보이려고 큰 나무를 베어다 일시적으로 꽂아 놓았다 치워버리는 공직자들이나 중립을 지켜야 할 공직인이 여당에 편승하는 일이나, 이 정당에서 돈 받고도 저 정당에서 돈을 받는 행위나, 이 정당 후보로 당선된 뒤에 저 정당으로 가는 정상(政商) 의원들이나, 한 정당을 창당하고 그 정당을 탈당하는 것은 기회주의자들이다. 용팔이 사건, 정보사 정치인 테러사건, 언론인 테러사건 등을 김영삼 대통령 취임 전·후에 서둘러대는 검찰의 행위나 사법부가 정치권의 눈초리를 살피며 재판을 몇 년씩 지연시키는 것은 기회주의의 산물들이다.

7) 편견주의

편견주의는 공정하지 못하고 한쪽으로 치우친 생각에 따라 행동하는 것을 말한다. 편견주의자는 편견에 따라 행동하기 때문에 사물에 대한 객관성·합리성이 결여되어 있다. 그리하여 자기 편견에 따라 옳은 것을 그르게 보고, 그른 것을 옳은 것으로 착각하거나 정사선악시비를 명확하게 구분할 줄 모른다. 외래 종교의 편견 때문에 국조인 단군이나 조상 숭배와 국기경례를 우상 숭배로 여겨 거부하거나, 종말론을 믿거나 하는 교리에 빠져 보통사람들의 인륜적 · 도덕적 행위를 부도덕한 반인륜적으로 생각하는 잘못을 저지르고 있다. 국가의 법률이나 공동사회의 관습 · 도덕보다는 특정 종교의 교리를 우선으로 여기는 것은 만인에 공통된 보편적 진리가 아니다. 국가 위에 교회의 존재를 두려는 중세기적 발상은 사라져야 마땅하다. 국가공동체를 무시한 인생관 · 사회관 · 세계관 속에서 우리 사회가 공인할 수 없고 용납할 수 없는 삶을 사는 편견주의는 심각한 사회의 병리현상이다.

8) 향락주의

향락주의는 쾌락의 추구를 인생의 목적으로 삼는 생활 방식을 말한다. 향락주의자는 목적적 · 미래지향적이기보다는 단순한 감상적 · 일시적 쾌락으로 삶에 만족하고 있다. 그러므로 사치와 과소비를 일삼고 하는 일 없이, 또는 분수에 넘치는 생활을 일삼고 있어 국가경제를 좀먹고 있다. 국가와 민족의 경제를 외면한 채 분수에 맞지 않는 의복을 입고, 분수에 넘치는 음식을 먹으며, 분수에 어긋나는 호화 주택을 소유하고, 분수에 맞지 않게 외제로 꾸며대고, 분수 맞지 않는 유흥을 일삼고, 분수에 맞지 않는 여행과 관광을 일삼는다. 그리하여 비생산적인 향락 산업이 발전상을 보이고 있으니, 호텔 · 모텔 · 여관 · 사우나탕 · 골프장 · 오락장 · 노래방 · 빠찡꼬 · 카바레 · 바 · 주점 등이 즐비하고 있다. 마약 중독자 · 오렌지족 · 제비족 · 야타족 등이 활개를 치고 공직자들이나 부유한 층들의 뚜렷한 목적 없이 외유를 하는 것이나 대학생들의 관광 오리엔테이션, 향락에 빠진 학술 답사나 MT라는 것, 의미 없는 낭비성 사은회 등은 향락주의에 따른 과소비 행태라 하겠다.

9) 퇴폐주의

퇴폐주의란 생활 풍속이나 도덕적으로 불건전하고 문란한 생활을 뜻한다. 향락주의와 불가분의 관계에 있는 퇴폐주의는 쾌락을 위한 문란한 행위를 일삼는 점에선 사회에 끼치는 해독이 크다. 이발소, 사우나탕, 호텔, 여관, 카바레, 요정 등에서 이루어지는 남녀관계, 화투나 포카로 도박을 일삼는 행위, 국제도박판을 묵인하는 빠찡꼬, 순수 예술을 앞세운 외설영화, 저질스러운 TV프로나 연극, 영화, 비디오테이프, 퇴폐서적, 부녀자 납치사건, 마약중독 등은 국가와 민족을 외면한 삶의 목적과 포부도 없는 퇴폐주의 산물들이다. 더군다나 해외에 나가 퇴폐 행각을 일삼는 자나 내국에서 외국인에게 매춘하는 행위는 민족 자존심도 없는, 한국의 명예를 손상시키는 한심한 퇴폐 행각이다.

10) 무사안일주의

무사안일주의는 모든 일에 적극적이지 못하고 소명의식도 없이 그저 말썽없이 무난히 지내려는 소극적인 편의주의 태도나 경향을 말한다. 무사안일주의는 근면하여야 할 국민성과 근로 의욕을 저하시키고 나태한 국민으로 전락시키는 원인이다. 과거 우리 조상들이 못먹고 못살면서 원대한 미래와 후손을 생각하며 논밭을 일구어온 근면 · 검소한 생활정신은 단절되고 말았다. 그리하여 직업과 직종, 도시와 농촌을 불문하고 편한 것만 택하여 힘든일, 궂은일, 어려운 일을 기피하고 있다. 해야할 일을 내버려두고 술마시기와 화투놀이로 소일하거나, 조금만 더하면 마칠 일도 시간만 되면 펜대를 놓거나 삽자루를 놓고 기계를 멈추는 것과 윗사람의 인사 이동시 신변의 이동을 예측하여 안일에 빠지거나, 열심히 가르치려 들지도 않고 열심히 배우려 하지 않는 것 등은 무사안일주의의 행태들이다.

4. 문제의 극복방안

병이란 들기는 쉬우나 치료는 어려운 것이다. 윤리 · 도덕의 타락상은 사조나 유행처럼 번져가지만 그 회복은 한 두 해에 이룩될 수는 없는 것이다. 이상 열거한 열 가지 병리현상은 다년간 누적되어 온 고질적인 병이다. 이러한 현상은 전통윤리의 실종, 공직사회의 부패, 국민들의 불신과 민족 공동체 의식 결여에서 비롯되는 것이다.

이러한 현상이 만연되어 당장 나라가 망할 지경은 아니더라도 바늘도둑이 소도둑 되고 호미로 막을 일을 가래로도 막을 수 없는 사태에 이르면 그때 가서는 제방의 뚝이 터지는 결과를 가져오게 된다.

이제 우리는 다같이 이와 같은 병리현상을 척결하고 밝고 건전한 사회를 건설하기 위하여 강력한 지도력과 국민의 협력이 따라야 되겠다. 그것은 국가공동체, 민족 공동운명체의 운명과 직결되어 있다는 점을 인식하여 심각하게 그 해결책을 강구하여야만 할 것이다. 곡식은 가꾸려고 정성을 들여도 잘 자라지 않는데, 잡초는 가꾸지 않고 정성을 들이지 않아도 자생하여 잘 자라거니와 뽑아버려도 나고 또 나는 법이다. 곡식을 가꾸는 마음으로 국민을 교화하면서 척결의 대상자는 징벌되고 천선개과 되어야만 함께 사는 사회를 이룩할 수 있을 것이다.

고질적인 병폐를 뿌리 뽑고 새 시대를 개척하려면 법적 · 제도적 · 외형적 · 물리적 개혁도 불가피하겠으나 국민 모두가 국가를 민족 공동체라는 인식 속에서 주어진 사명을 다하고 삶의 보람을 느끼며 바르게 살아서 세인의 귀감이 되도록 인성교육(人性教育)과 민족정신 · 국민정신 교육에 중점을 두어야 할 것이다.

우리는 교통사고 · 불친절 · 부정부패 · 무질서 등의 나쁜 면에서 세계의 선두를 달리고 있다. 이 불명예스러운 현실을 극복하고 동방예의지국과 인

인군자지국(仁人君子之國)의 명예를 회복해야 한다. 그것은 국가의 발전과 민족의 번영을 의미하는 것이기도 하다. 그러자면 무엇보다도 지도자의 역할이 중요하다. 새로운 시대를 창출해 낼 훌륭한 지도자가 필요하다. 강력한 그러면서도 민주적인 지도자에 의하여 사회개혁이 다음과 같은 방향에서 추진되어야 할 것이다.

첫째, 정치풍토의 쇄신과 공직사회의 기강 확립
둘째, 전통윤리와 민족주의 정신의 계승과 고취
셋째, 부정축재자의 엄정한 처벌과 정치적 신뢰 회복
넷째, 교육개혁과 국민정신교육의 강화
다섯째, 외래 풍조와 외제선호사상의 추방
여섯째, 경제안정과 낭비성 소비생활의 통제
일곱째, 환경 오염 방지와 국민 건강 향상
여덟째, 인권 침해범의 처벌 강화와 마약사범의 근절
아홉째, 사법부의 개혁과 정치적 독립성 유지
열째로 국민공통체의식과 준법정신의 강화 등이다.

그러나 무엇보다도 이 시대의 한국병을 치유하려면 가장 먼저 지도층의 솔선수범과 공직사회의 도덕성 회복이 앞서야 한다. "윗물이 맑아야 아랫물이 맑지." · "대어(大魚)는 안잡고 소어(小魚)만 잡는다."는 말이나, 중국 속담에 "죄는 자리가 높을수록 크고 낮을수록 작다."라고 한 말이나, 정치권의 '표적 수사' 라든가 '희생양' 이라든가 '비호세력' 이라는 말들은 공직사회 공직 윤리의 실조현상을 입증하는 말들이다. 국민이 믿고 따를 수 있는 지도층의 공정하고도 깨끗한 직무 수행이 선행되어야 하겠다.

낟가리가 천이라도 주저리가 으뜸이다. 지도층과 공직자가 신뢰성을 회복할 때에 국민대중은 정부를 믿을 것이고, 그렇게 될 때에 국민대중은 정부 방침에 따르고 협력하게 될 것이다. 구심점도 없고 좌표도 없이 병리 속을 맴도는 현실에서 벗어나기에 총화 단결로써 노력하지 않으면 안된다.

07 절 성직자 테레사의 교훈

우리 인류 역사상 인간이 살아가는데 위대한 교훈을 준 성현은 많이 있다. 공자, 석가, 예수, 소크라테스 등 사람은 무수히 많다. 그러나 우리와 가장 가까운 곳에서 함께 산 20세기 말의 대표적 어진 사람은 테레사 수녀이다. 우리가 위의 성직자를 전문직업인으로 보았고, 직업 소명론에서 루터와 캘빈과 막스 베버의 소명사상과 금욕주의를 살펴보았으며, 금욕주의를 '직업인의 3대정신' 으로 본다면 테레사 수녀는 직업윤리에 있어서 지나쳐버릴 수 없는 가장 표본적인 성직자(聖職者)이다. 그의 직종이 어떻든 오늘날 모든 직업인에겐 귀감이 아닐 수 없다.

그러므로 그의 생애와 업적을 살펴봄으로써 여기의 내용이 비록 그 곁에도 스치지 못하는 정도라 할지라도 그를 배울 수 있는 안내자의 역할이 될 것을 기대하며 신호범이 엮은 '마더 테레사' 의 전기[5]를 중심으로 약술하였다.

5) 테레사 수녀의 전기 〈신홍범, 마더 테레사, 두레, 1997〉과 수녀가 지은 시집 〈마더 데레사,이해인 옮김,샘터, 1997〉을 참고하였다.

1. 출생과 성장 배경

마더 테레사의 본명은 '아그네스 곤자'이다. 아그네스는 1910년 8월 26일 유고슬라비아의 마케도니아에 있는 스코프예에서 아버지 니콜라 보야주와 어머니 드라나필 사이에서 3남매 중 막내로 태어났다. 아버지는 건축업과 식료품업자이고 어머니는 신앙심이 깊은 카톨릭 신자로 경제적으로 여유 있는 집이었다.

드라나필은 부지런하고 열심히 일했으며 매일 종교적 의무를 다했다. 그는 가난한 사람, 고통받는 사람들을 돌보아 주었다. 이는 그의 딸 아그네스(테레사)의 다음과 같은 회상에서도 짐작할 수 있다.

"근처의 가난한 사람들은 우리 집을 알고 있었습니다. 그리고 그들은 누구도 빈손으로 돌아가지 않았습니다. 우리 집 식탁에는 매일 손님이 와 있었습니다. 우리는 처음 어머니에게 '그들이 누구냐'고 묻곤 했지요. 그러면 어머니는 이렇게 대답하셨습니다. '어떤 분들은 우리 친척이야. 하지만 그들 모두는 우리 집 사람들이란다.' 나이가 들어가면서 나는 그 낯선 사람들이 아무것도 가진 것이 없어 어머니가 돌보고 먹여 살리는 사람들이라는 것을 알게 되었습니다."

이렇게 어머니의 사랑의 실천은 자라나는 테레사에게 정신적으로 큰 영향을 주었다. 그래서 먼 훗날 테레사는 "나는 어머니와 강한 끈으로 연결되어 있는 것을 느꼈습니다. 어머니는 덕이 높은 분이셨습니다."고 말하였고 "어머니는 하느님을 사랑하는 것과 이웃 사랑하는 것을 가르쳐 주셨습니다."고 회상했다. 아버지도 어머니의 이웃을 사랑을 전폭적으로 지지하였다.

어머니는 불우한 이웃을 돌아보아야 한다는 것을 자녀들에게 스스로 보여주는 한편, 어떤 낭비도 용납해서는 안 된다는 근검 · 절약 정신을 가르쳤다.

테레사의 아버지 니콜라는 데레사가 9세 되던 해에 알바니아 애국운동에 투신하여 활동하다가 비명의 세상을 떠났다. 아버지가 세상을 떠난 후 그 가족들에게 남은 것은 집 한 채 밖에 없었다. 그것은 동업자들이 재산을 횡령했기 때문이었다. 망연자실(茫然自失)했던 그의 어머니는 사업을 성공적으로 이끌어 가정을 재건하였다.

테레사 3남매는 교회의 부속 초등학교 4년을 마치고 공립 중등학교인 스코프예 김나지움에 들어가 착실한 학생으로 자랐다. 12살이 되던 1925년에 선교활동에 열정적인 얌브렌코비치 신부를 만나게 되었다. 이들은 인도 벵갈지방에 파견되어 선교활동을 하였는데 젊은 신도들에게 깊은 감명을 주었다. 테레사가 하나님과 이웃에게 봉사하도록 소명을 받고 무지와 가난과 병마의 황무지인 인도로 가서 일생을 바치게 된 계기는 얌브렌코비치 신부와의 만남이었다.

12살 때 수녀가 될 것을 생각했던 테레사는 18세에 결단을 내리게 되었다. 그는 수도회에 들어갈 결심을 하고 어머니에게 말했다. 어머니는 하루종일 고민 끝에 자신의 인간적 애착과 소망을 거두어들이고, 딸이 걸어가야 할 길을 깨닫고 딸에게 말하였다.

"너의 손을 하느님의 손에 맡기고 그분과 함께 그 길을 끝까지 걸어가거라." 하면서 허락하였다. 그리고 "네가 무슨일을 하려고 한다면 너의 온 마음을 다해야 한다. 그렇지 않으면 시작할 생각조차 하지 말라."고 가르쳤다.

테레사는 18세에 수녀가 된 이래 어려운 삶에 대해 1초라도 의문을 품거나 주저하지 않았다. 그는 '누구도 빼앗을 수 없는 기쁨' 속으로 들어간 것이다.

2. 사랑과 봉사생활

테레사(아그네스)는 1928년 10월 12일 입회지원자로서 로레토 수도원에 받아들여졌다. 그해 12월 1일에 인도로 파견되어 수련생활을 시작하였다. 거기서 영어와 힌두어와 벵갈어를 열심히 공부하였다. 2년간 수련이 끝난 아그네스는 1931년 5월 25일에는 로레토 수도회의 수녀가 되어 첫 서원(誓願)을 하였다. 청빈(淸貧), 정결(貞潔), 순명(順命)을 서약했다.

수도자들은 수도생활을 하면서 특별히 본받고 싶어하는 성인의 이름을 따서 수도명을 정했는데, 아그네스는 '테레사'를 수도명으로 정했다. 여기서 테레사는 누구인가하면 '예수 아기의 성녀' 또는 '예수의 작은 꽃'으로 알려진 리지외(Lisieux)의 테레사이다. 그는 첫 서원을 한 지 6년만인 1937년 5월 25일 종신 서원을 하였다.

테레사는 성 마리아 학교에서 17년간 지리와 역사를 가르쳤다. 그러나 고요와 평화로운 테레사 수녀의 수도원 생활도 제2차 세계대전의 격동과 혼란을 피할 수가 없었다. 당시 혼란 상황은 서벵갈 수도 캘커타로 몰려온 난민 중 200만명이 굶어 죽었다. 1945년 종전 다음해엔 힌두교도와 이슬람교도 간의 집단 폭행사건으로 약 6천명이 죽었다. 성 마리아 학교의 3백명 어린이가 굶고 있었다. 테레사가 가르치는 학교가 있는 곳은 이러한 비참한 참상의 도시였다.

그러나 테레사는 로레토 수도원을 떠나 히말라야산맥의 산록에 자리잡은 휴양지 다질링으로 가기로 하였다. 그는 가는 도중 기차 속에서 '하느님의 부르심'을 들었다고 하였다. 이것을 소명중의 소명이라고 한다. 첫 번째 부름은 수녀가 되어 하나님을 섬기는 것이지만 두 번째 부르심은 가난한 사람들 속으로 들어가 '가난한 사람들에게 봉사한다는 것'이었다.

그리하여 그는 신부의 조언과 교황청으로부터 허락을 받기에 이르렀다. 그는 '가난한 사람들 가운데서도 가장 가난한 사람들'에게 봉사하여 하느님을 섬기는 일에 열중하게 되었다.

그는 수도회의 이름을 '사랑의 선교회'로 정하고 275조의 회헌이 마련되었다. 그러면 가난한 사람은 누구인가? 그들이 누구이기에 그들에게 봉사하는 것을 그토록 중요하게 여기는 것일까? 이에 대하여 테레사는 이렇게 말했다.

"굶주린 사람, 외로운 사람, 먹을 것만이 아니라 하느님의 말씀에 굶주린 사람, 목마르고 무지한 사람, 지식 · 평화 · 진리 · 정의 · 사랑에 목마른 사람, 헐벗고 사랑 받지 못하는 사람, 인간의 존엄을 박탈당한 사람, 어느 누구도 원하지 않는 사람, 태어나지 않은 아이, 버려진 사람, 인종차별을 당하는 사람, 떠돌아 다니는 사람, 집뿐만 아니라 이해해주고 사랑해줄 사람이 없는 사람, 병자, 가난하게 죽어 가는 사람, 몸뿐만 아니라 마음과 영혼이 갇힌 사람, 삶의 희망과 신앙을 모두 잃어버린 사람, 하느님을 잃어버린 사람, 성령의 힘 안에서 희망을 갖지 못하는 사람들, 이들은 모두 가난한 사람들입니다."라고 하였다.

테레사 수녀가 평생동안 함께 하고 사랑한 사람들은 이렇게 가난한 사람들이다. 그에게 있어서 '가난한 사람들' 이란 먹을 것으로부터의 굶주림 만 아니라 사랑의 굶주림, 말씀의 굶주림 등이었다. 그리고 굶주린 사람은 곧 예수님이기 때문에 섬겨야 한다고 하였다.

그래서 테레사는 '사랑의 선교회' 에서, '죽어 가는 사람들의 집' 에서 가난한 사람들을 위해 봉사하였다. 살이 썩어 고약한 냄새가 나는 죽어 가는 환자, 상처가 부패하여 구더기가 득실대는 병든 사람들에게 사랑의 손길을 보냈다.

사랑의 실천은 스스로 모범을 보이지 않으면 따를 자가 없다. 청빈과 순정과 순명을 서약한 그녀의 수도원 생활은 오로지 금욕과 소명을 실천하는 것이다. 사랑의 선교회의 수녀들은 가난한 사람들과 마찬가지로 가난하고 검소하게 사는 것을 원칙으로 삼는다는 것은 두말 할 필요도 없다. 세 벌의 사리와 튼튼한 신발, 조그만 십자가, 묵주, 금속으로 만든 얇은 접시, 이런 것들이 그들이 가지고 있는 것의 전부였다.

험한 일을 하는 테레사 수녀의 사리는 언제나 해져 있었다. 찢어진 곳을 수선한 자국이 여기 저기에 있었다. 그들은 가까운 곳은 반드시 걸어서 가며, 먼 곳을 갈 때만 대중교통 수단을 이용해 왔다. 그리고 한 잔의 홍차라 할지라도 대접은 정중하고 겸손한 말로 사양하였다. 테레사는 사양에 대하여 "빈민가와 누추한 집에 사는 가난한 사람들은 대부분 아무런 대접도 받지 못하고 삽니다. 우리가 대접받기를 거절하는 것은 그들에 대한 존중과 연민 때문입니다."라고 말하였다.

'죽어가는 사람들의 집'을 연 이후 테레사는 어머니가 세상을 떠나 의지할 곳이 없는 아이들, 집 없이 떠도는 어린이들, 길가에, 도랑에, 쓰레기 더미에 버려진 아이들, 회복하기 어려운 병에 걸려 누구도 돌볼 수 없게 된 아이들, 정박아, 장애아들 …… 테레사는 아이들이 아무도 돌보아 주지 않는 가운데 비참하게 죽어가는 것을 자주 보아왔다. 그래서 사랑의 선교회는 1955년 본부에서 멀지 않은 곳에 '니르말라 시슈 브하반'을 열고 이러한 어린이들을 돌보아 주었다.

테레사는 한 사업가로부터 집 한 채를 기증받아 2채의 집을 열어 50개의 베드를 놓고 두 살 이상된 유아와 약 200명 정도의 아이들을 보살폈다. 여기에는 미숙아로 태어나거나 임산부가 마약 중독에 걸려 유산한 빈사 상태에 빠진 아기가 실려오는 경우도 있고, 우유도 받아먹을 수 없는 미숙아나 병든 아기, 영양실조로 다 죽게 된 아이…… 수녀들의 필사적인 간호도 헛되이 곧 죽고 마는 아기도 적지 않았다.

테레사는 단 한 시간밖에 살지 못하더라도 어떤 아이든 이곳으로 데려다 달라고 부탁하였다. 곧 죽어버릴 어린 아이를 위해 그렇게 귀중한 시간과 비용을 쓰는 것이 과연 가치있는 일인지 물어오는 사람도 있었다. 묻는 사람은 자매들의 노력을 더 유효한 곳에 활용하는 것이 좋지 않느냐는 것이다. 이에 대하여 테레사는 다음과 같이 대답하였다.

"나는 이해할 수 없습니다. 비록 몇 분 동안 밖에 살지 못할 아이라 할지라도 아무도 돌보아 주지 않는 가운데 혼자 죽어가게 해서는 안된다고 생각합니다. 아무리 작은 아이라 할지라도 사랑을 느끼고 싶어하는 것은 당연합니다. 죽어 가는 아이에게 사랑을 주어 그 사랑 속에서 최후를 맞게 해 주는 것은 당연합니다."

테레사 수녀는 낙태를 반대하였다. 낙태는 곧 어머니에 의한 살인이기 때문이다. 그는 어머니가 자식을 죽이는데 어찌 타인들끼리 서로 죽이는 일이 없겠느냐고 하였다. 테레사는 "태아는 가장 가난한 이들입니다. 귀찮은 존재니까요. 죽임을 당하니까요, 어느 아기나, 비록 태어나지 않은 아기일지라도 모두 위대한 창조물입니다. 사랑 받고 사랑하기 위해 창조되었습니다. 그러니 우리는 온 힘을 다해 아기를 구해야 합니다." 그는 아기를 죽이는 것은 바로 그리스도를 죽이는 것이요, 예수님을 거부하는 것이라며 낙태를 적극 반대하였다.

테레사와 사랑의 선교회의 활동이 점점 세상에 알려지면서 각계각층의 뜻있는 사람들이 헌금을 통해 일에 참여했다. 테레사가 거리를 걷고 있을 때 한 거지는 하루종일 동냥한 29페이즈를 수녀에게 주었다. 햇빛이 쨍쨍 내리쬐는 거리에서 하루종일 번 29페이즈는 매우 적은 돈으로 아무것도 할 수 없었지만 거지에게 있어선 식량과 같은 것이다. 그것은 큰 희생이었다. 그러나 테레사는 그것을 받았다. 그리고 그 사람의 얼굴에서 웃는 모습을 보았다. 거지 역시 무언가를 남에게 줄 수 있다고 생각했던 것이다.

이것은 값진 일화에 지나지 않는다. 뜻을 같이하는 많은 사람들이 기부금을 보내왔다. 벵갈인이 처음 받은 월급 600루피를 들고 찾아왔고, 어느 한 사람은 3백만 프랑(약 18억7천 500만원)을 기증했다. 유럽의 한 체인회사는 매년 점포 전체 이익의 1%를 기부금으로 보내왔다. 그리고 자원봉사자도 와서 도왔다.

그러나 테레사가 노벨평화상을 받기 전에는 그의 이름도 활동도 세상에 그리 널리 알려지지 않았다. 그리하여 어느날엔 돈이 없어서 먹을 것을 사지 못하여 먹을 것이 거의 떨어지기도 했다. 그래서 때로는 쌀과 소금만으로 견디기도 하였다.

테레사는 1957년 어느 날 5명의 나병환자가 사랑의 선교회의 마더 하우스를 찾아온 것이 계기가 되어 나병환자들을 위하여 무슨 일이든 하여야 되겠다고 결심하였다. 그리하여 그 해 9월 이동진료차를 구입하였다. 테레사는 1주일을 주기로 나병환자를 찾아다니며 1백명씩 치료했다. 그리고 이듬해에는 순회진료소를 8군데로 늘렸다. 캘커타에서 32km 떨어진 티타가르의 나환자들까지 이 이동진료소를 찾아왔다.

나환자들은 마을 사람들이 추방하여 습지나 외진 곳에서 질병과 고통과 빈곤과 천대 속에서 살았다. 마을 사람들도, 공무원도, 경찰도 감염이 두려워 이곳에 접근하려 하지 않았다. 누구도 나환자들을 치료받게 하려는 사람이 없었다. 이들은 캘커타로 약을 구하러 왔다가 이동진료소 소식을 듣고 몰려들었다. 테레사는 티타가르를 방문하고 나환자를 위한 모금에 나섰다. 반응이 좋았다. 테레사는 병동을 짓고 부속건물도 지어 공장을 만들어 나환자들의 자활을 도와 공동체를 형성하게 되었다. 그리하여 성공적으로 '간디지 프램 니바스' 라는 이름이 붙여진 '간디의 사랑의 집' 을 만들었다. 마하트 간디는 4백만 명에 이르는 인도의 나환자들에 대한 사회적인 차별과 맞서 싸운 사람이었다. 간디는 1948년 1월 30일 암살 당했는데, 1월 30일을 나환자의 날로 기념하고 있다.

나환자의 자활공동체를 꿈꾸던 그에게는 1961년 서벵갈 주정부가 약 14만 평방미터의 땅을 년간 1루피의 세금을 내는 조건으로 제공함으로써 2년여 동안 주요건물을 짓고 평화의 마을을 이루었다.

사랑의 선교회와 테레사의 봉사활동은 세계 각국의 지도자들의 호응도 얻었다. 그리고 부르는곳은 어디에든 갔다. 1950년 설립한 '사랑의 선교회' 는 현재 인도에만 168개소를 설치하고, 세계 126개 국가에 510여 개소의 구호시설을 두고 모두 4천명의 성직자를 파견하여 활동하고 있다.

3. 성직생활의 평가

테레사 수녀가 평생동안 하나님의 소명에 응하고 사랑을 실천적으로 보여준 희생에 대하여 그가 받은 권위있고 명예로운 여러 수상경력에서 평가되고 있다. 마더 테레사 수녀의 연보[6]에 의하면 다음과 같다.

1962년 인도 대통령으로부터 '파드마 슈리 상' 을 받음
필리핀 대통령으로부터 '막사이사이 상' 을 받음
1971년 교황 바오로 6세로부터 '요한 23세평화상' 을 받음
미국 보스턴 '착한 사마리아인 상' 을 받음
미국 워싱턴 '조셉 p.케네디 2세 국제상' 을 받음
미국 카돌릭대학으로부터 '명예 문학박사학위' 를 받음
1972년 인도 '네루상' 을 받음
1974년 캐나다의 성프란치스코 사베리오 대학의 '명예 박사학위' 를 받음
1975년 미국 노스캐롤라이나대학에서 '알버트 슈바이처 상' 을 받음
1976년 미국 뉴욕의 이오나 대학에서 '명예 박사학위' 를 받음
인도의 비슈바 바라티 대학에서 '명예 박사학위' 를 받음

6) 신홍범, 마더 테레사, 두레, 1997, pp.222~229.

1977년 영국의 케임브리지 대학에서 '명예 신학박사학위' 를 받음

1978년 델리에서 오스트레일리아의 고등판무관으로부터 '영국제국훈장' 을 받음

1979년 미국 펜실바니아 의 템플 대학에서 '명예 박사학위' 를 받음

이탈리아 대통령으로부터 '발잔 국제상' 을 받음

노르웨이 오슬로에서 '노벨평화상' 을 받음

1980년 인도대통령의 '바라트 라트나(최고의 시민훈장)훈장' 을 받음

1983년 10월 24일 영국 여왕의 '우수 수도회상' 을 받음

테레사 수녀에 대한 평가는 위와 같은 수상경력에서 이미 판가름이 났다. 더 이상 이야기 할 필요성을 느끼지 않는다.

4. 타계와 세계의 애도

알바니아에서 태어나 18세에 수녀가 된 후 인도에서만 51년 사랑과 봉사로 일생을 마친 가난한 테레사 수녀는 1997년 9월 5일 87세를 일기로 타계(他界)하였다. 인도에서는 물론 세계 각국에서 애도에 잠겼다.

사랑의 선교회에는 애도하러 오는 군중들이 모여들었다. 선교회에선 정문을 폐쇄하고 일반인의 접근을 막았다. 몰려든 군중들은 힌두교도, 이슬람교도, 기독교도 등이었다. 경찰은 바리케이드를 치고 군중을 통제했다. 모든 종파를 초월하여 캘커타로 몰려든 1천여 명의 애도의 인파들은 사랑의 선교회 본부 '수녀의 집' 앞에서 수녀의 죽음을 애도하며 밤을 지새웠다. 조문객 1천여 명이 지나갔는데도 불구하고 끊이지 않아 몇 시간만에 조문을 중단하였다. 9억 6천만 인구의 대부분이 힌두교도임에도 인도의 TV뉴스와 신문등은 테레사 수녀의 사망 소식을 톱기사로 다루었다. 인도 정부는 장례일을 공식 추도일로 정하고 조기를 게양하였으며 국장으로 치루었다.

테레사 수녀의 죽음을 애도하는 세계의 표정은 다음과 같았다. 인도의 구지랄 총리는 성명을 통해 "테레사 수녀가 이제 우리와 함께 있지 않다. 전 세계, 특히 인도는 테레사 수녀의 사망으로 더욱 가난해졌다"고 하고, 또 "그녀의 죽음으로 세계는 가장 큰 것을 잃었다." "그녀의 일생은 세계가 기피했던 사람들에게 사랑과 평화 · 기쁨을 가져다 주기 위한 것이었다."고 추모하였다.[7] 로마의 교황 요한 바오로 2세는 수녀의 죽음 소식을 듣고 즉시 추모미사를 올렸다. 그녀가 태어난 알바니아에서는 11일부터 13일 까지 국민 추도기간으로 선포하였다. 미국의 클린턴 대통령은 "가난하고 고통받는 사람들에게 위안을 주었고 우리 모두에게 영감과 자극이 됐던 당대의 가장 위대한 사람 가운데 한 명을 잃었다."고 하였다. 프랑스의 시라크 대통령은 "세계가 사랑과 열정 · 빛을 잃었다."고 애도의 뜻을 표했다. 우리나라 김영삼 대통령도 "한 평생 봉사의 길을 걸어온 테레사 수녀의 사랑과 헌신은 우리 인류에게 영원히 기억될 것"이라고 애도의 뜻을 표하였다.

네타지 스타디움에서의 장례미사는 2시간 30분동안 계속되었고, 장례식 참석카드를 받은 1만 2천명만이 입장할 수 있었다. 그의 시신은 캘커타에 있는 '사랑의 선교회' 에 안장됐다.

테레사 수녀는 청빈과 정결과 순명을 몸소 실천한 성직자이다. "나의 봉사는 바닷물에 떨어지는 작은 물방울에 지나지 않는다."고 겸손해 마지않은 그가 일생동안 떨어뜨린 사랑의 물방울이 바다가 되어 오대양과 육대주를 적시고 있다. 우리는 그가 알바니아 출신이든, 인도인이든, 한국인이든, 미국인이든, 아프리카인이든 생각할 필요가 없다. 그가 흑인종이든, 백인종이든, 황인종이든 논할 필요도 없다. 또한 유교인이든, 불교인이든, 천주교인

7) 중앙일보, 1997년 9월 7일.

이든, 기독교인이든, 이슬람교인이든, 힌두교인이든 종교적인 신분을 따질 이유도 없다.

사랑에는 국경과 인종과 종교의 차별이 있을 수 없음은 너무도 당연하다. 18세에 히말라야 산자락의 로레토 수녀원을 찾은 이후, 인도의 캘커타의 성 마리아 학교에서 17년간 지리교사를 하였으며, 그 후 캘커타 빈민가로 내려와 사랑의 선교회를 설립한 이후 46년간 가난한자, 집없는자, 병든자, 죽어가는자, 나환자, 부모잃은 고아, 고통받는자 등의 생명을 보살피고 고통과 기쁨을 함께 하였다. 그는 별로 내놓을 경력도 없고, 누구에게 나누어 줄 재산도 없는 가난한 자였다. 그리고 '왼손이 하는 일을 오른손이 모르게 봉사하는 법' 을 전했다.

인생은 흔히 '공수래 공수거' 라고 한다. 그러나 테레사는「빈손으로 와서 온 세상에 태산 같이 높고 바다와 같이 넓은 사랑과 봉사의 정신을 남기고 갔다. 그리고 무소유의 삶이 무엇보다도 값진 것이며 무엇이든 해낼수 있다는 교훈을 남겼다.」그리고 가난과 소외와 고통 받는 이웃을 위해 내가 무엇을 해야하는 지를 가르쳐 주고 갔다.

테레사 수녀의 일생은 IMF체제를 초래하고 또 이것을 극복해야만 하는 한국의 고위공직자, 정치인, 지식인, 교육자, 의사, 예술인, 신문 · 방송인 할 것 없이 이기주의와 배금주의와 사치와 향락과 퇴폐로 무의미하게 살아가는 모든이에게 교훈이 될 것이다. 참으로 성직자의 소명을 가장 충실하게 실천한 직업인의 표본이다. '한국사상과 인성교육' 강좌에 테레사 수녀에 대한 기록을 넣는 이유가 여기에 있는 것이다.

테레사 수녀는 갔지만 그는 결코 간 것이 아니다. 우리의 가슴속에 영원히 자리잡고 있다. 세상은 테레사 수녀가 일평생동안 모범적으로 실천하며 보여준 인간의 생명존중사상, 박애주의사상, 평등주의사상과 청빈 · 정결 · 순명의 정신을 높이 평가하는 데 아무도 주저할 이유가 없을 것이다.

08 절 공직자의 표본 청백리

1. 청백리의 의미

조선시대 유교사상의 모범적 실천자는 선비였다. 이들이 관직에 나아가 직무를 깨끗이 수행하였을 때의 최종 평가로 얻게 되는 영광이 청백리다. 청백리는 관직 수행 능력과 청렴성 · 근검함 · 도덕성 · 경효 자세 · 인의 태도 등의 덕목을 겸비한 조선시대의 이상적(理想的)인 관료상이었다. 청백리는 의정부(議政府)에서 뽑은 깨끗한 관직자에게 주어진 호칭이다.

그러므로 청백리는 탐관오리(貪官汚吏)에 반대되는 말이다. 사람의 욕망은 무한대하고 삶에 있어서 공의(公義)보다는 사욕(私慾)이 우선하기 쉽기 때문에 공의(公義)를 저버리기 쉽다. 그래서 공직사회의 부정부패(不正腐敗)는 옛날이나 지금이나 있게 마련이다.

오늘날과 같이 공직(公職)과 사직을 막론하고 총체적으로 부패가 만연한 사회에서는 부정부패관리(탐관오리)는 오히려 보편적 현상인 것처럼 되어버렸다. 다만 그 정도가 큰 것만 문제시되고 있을 뿐이다. 아직도 세계적으로 후진국형 부패공화국의 꼬리를 떼지 못하고 있는 현실에서 청백리를 논한다는 것이 무의미할지 모를 일이다.

청백리는 근세조선의 이야기지 이제는 퇴색해버린 말이 되어버렸다. 삼권분립을 주장하면서도 부정부패 연루자를 사법적 판단이 아닌 정치적 판단으로 논죄(論罪)하고, 혹 사법적 판단이 내려졌어도 다시 정치적 · 통치적 판단을 가하기 때문에 청백리란 더욱 의미 없는 말이다. 더군다나 오늘날 청백리상이 공직자에게 주어져도, 혹은 나중에 부정으로 구속되는 사례도 나타나고 있으니, 청백리 상은 가치 없는 상으로 전락해버렸다.

조선시대에 청백리는 국가적 포장(褒章)의 대상이 되었을 뿐만 아니라 사회적으로 높이 평가되어 존경의 대상이었다. 청백리에 녹선되면 자신은 말할 것도 없고 가문의 영광이요, 자손까지 국가의 특전을 받았으며, 먼 후손에게 자부심과 긍지를 안겨주고 있다. 반면 탐관오리의 다른 명칭인 「장리(贓吏)」의 명단에 이름이 오르면 장죄(贓罪)를 범했다고 하여 본인이 법에 의해 처벌받는 것은 물론 그 자손까지 벼슬길이 막혀 신분하락의 불이익을 당했다. 장죄의 경중에 따라 다르지만 과거시험을 보았을 때 신원조회에 걸려 실력이 있음에도 탈락하거나, 설사 통과한다 하더라도 중요 직책에서 제외되었다. "장리록(贓吏錄)에 오르면 3대(代)를 현관(顯官)을 못 한다."는 말이 상식으로 통했던 것이다. 민주사회를 말하는 현실에서 논란거리가 되겠지만 공의를 저버린 자에 대한 철저한 철퇴를 가하였다는 사실을 주목해야 할 것이다. 공직자는 한 나라의 만인을 책임진 사람들이다. 부패한 공동체는 공적 조직이든 사적 조직이든 망하게 마련이다. 세계역사 속에 사라져간 로마나 신라의 망국의 말로를 보면 증명이 되리라. 그것이 오늘에서 옛날 조상들의 청백리를 배우는 이유라 할 것이다.

▲ 청백리 청강 이제신 영정

2. 청백리의 특징

조선조는 유교입국을 내세워 진보적인 선비들이 주체가 되어 창건한 나라다. 이 유교사상의 실천자는 선비요, 공직에서 선비사상의 모범적 실천자가 청백리가 되는 것이다. 선비사상은 안빈낙도를 즐기며 정도를 지킨 공직인상이다. 사람을 두 가지로 대별한다면 군자와 소인으로 구분한다. 군자란 의리에 사는 사람으로 사리사욕이나 이해득실에 따라 지조 없이 살아가는 소인배에 반대되는 지식인을 뜻한다. 안빈낙도, 그래서 굶어 죽어도 의리에 합당하지 않으면 먹지 않는 것이 군자요, 선비다. 그러면 청백리는 보통사람과 달리 어떤 특징을 가지고 있을까? 서울대 정옥자 교수의 논설을 참고하여 살펴보면 다음과 같이 네 가지로 정리할 수 있을 것이다.

첫째, 선공후사(先公後私)의 실천이다. 일반적으로 조선시대 지식인은 선비(士)로 이해되고 있다. 선비는 오늘날의 왜소한 지식인과 곧잘 비교된다. 특히 꼿꼿한 지조와 목에 칼이 들어와도 두려워하지 않던 강인한 기개, 옳은 일을 위해서는 죽음도 불사하던 불요불굴(不撓不屈)의 정신력, 항상 깨어 있는 청정한 마음가짐으로 특징 지워진 선비의 모습이다.

그러면 선비정신이 관료생활에서 어떻게 나타나는지 살펴보자. 어떤 일에 임할 때는 공적인 일을 우선하고 개인적인 일을 뒤로하는 선공후사(先公後私)로써 멸사봉공의 정신과 강한 자를 억누르고 약한 자를 부추겨 주는 억강부약(抑强扶弱)하는 파사현정의 정신을 실천하고 있다.

위기에 처해서는 지조와 절개를 지키는 투철한 기개를 보여 주는 강인함을 갖고 있음에도 불구하고, 개인적인 사생활에서는 한없이 부드럽고 온화한 사람이어서 그야말로 외유내강(外柔內剛)한 개성을 갖고 있는 인간형이 선비의 전형인 것이다. 겉으로는 부드러워 누구에게나 잘 대해 주고 예의바르지만 속으로는 강하고 심지 깊은 유형을 말한다.

그러므로 선비는 박기후인(薄己厚人)의 가치지향을 갖고 있었다. 박기후인이란 자신에게는 박하게 하고 남에게는 후하게 하는 생활태도를 말한다. 자신이 청렴하다고 해서 남에게 뽐내고 보통사람에게 청렴을 강요하는 것이 아니었다.

관직을 이용한 자신의 부정부패에는 절제와 극기를 하였지만, 어려운 사람이나 아랫사람에게는 너그러운 잣대와 태도를 갖고 있었다. 연말에 뇌물을 받는 것이 아니라 세찬(歲饌)이라 하여 아랫사람들을 챙겨 주었던 것이다.

그리하여 지향하는 최종적 목표는 자신의 이기심과 욕망을 이겨내어 예(禮)로 돌아가는, 즉 극기복례(克己復禮)하여 모든 사람이 공존하고 공생하자는 것이다. 자신의 욕망을 극대화시킬 때 인간은 남을 괴롭히거나 남의 삶(生)을 파괴하게 되므로 자신을 이기는 극기(克己)의 길만이 남을 존중하고 인간 상호 간의 애경(愛敬)을 극진히 하는 예(禮)로 돌아갈 수 있는 지름길이라 생각했던 것이다.

자신의 삶이 중요하듯이 타인의 삶도 중요하므로 자신과 타인이 다 함께 이 세상에서 사이좋게 삶(生)을 실현하고 하는 이상을 갖고 그러한 인식을 확대시킴으로써 천인합일(天人合一)의 경지에 도달하고자 했다. 여기에서 「하늘」이란 종교적 절대자를 지칭하는 것이 아니라 자연의 질서를 말하며, 사람이 자연의 질서 속에 조화되어 하나로 된 경지를 말한다.

선비는 그러한 이상사회인 대동사회(大同社會)를 이 세상에 실현할 수 있다는 확신을 갖고 그 전위가 되고자 끊임없이 노력하였던 이상주의자들이었다.

중국 춘추전국시대에 형성된 제자백가 사상의 논리들은 인류가 생각해 낼 수 있는 제사상의 원론을 기본적으로 제시하고 있다. 그 사상들의 다양성에도 불구하고 유가사상이 동양의 主流사상으로 자리 잡을 수 있었던 것은 그 사상이 갖고 있는 여러 가지 특징적 면모에 기인한다. 우선 생각해 볼 수 있는 것이 「온고이지신(溫故而知新)」의 정신이다. 「옛 것을 제대로 알고서 새로운 것을 안다」는 기본적인 태도야말로 안정성의 기초이다.

우리나라의 경우만 살펴보더라도 18세기 박지원(朴趾源)에 의하여 제창된 「법고창신(法古創新)」의 논리라든가 19세기 「동도서기론(東道西器論)」, 1894년 갑오경장 후 제기된 「구본심참(舊本新參)」의 논리가 모두 그러한 인식에 근거하고 있다. 그러나 서세동점에 대응한 이러한 조선 지식인들의 모색마저 20세기 제국주의의 틀 속에 함몰되고 근대화의 거센 물결에 휩쓸려 버리고 말았다. 그 결과 동양사회는 1세기 이상 서구이념의 각축장이 되어 표류했다.

둘째, 수기치인(修己治人)의 자세를 들 수 있다. 나아가 이들이 기본 교과서로 채택하였던 「사서삼경(四書三經)」을 비롯한 경전들의 내용은 「大學」의 주요지침인 수신(修身) · 제가(齊家) · 치국(治國) · 평천하(平天下)를 실천하기 위한 이념서이자 지침서라 할 수 있다.

특히 통치자의 학문이라 할 수 있는 「大學」의 조선적 변용인 「성학집요(聖學輯要)」의 출현은 외래사상으로써의 성리학(性理學)이 토착화되었다는 신호탄이나 다름없었다. 16세기 후반 율곡 이이에 의하여 조선화한 성리학을 「조선 성리학」이라고 하는 이유가 여기에 있다. 이후 조선사회의 전개과정은 그 이념의 실현과정이라 하여도 별 무리가 없을 것이다.

인류의 삶이란 시행착오의 연속선상에서 전개되고 있다. 같은 실수를 되풀이하지 않기 위해서는 지나간 일을 제대로 알아야 할 필요성이 제기된다. 그것은 역사에 대한 중시로 나타났다. 「경경위사(經經緯史)」 정신의 강조가 그것이다. 경전의 진리가 영원히 불변하는 것으로 전제하여 날줄로 인식하고, 시간에 따른 변화양상을 역사로 인식하여 씨줄로 인식했다.

예컨대 진선미(眞善美)라든지 효도(孝道)와 같은 인류 보편적인 진리는 아무리 세상이 바뀌어도 변함없는 것이지만 그것을 추구하는 방법은 시대에 따라 달라질 수밖에 없는 것이다.

이렇게 경학(經學)과 역사를 상호 보완하여 인간사를 파악하는 경경위사의 정신이야말로 동양사회가 면면하게 지켜온 인문정신이며 동양의 정신문화를 고양시킨 토대가 되었던 것이다. 기본적으로 경학(經學)과 역사를 학문의 중심축으로 삼았지만, 그것을 표현하는 매체로써 문장학(文章學) 역시 소홀히 하지 않았다. 경학과 역사의 메시지를 도(道)로 인식하고 그것을 담는 그릇으로 문장학의 중요성이 인식되었다.

셋째, 공의(公義)의 실천의 결연한 태도이다. 나아가 활동을 하든 물러나 숨어 있든 이 시대 지식인들은 기본적으로 정치 지향적이라는 공통분모를 갖고 있었다. 그들에게는 정치를 통하여 자기성취는 물론이려니와 국가사회에 기여해야 하는 의무가 있다고 생각했고, 그러한 발상은 아주 상식적이었다.

그리하여 그들이 가장 강조하는 것이 책임의식이었다. 자신들이야말로 사회 지도층이라는 의식은 매사에 진지하게 임하게 되고, 어떤 사안에 대하여든 냉소적이거나 책임 회피적이 될 수 없도록 했다. 그들의 최대 관심은 「공의(公義)」의 실현에 있었다.

개인적인 욕망을 이겨내고 나와 타인이 다 함께 이 세상에서 삶(生)을 실현할 수 있는 공동의 선(善)인 공적 외로움, 즉 공의(公義)를 실현하는 일이야 물론 이 세상을 살기 좋은 세상으로 만드는 지름길이라 생각했기 때문이다. 그리고 그것을 실현하기 위한 잣대가 위에서 언급한 인정(人情)과 의리(義理)라는 두 가지 기준이었다. 이 두 가지 기준이 정확하게 평형을 이룰 때 사람들은 소외감 없이 공평하게 삶을 누릴 수 있다는 인식이었다.

자신을 위해 마음껏 쓰고 남는 여유란 있을 수 없으므로 자신을 위해서는 아끼고 절약해야 남에게 베풀 수 있다는 것이다. 그리하여 이러한 청렴정신을 관직생활에서 실천함으로써 수많은 청백리가 배출되어 청사에 길이 빛나고 있다.

넷째, 의리사상의 결행이다. 선비의 부득이한 선택으로 은일(隱逸)이 있다. 국가를 경영할 만한 충분한 능력이 있음에도 난세를 당하거나 아직 때가 아니라는 인식 하에 초야의 은둔해 있던 선비를 말한다. 은사(隱士)·일사(逸士)·유일(遺逸)로도 불린다.

이들은 부도덕하고 무도한 통치자가 권력을 휘두를 때 정치판에 나아가는 일을 거부하였다. 자신의 시대를 난세로 인식할 때 취하는 길이다. 무도한 시대에 정치 판에 뛰어들어 세상에 도움이 되는 것이 아니라 자신의 머리와 지식이 난세를 연장시키는 데 일조하게 되거나 약용될 소지를 아예 만들지 않겠다는 의지의 표현이었다.

폭정을 도와주는 결과를 우려했을 뿐만 아니라 자신의 오염을 두려워했던 것이다. 꺾일망정 휘어지기를 거부하고 독야청청(獨也青青)하고자 하는 그 자존심은 곡학아세(曲學阿世)를 용납할 수 없었던 것이다.

이들은 대부분이 유자(儒者)들이며 조선시대 신비들도 예외가 아니다. 이들은 자신을 알아주고 발탁한 이를 위해서는 목숨도 내놓을 만큼 의리를 지키는 대신 그렇지 못한 사람에게는 아예 협조하지 않는 원칙을 세웠던 것이다.

국가적 위기를 당했을 때의 선비의 처세는 처변삼사(處變三事)이다. 1895 을미사변·을미개혁 후 유인석의 처변삼사는 너무도 유명하다. 처변삼사란 시국에 대처하는 세 가지 방법이다. 자정·자결·거의소청이 그것이다.

의(義)를 일으켜 세워 적(敵)을 쓸어버리겠다는 이 마지막 결정은 선비의 정상적인 선택은 아니었다. 국가가 존망의 가로에 서 있을 때의 극단적 방법으로 임진왜란 때 의병항쟁과 1895년 을미사변 때 국모(國母)가 시해되는 위기상황에서 일어난 의병활동을 들 수 있다.

선비들은 의병장으로서 국민병인 의병을 조직하고 통솔했다. 직접 병장기를 들고 전투에 임하고 무예를 행하기보다는 병서에 대한 조예와 지리에 밝다는 이점을 이용하여 게릴라전을 감행했던 것이다. 이들은 자발적으로 지원한 민간인으로 구성되었고, 민간자금을 군자금으로 확보하는 등 전적으로 민간차원에 의존했다.

다섯째, 효성이 지극하다. 청백리는 대개 조상 숭배와 조부모, 부모를 섬김에 있어서도 효성이 지극한 효자다. 청백리 성영(成泳,1547~1623)은 모친상을 당하자 지평에 안장하고 3년 간 시묘를 하였으며, 청백리 이제신(李濟臣)은 양조모와 외조모를 친부모처럼 모시어 두 할머니가 부를 때에 효손(孝孫)이라 불렀다. 상을 당하여서는 그 슬픔으로 몸이 상하였으며, 죽을 때까지 사모하였다. 가묘에는 살아 계신 부모처럼 출타 시에 인사하고 아뢰었다.

효는 백행의 근본이고 효자의 가문에서 충신이 나온다고 하였듯이 청백리는 거의 효자였다.

3. 구용 · 구사의 교육

구용구사(九容九思)는 유교사회의 교육의 방침이다. 그래서 공부를 시작하는 어린이들로부터 청년에 이르기까지 배울 수 있게 사자소학, 계몽편, 동몽선습, 명심보감, 소학 등에 반복해서 나온다. 사람의 마음(心)은 일신(一身)을 주재하는 것으로 생각은 아홉 가지로 하고 행동은 아홉 가지로 하라는 사람의 몸가짐의 자세를 구체적으로 설명한 것이다.

먼저 구용(九容)이란 몸과 마음을 수련하는 데 절실한 아홉 가지 항목이다.

첫째, 발 모양은 무겁게 할 것(足容重). 가볍게 행동하지 않는다는 뜻이다. 다만 어른 앞에서 걸을 때는 여기에 구애받지 않는다고 하였다. 어른 앞에서 거드름피우는 것으로 오해받을 수 있기 때문이다.

둘째, 손 모양은 공손히 할 것(手容恭). 손을 아무렇게나 놓지 않고, 일이 없을 때는 단정히 앞으로 모으고 함부로 움직이지 않는다.

셋째, 눈 모양은 단정히 할 것(目容端). 눈동자를 안정시켜 마땅히 시선을 바르게 해야 하며 흘겨보거나, 훔쳐보아서는 안 된다는 것이다.

넷째, 입 보양은 움직이지 말 것(口容止). 말을 하거나 음식을 먹을 때가 아니면 입은 항상 움직이지 말고 꼭 다물고 있어야 한다는 것이다.

다섯째, 소리는 조용히 낼 것(聲容靜). 마땅히 형기를 가다듬에 구역질을 하거나 트림을 하는 따위의 잡소리를 내서는 안 된다는 것이다.

여섯째, 머리 모양을 곧게 할 것(頭容直). 머리를 바르게 하고 몸을 곧게 해야 하며 머리를 기울여 돌리거나 치우치게 해서는 안 된다는 것이다.

일곱째, 숨쉬는 모양을 엄숙하게 할 것(氣容肅). 호흡을 고르게 하여 소리를 나게 해서는 안 된다는 것이다.

여덟째, 서 있는 모습을 덕스럽게 할 것(立容德). 가운데 서고 치우치지 않아서 엄연히 덕이 있는 기상이 있어야 한다는 것이다.

아홉째, 얼굴 모양을 장엄하게 할 것(色容莊). 얼굴빛을 단정히 하여 태만한 기색이 없도록 해야 한다고 했다.

이상 구용(九容)은 신체의 손발 등 각 부위의 모양을 어떻게 가꾸어야 우아하고 품위 있는 선비가 될 수 있는지를 구체적으로 가르쳐 주어 일거수일투족을 빈틈없이 규정하고 있다.

다음 구사(九思)란 지혜를 더하기 위한 구체적인 아홉 가지 실천요목이다.

첫째, 볼 때는 밝게 볼 것을 생각할 것(視思明). 사물을 볼 때 가린 바가 없으면 밝아서 보지 못하는 것이 없을 것이다.

둘째, 들을 때는 귀 밝게 들을 것을 생각할 것(聽思聰). 들을 때 막힌 바가 없으면 귀 밝아서 듣지 못하는 것이 없을 것이다.

셋째, 얼굴빛은 온화하게 할 것을 생각할 것(色思溫). 얼굴빛을 온화하고 부드럽게 하여 화를 내거나 거친 기색이 없도록 할 것이다.

넷째, 모습은 공손히 할 것을 생각할 것(貌思恭). 일신의 태도가 단정하고 씩씩하게 할 것이다.

다섯째, 말은 충실하게 할 것을 생각할 것(言思忠). 한마디 말이라도 충신하지 않음이 없도록 한다.

여섯째, 일은 공경스럽게 할 것을 생각할 것(事思敬). 한 가지 일이라도 경건하고 삼가지 않음이 없도록 할 것이다.

일곱째, 의심나는 것은 물을 것을 생각할 것(疑思問). 마음속에 혹심이 있으면 반드시 먼저 깨달은 이에게 나아가 자세히 물어보아 모르는 것을 그대로 두지 않는다.

여덟째, 분할 때에는 어려움을 생각할 것(忿思難). 분이 나면 반드시 징계하고 이치를 따져서 스스로 이겨내야 한다.

아홉째, 얻을 일이 있으면 옳은지 생각할 것(見得思義). 재물에 대해서는 반드시 義(의)인지 利(이)인지 분변하여 의(義)에 맞는다고 판단한 후에야 갖는다.

구사(九思)란 사물을 관찰하고 행동할 때 그 전제로서 한 번쯤은 생각해 보아야 하는 일상사를 자세하게 규정하였다. 선비들은 이 구용·구사를 서재나 방 벽에 써서 붙이고 외우고 실천하기에 노력하였다.

4. 조선의 청백리

공직자의 표본인 조선조의 청백리는 태조조에 5명, 태종조에 8명, 세종조에 15명, 세조조에 7명, 성종조에 20명, 중종조에 34명, 명종조에 45명, 선조조에 25명, 인조조에 13명, 숙종조에 22명, 경종조에 6명, 영조조에 10명, 정조조에 1명, 순조조에 4명으로 모두 215명이다. 이 중에는 과연 이런 사람이 청백리에 해당되나 하는 인물도 없지 않으나 이들의 청빈한 생활은 역사에 두고두고 후손들에게 교훈이 될 것이다.

훌륭한 신하를 두어야 성군이 나타나고, 성군이라야 훌륭한 신하가 나타나는 것이다. 우리 역사상 가장 진취적이며 창조적인 시대로 사회정의가 구현되었다고 하는 세종 시대에는 청백리가 많이 배출되었다. 이들이 있었기에 세종 같은 성군(聖君)이 나올 수 있었다고 말할 수 있다. 그 중에서도 대표적인 인물이 유관(柳寬) · 맹사성(孟思誠) · 황희(黃喜)이다. 이 세 사람은 우정도 돈독하여 절친하였을 뿐만 아니라 실천에 있어서도 똑같은 지향을 보여 주면서 세종 시대의 태평성대를 이루어 내었던 것이다.

류관(柳寬,1346~1433)은 우의정을 지냈다. 비가 새는 단칸 초가집에서 베옷과 짚신으로 청빈한 생활을 했다. 어느 여름 한 달 이상 내린 비로 지붕이 줄줄 새자 유관은 우산을 들고 부인에게 "우산도 없는 집은 어떻게 견디겠소?"하니 부인이 "우산이 없는 집엔 다른 마련이 있답니다"라고 대답했다는 일화가 있다. 대부분의 관리가 우산 걱정 같은 것은 할 필요조차 없는 집에서 살고 있는 줄 그 부부가 모를 리 없건만 시치미를 떼고 대화하는 모습이 유머러스하다. 그 남편에 그 부인이다. 유관의 집은 「庇雨亭」(비우정 : 비를 겨우 가리는 정자)이라 이름하여 오늘날의 동대문 밖 숭인동에 있었다. 옛 집은 흔적이 없지만 이름만은 부근 청계천다리의 하나인 「비우교」로 남았다.

맹사성(孟思誠,1360~1438)은 부인이 햅쌀밥을 해 올리니 "어디서 햅쌀을 구했느냐"고 물었다. 부인이 "녹봉으로 받은 쌀이 너무 묵어서 먹을 수 없을 지경이므로 이웃집에서 꾸어 왔다."고 하자 그는 "이미 국가에서 祿米

(녹미)를 받았으니 그것을 먹을 일이지 이웃집에서 꾸어 와서야 쓰겠소" 하며 부인을 나무랐다. 공사 구별 없이 똑같이 엄격한 기준을 적용하고 있음을 확인할 수 있는 사례이다. 당시 병조판서가 좌의정이던 그를 찾아갔다가 자신의 행랑채와 방불한 그의 집을 보고 충격을 받았다는 기록도 있다.

황희(黃喜,1365~1452)는 40대(代) 후반부터 50대(代) 전반까지 10여 년 동안 육조판서를 모두 역임하고, 18년 간이나 영의정 자리에 있으면서 청백리의 귀감을 보여 주었다. 그가 영의정으로 있을 때 공조판서로 있던 김종서가 자기 소속관아인 공조로 하여금 약간의 술과 유과를 마련하여 정승과 판서를 대접하게 하였다. 이에 황희는 "국가에서 예빈시(禮賓寺)를 설치한 것은 접대를 위한 것이니 만약 시장하다면 예빈시로 하여금 음식물을 마련해 오도록 할 것이지 어찌 사사로이 음식물을 제공한단 말이오?"하고 엄격하게 문책하였다. 예산 외의 경비지출로 인한 부작용을 경계하였던 것이다. 어느 날 조회에 모든 대신들이 비단으로 지은 새 옷을 입고 나왔는데, 황희(黃喜) 정승만이 거친 베로 만든 관복을 기워 입고 나왔다. 다음날부터 모든 대신들이 헌 관복으로 갈아입고 출근하게 되었다는 일화도 전해지고 있다. 상징적인 인물의 일거수일투족이 미치는 영향력을 말해 준다.

이 세 사람이 모여 대화하며 우정을 다지던 곳이 지금 온양에 남아 있는 맹씨 행단이다. 아마도 평생의 지기(知己)로 서로에게 버팀목이 되고 격려했을 것이다. 나아가 누가 더 청렴할 수 있는지 내기라도 걸었을지 모른다. 그러나 무엇보다도 중요한 요인은 상호 간에 교감된 투철한 사명의식이었을 것이다라고 정옥자 교수는 기록하고 있다.

부 록[附錄]

01 조선시대의 청백리

선공후사로 맡겨진 직무를 충실히 수행하고 깨끗하여 모범이 되는 인물로 엄격한 심사를 거쳐 선정된 사람이 청백리다.

태조조(太祖朝)… 5

길 재(吉再)	선산인(善山人)	
서 견(徐甄)	이천인(利川人)	장령(掌令)
안 성(安省)	광주인(廣州人)	참찬(參贊)
우현보(禹玄寶)	단양인(丹陽人)	찬성사(贊成使)
유 순(柳珣)	진주인(晋州人)	제학(提學)

태종조(太宗朝)… 8

경 의(慶儀)	청주인(淸州人)	절도사(節度使)
김약항(金若恒)	광산인(光山人)	대사성(大司成)
박서생(朴瑞生)	비안인(比安人)	대사헌(大司憲)
이백지(李伯持)	용인인(龍仁人)	관찰사(觀察使)
이 원(李原)	고성인(固城人)	좌의정(左議政)
이지직(李之直)	광주인(廣州人)	참의(參議)
최사의(崔士儀)	경주인(慶州人)	판돈녕(判敦寧)
최유경(崔有慶)	전주인(全州人)	참찬(參贊)

세종조(世宗朝)… 15

김 장(金장)	광산인(光山人)	장령(掌令)
맹사성(孟思誠)	신창인(新昌人)	좌의정(左議政)

민불탐(閔不貪) 여흥인(驪興人) 주부(主簿)
박팽년(朴彭年) 순천인(順天人) 승지(承旨)
유 겸(柳謙) 진주인(晋州人) 좌참찬(左參贊)
유 관(柳寬) 문화인(文化人) 영의정(領議政)
유 염(柳琰) 진주인(晋州人) 이판(吏判)
이석근(李石根) 전주인(全州人) 익평군(益平君)
이정보(李廷보) 경주인(慶州人) 관찰사(觀察使)
이 지(李知) 경주인(慶州人) 판관(判官)
정 척(鄭陟) 진주인(晋州人) 판윤(判尹)
최만리(崔萬理) 해주인(海州人) 부제학(副提學)
홍계방(洪桂芳) 남양인(南陽人) 참의(參議)
황효원(黃孝源) 상주인(尙州人) 좌찬성(左贊成)
황 희(黃喜) 장수인(長水人) 영의정(領議政)

세조조(世祖朝)… 7

곽안방(郭安邦) 현풍인(玄風人) 군수(郡守)
기 건(奇虔) 행주인(幸州人) 판서(判書)
김종순(金從舜) 경주인(慶州人) 판윤(判尹)
노숙동(盧叔仝) 풍천인(豊川人) 대사헌(大司憲)
박 강(朴薑) 반남인(潘南人) 판중추(判中樞)
이 언(李堰) 흥양인(興陽人) 부윤(府尹)
정문형(鄭文炯) 봉화인(奉化人) 우의정(右議政)

成宗朝(성종조)… 20

구치관(具致寬) 능성인(綾城人) 영의정(領議政)

김겸광(金謙光)	광산인(光山人)	판서(判書)
민 휘(閔暉)	여흥인(驪興人)	대사헌(大司憲)
박 열(朴說)	밀양인(密陽人)	찬성(贊成)
박처륜(朴處綸)	고령인(高靈人)	부제학(副提學)
성 현(成俔)	창녕인(昌寧人)	참찬(參贊)
안팽명(安彭命)	광주인(廣州人)	사성(司成)
양 관(梁灌)	남원인(南原人)	동돈녕(同敦寧)
유 훈(柳塤)	문화인(文化人)	판서(判書)
윤석보(尹碩輔)	칠원인(漆原人)	직제학(直提學)
이 순(李淳)	우봉인(牛峰人)	참판(參判)
이신효(李愼孝)	전의인(全義人)	관찰사(觀察使)
이약동(李約東)	벽진인(碧珍人)	지중추(知中樞)
이현보(李賢輔)	영천인(永川人)	판중추(判中樞)
이 훈(李塤)	한산인(韓山人)	참찬(參贊)
임 정(林整)	안의인(安義人)	예판(禮判)
정성근(鄭誠謹)	진주인(晋州人)	직제학(直提學)
조지서(趙之瑞)	임천인(林川人)	보덕(輔德)
허 종(許琮)	양천인(陽川人)	우의정(右議政)
허 침(許琛)	양천인(陽川人)	우의정(右議政)

중종조(中宗朝)… 34

강숙돌(姜叔突)	진주인(晋州人)	사간(司諫)
권빈(權빈)	안동인(安東人)	전적(典籍)
김 무(金무)	안동인(安東人)	공판(工判)
김양진(金陽震)	풍산인(豊山人)	공판(工判)

김연수(金延壽)	안동인(安東人)	첨정(僉正)
김 은(金은)	연안인(延安人)	공참(工參)
김 전(金詮)	연안인(延安人)	영의정(領議政)
김 정(金淨)	경주인(慶州人)	판서(判書)
김종직(金宗直)	선산인(善山人)	형판(刑判)
박 상(朴祥)	충주인(忠州人)	이판(吏判)
손중돈(孫仲暾)	경주인(慶州人)	참찬(參贊)
송흠(宋欽)	신평인(新平人)	판중추(判中樞)
신공제(申公濟)	고령인(高靈人)	이판(吏判)
양지손(梁芝孫)	남원인(南原人)	예의(禮義)
오세한(吳世翰)	나주인(羅州人)	병사(兵使)
유 빈(柳濱)	진주인(晋州人)	이판(吏判)
유 헌(柳軒)	전주인(全州人)	대사간(大司諫)
유희철(柳希轍)	풍산인(豊山人)	집의(執義)
유 찬(俞찬)	기계인(杞溪人)	수사(水使)
윤사익(尹思翼)	무송인(茂松人)	판중추(判中樞)
이선장(李善長)	한산인(韓山人)	군수(郡守)
이숭원(李崇元)	연안인(延安人)	이조판서
이언적(李彦迪)	여주인(驪州人)	찬성(贊成)
이철균(李鐵均)	성주인(星州人)	대사성(大司成)
이 화(李樺)	전의인(全義人)	병조판서
정갑손(鄭甲孫)	동래인(東萊人)	찬성(贊成)
정매신(鄭梅臣)	진주인(晋州人)	판관(判官)
정창손(鄭昌孫)	동래인(東萊人)	영의정(領議政)
조사수(趙士秀)	양주인(楊洲人)	이조판서

조원기(趙元紀)	한양인(漢陽人)	판중추(判中樞)
조치우(曺致虞)	창녕인(昌寧人)	사옹정(司饔正)
최명창(崔命昌)	개성인(開城人)	형참(刑參)
표 빈(表斌)	신창인(新昌人)	시정(寺正)
한형윤(韓亨允)	청주인(淸州人)	형조판서

명종조(明宗朝)… 45

강윤권(姜允權)	진주인(晋州人)	사재정(使宰正)
김 개(金鎧)	광산인(光山人)	판서(判書)
김몽좌(金夢佐)	김해인(金海人)	직장(直長)
김 순(金洵)	경주인(慶州人)	정랑(正郎)
김약묵(金若默)	강진인(康津人)	집의(執義)
김 우(金雨)		부사(府使)
김취문(金就文)	선산인(善山人)	대사간(大司諫)
김팽령(金彭齡)	경주인(慶州人)	사용(司勇)
김 확(金擴)	연안인(延安人)	부사(府使)
노 진(盧진)	풍천인(豊川人)	판서(判書)
박민헌(朴民獻)	함양인(咸陽人)	참판(參判)
박수량(朴守良)	태인인(泰仁人)	참찬(參贊)
박영준(朴永俊)	고령인(高靈人)	이판(吏判)
변훈남(卞훈男)	초계인(草溪人)	현령(縣令)
성세장(成世章)	창녕인(昌寧人)	호판(戶判)
송익경(宋翼慶)		
송 찬(宋贊)	진천인(鎭川人)	판중추(判中樞)
신사형(辛士衡)	영월인(寧越人)	목사(牧使)

신 잠(申潛)	고령인(高靈人)	목사(牧使)
안 잠(安潛)	순흥인(順興人)	별좌(別坐)
안종전(安從琠)	죽산인(竹山人)	군수(郡守)
안 현(安玹)	순흥인(順興人)	좌의정(左議政)
오 상(吳祥)	해주인(海州人)	이조판서
우세겸(禹世謙)	단양인(丹陽人)	부정(副正)
유 혼(柳渾)	문화인(文化人)	부정(副正)
유언겸(俞彦謙)	창원인(昌原人)	정랑(正郎)
윤부(尹釜)	파평인(坡平人)	병조참판
윤춘년(尹春年)	파평인(坡平人)	판서(判書)
윤 현(尹鉉)	파평인(坡平人)	찬성(贊成)
이 명(李蓂)	예안인(禮安人)	좌의정(左議政)
이몽필(李夢弼)	전주인(全州人)	이참(吏參)
이세장(李世璋)	전주인(全州人)	관찰사(觀察使)
이 영(李榮)	영천인(永川人)	수사(水使)
이준경(李浚慶)	광주인(廣州人)	영의정(領議政)
이중경(李重慶)	광주인(廣州人)	이참(吏參)
이증영(李增榮)	전의인(全義人)	공정(工正)
이 황(李滉)	진성인(眞城人)	찬성(贊成)
임보신(任輔臣)	풍천인(豊川人)	형조참의
임호신(任虎臣)	풍천인(豊川人)	지돈녕(知敦寧)
정 연(鄭淵)	동래인(東萊人)	군수(郡守)
정종영(鄭宗榮)	초계인(草溪人)	찬성(贊成)
주세붕(周世鵬)	상주인(尙州人)	찬성(贊成)
허세린(許世麟)	양천인(陽川人)	좌윤(左尹)

홍 담(洪曇)	남양인(南陽人)	판서(判書)
홍 섬(洪暹)	남양인(南陽人)	영의정(領議政)

선조조(宣祖朝)… 25

김 수(金수)	안동인(安東人)	판중추(判中樞)
김장생(金長生)	광산인(光山人)	참판(參判)
백인걸(白仁傑)	수원인(水原人)	참찬(參贊)
성 영(成泳)	창녕인(昌寧人)	이조판서
심수경(沈守慶)	풍산인(豊山人)	우의정(右議政)
심희수(沈喜壽)	풍산인(豊山人)	우의정(右議政)
안자유(安自裕)	순흥인(順興人)	이조판서
오억령(吳億齡)	동복인(同福人)	판서(判書)
유성룡(柳成龍)	풍산인(豊山人)	영의정(領議政)
이광정(李光庭)	연안인(延安人)	참찬(參贊)
이 기(李기)	한산인(韓山人)	이조판서
이기설(李基卨)	연안인(延安人)	장령(掌令)
이우직(李友直)	여주인(驪州人)	예판(禮判)
이원익(李元翼)	전주인(全州人)	영의정(領議政)
이유중(李有中)	덕수인(德水人)	대사헌(大司憲)
이제신(李濟臣)	전의인(全義人)	병사(兵使)
이직언(李直彦)	전주인(全州人)	찬성(贊成)
이항복(李恒福)	경주인(慶州人)	영의정(領議政)
이후백(李後白)	연안인(延安人)	이조판서
장필무(長弼武)	구례인(求禮人)	병사(兵使)
정곤수(鄭곤壽)	청주인(淸州人)	찬성(贊成)

최여림(崔汝林) 전주인(全州人) 승지(承旨)

최흥원(崔興源) 삭녕인(削寧人) 좌의정(左議政)

허 욱(許頊) 양천인(陽川人) 좌의정(左議政)

허 잠(許潛) 양천인(陽川人) 이판(利判)

인조조(仁祖朝)… 13

구곤원(具坤源) 능성인(綾城人) 정랑(正郎)

김덕함(金德함) 상주인(尙州人) 대사헌(大司憲)

김상헌(金尙憲) 안동인(安東人) 영의정(領議政)

김시양(金時讓) 안동인(安東人) 판관(判官)

김신국(金藎國) 청풍인(淸風人) 영중추(領中樞)

민여임(閔汝任) 여흥인(驪興人) 참판(參判)

성하종(成夏宗) 창녕인(昌寧人) 병사(兵使)

신경진(辛慶晉) 영월인(寧越人) 대사헌(大司憲)

이명준(李命俊) 전의인(全義人) 참판(參判)

이시백(李時白) 연안인(延安人) 영의정(領議政)

이안눌(李按訥) 덕수인(德水人) 이조판서

최진립(崔震立) 경주인(慶州人) 공참(工參)

홍명하(洪命夏) 남양인(南陽人) 영의정(領議政)

숙종조(肅宗朝)… 22

강백년(姜栢年) 진주인(晋州人) 참찬(參贊)

강세구(姜世龜) 진주인(晋州人) 대사간(大司諫)

강 열(姜說) 진주인(晋州人) 부사(府使)

강유후(姜裕後) 진주인(晋州人) 부사(府使)

박신규(朴信圭)	밀양인(密陽人)	참찬(參贊)
성이성(成以性)	창녕인(昌寧人)	부사(府使)
유경창(柳慶昌)	전주인(全州人)	이조참판
윤지인(尹趾仁)	파평인(坡平人)	병판(兵判)
윤 추(尹推)	파평인(坡平人)	장령(掌令)
이상진(李尙眞)	전의인(全義人)	좌의정(左議政)
이세화(李世華)	부평인(富平人)	판서(判書)
이 제(李濟)	전주인(全州人)	우윤(右尹)
이지온(李之온)	공주인(公州人)	좌윤(左尹)
이태영(李泰英)	진주인(晋州人)	부사(府使)
이후정(李后定)	연안인(延安人)	참지(參知)
조 경(趙絅)	한양인(漢陽人)	판중추(判中樞)
조석윤(趙錫胤)	백천인(白川人)	이조참판
조 속(趙涑)	풍양인(豊壤人)	진선(進善)
최경창(崔慶昌)	해주인(海州人)	부사(府使)
최 관(崔寬)	전주인(全州人)	지중추(知中樞)
홍 무(洪茂)	남양인(南陽人)	정랑(正郎)
홍우량(洪宇亮)	남양인(南陽人)	수사(水使)

경종조(景宗朝)… 6

강석범(姜錫範)	진주인(晋州人)	도정(都正)
김두남(金斗南)	안동인(安東人)	헌납(獻納)
송정규(宋廷奎)	여산인(礪山人)	관찰사(觀察使)
유상운(柳尙運)	문화인(文化人)	영의정(領議政)
이명준(李明俊)	연안인(延安人)	부사(府使)

이하원(李夏源)　광주인(廣州人)　판서(判書)

영조조(英祖朝)… 10

윤득재(尹得載)　해평인(海平人)　병판(兵判)

윤 용(尹容)　파평인(坡平人)　형판(刑判)

이겸진(李謙眞)　덕수인(德水人)

이단석(李端錫)　전주인(全州人)　판서(判書)

이병태(李秉泰)　한산인(韓山人)　부제학(副提學)

이태중(李台重)　한산인(韓山人)　호조판서

정형복(鄭亨復)　동래인(東萊人)　형조판서

최유현(崔有賢)　삭녕인(朔寧人)　세마(洗馬)

한덕필(韓德弼)　청주인(淸州人)　참판(參判)

허 정(許晶)　양천인(陽川人)　수사(水使)

정조조(正祖朝)… 1

이의필(李義弼)　전주인(全州人)　참찬(參贊)

순조조(純祖朝)… 4

남이형(南履炯)　의령인(宜寧人)　부사(府使)

서기순(徐箕淳)　대구인(大邱人)　판서(判書)

심의신(沈宜臣)　청송인(靑松人)　관찰사(觀察使)

한익상(韓益相)　청주인(淸州人)　관찰사(觀察使)

李定九, 貞敏, 全州李氏景明公派宗親會, 2006, p221~223 출처

02 김기석 윤리강령

김기석(金基錫,1905~1974)교수, 평안북도 용천 출생. 일본 동북 제국대학 철학과 졸업. 철학박사. 서울대학교사범대학장. 학술원 회원. 한국교육학회 회장. 유네스코 한국위원회 교육분과위원장. 서울시교육회 회장. 단국대학 학장. 재건국민운동중앙위원. 한국반공연맹이사. 국가재건최고회의 의장 고문. 서울특별시교육위원회 교육위원. 동방아카데미 원장. 경남 마산대학 학장 역임

김교수님은 필자의 은사(恩師)님이다. 필자는 건국대학교 법학도 1학년 학창시절 김교수님의 영향을 크게 받아, 법학과를 지망한 것이 잘못이었음을 깨닫고, 철학과에 들어가지 못한 것을 후회하며. 고시의 꿈을 버리고 교육계로 진로를 바꾸게 되었다. 김교수님은 필자에게 철학 및 윤리학을 강의하셨고, 청년교육에 힘써 동방아카데미학원을 개설하여 무료로 학생들에게 교양강좌를 지도하셨다. 평생을 잊을 수 없는 존경하는 분이다. 본 윤리강령이 비록 오래되긴 하였지만 시대에 맞지 않는 조목이 없다. 누가 보더라도 삶에 도움이 될 것이다. 그러므로 배우는 학생이나 청소년들에게 삶의 지혜를 주고 마음의 양식이 되리라 믿어 다음에 수록하였다.

1. 가 정

01. 가정은 그 가정으로서의 전통, 가풍이 존중되어야 한다.
02. 가정은 정답고 품위 있는 가정이 되어 질서와 사랑 속에서 한 가족이 모여 있고 또 쉴 수 있어야 한다.
03. 선조의 끼친 덕의(德義)와 유풍을 이어받아 이것을 북돋우고 빛내기에 힘써야 한다.

04. 부모를 봉양하고 동생을 가꾸어 세우는 일은 사람된 자의 가장 고귀한 의무이다. 부모 위에 계시고 동기 연고 없음이 두터운 은혜임을 알아야 한다.

05. 가정은 사랑과 공경으로 서로 대해야 하고, 조그만 불편스러움이 있다고 하여 성내고 짜증내서는 못쓴다.

06. 살림과 옷차림은 이것을 질박(質朴), 검소하게 하여 깊이 사치와 허영의 풍을 물리쳐야 한다.

07. 가구의 사용, 정돈은 언제나 질서있게 하고 거칠게 다루거나 상하거나 하지 말아야 한다.

08. 가족들의 식사와 옷을 마련하고 그들의 보건을 돌보는 일이 주부로서 가장 존귀한 책무인 것을 알아야 한다.

09. 얼굴빛은 언제나 화평하고 부드럽기를 힘써야 한다. 조그만 불편스러움이 있다고 하여 웃어른 앞에서 찌푸린 얼굴을 하거나 입빠른 대답을 하거나 해서는 못쓴다.

10. 서로 놀리거나 비웃거나 하지 말아야 한다.

11. 어린이들 앞에서 쓰는 말이나 몸가짐에 조심해야 한다. 서로 다투거 나속된 흉내를 내거나 할 것이 아니다.

12. 집안이라고 하여 옷차림이나 몸가짐을 아무렇게나 하지 말아야 한다.

13. 얼굴, 말, 태도 같은데 자기의 감정을 가볍게 나타내서는 못쓴다. 조그만 일로 성을 내거나 또 그것을 사람이나 물건에 옮기는 것은 좋은 습관이 아니다.

14. 아랫사람에게는 일정한 한계를 지키면서 언제나 부드러워야 하고 조그만 잘못이 있다고 하여 욕설을 퍼붓거나 화풀이를 하거나 해서는 못쓴다.

15. 윗사람에게 말대답을 해서는 못쓴다. 윗사람 앞에서 자기를 변명하는

일은 좋은 일은 아니다.

16. 아랫동생들 앞에서 손윗동생을 꾸짖거나 벌하거나 하지 말아야 한다.
17. 집에 들어와서 밖의 일을 흉보고 밖에 나가서 집안 일을 이야기해서는 못쓴다.
18. 가족 사이에서 자기만이 유달리 고생한다는 것을 내세울 것이 아니다.
19. 지나간 잘못이나 불평을 두고 이야기하려고 하지 말아야 한다.
20. 자기의 보는바를 지나치게 고집하지 말아야 한다. 조그만 일로 다른 사람의 의견을 꺾고 자기 의견을 내세우는 것은 좋은 일이 아니다.
21. 모든 의식(儀式)은 형식의 화려함을 피하고 질소, 간결 또는 정중하기에 힘써야 한다.
22. 친척이나 친구가 찾아왔을 때는 즐겁게 맞아 정중하게 대우하고 또 이것을 통하여 높고 아름다운 품성을 기르기에 힘써야 한다.
23. 이웃과 화목하고 또 나 스스로 남의 어진 이웃이 되는 것은 나라에 대한 한 개의 의무다.
24. 별로 볼일 없이 마을을 가거나 또 가서 오래 앉아 있거나 해서는 못쓴다.
25. 남에게는 되도록 물건을 빌려주고, 남의 것은 되도록 빌려오지 않도록 해야 한다. 만일 사정이 있어 이것을 빌려왔을 때는 기한을 넘기지 않도록 해야 한다.
26. 가까운 사이라고 집안의 불평을 털어놓거나 또 이것을 들으려고 해서는 못쓴다.
27. 남의 바쁜 것을 알면서 오래 앉았거나 또 함께 밖에 나가기를 조르거나 하지 말아야 한다.
28. 남의 복잡한 사정을 캐내어 물으려고 해서는 못쓴다.
29. 남의 옷이나 소지품, 가구 같은 것에 대하여 그 값을 묻고 그 품질을 비

평하고 하지 말아야 한다.

30. 남의 처지를 부러워하거나 비웃거나 해서는 못쓴다.
31. 공동 시설에 대하여 그 사용, 정돈, 보관에 유의하고 자기의 편한 것만을 생각하려고 해서는 못쓴다.
32. 가축을 소중히 하고 또 그 수고를 생각해 주어야 한다.
33. 이웃에 환난과 재변이 있을 때, 나아가 돕고 그들의 슬픔과 괴로움을 나누기에 힘써야 한다.
34. 이웃과의 교의(交誼)는 처음과 나중을 한결같이하여 갑짜기 가까웠다가 멀어졌다가 하는 일이 없도록 해야 한다.
35. 이웃의 좋지 못한 평판을 부러 퍼뜨리려고 해서는 못쓴다.
36. 남의 실패, 불행, 또 그 무지를 비웃거나 즐겨 화제로 삼거나 할 것이 아니다.
37. 고난과 불행 속에 있을 때 끝까지 희망을 잃지 않도록 해야 한다.

2. 교 양

01. 생활의 전부면(全部面)을 통하여 질서와 규율을 존중해야 한다.
02. 시간을 존중 또 엄수해야 한다. 일정한 시간에 자고 일정한 시간에 일어나는 습관을 기르는 일이 필요하다.
03. 사상이나 생활에 있어서 경박한 유행에 따라가서는 못쓴다.
04. 말은 되도록 적게 해야 한다.
05. 남의 말을 끝날 때까지 기다리고, 또 그 전체의 뜻을 바로 붙잡기에 힘써야 한다. 남의 말가지를 따거나 가로 빼앗아 가거나 하는 일은 좋은 일이 아니다.
06. 자기를 뽐내거나 지나친 자신있는 표현 같은 것을 삼가야 한다.

07. 조그만 일로 자기의 보는 바를 지나치게 고집할 것이 아니다.

08. 자기의 가진 바 사상이나 감정에 있어서 남에게 군림(君臨)하려고 하지 말아야 한다.

09. 겨레를 좀먹는 이기주의 · 향락주의에 대하여 견결히 싸워야 한다.

10. 겨레의 전통이나 풍습 속에 겨레의 품격 및 그 향기가 어린것을 알아야 한다.

11. 국어를 존중하고 애호하는 일은 겨레 및 나라에 대한 가장 가까운 의무다.

12. 아름다운 국어의 사용에 의하여 겨레의 정서가 맑아지고 민족성의 도야에 이바지하는 바 큰 것을 잊어서는 안된다.

13. 신의를 지켜야 한다.

14. 혼자 있을 때나 남을 대할 때나 평화스럽고 고결한 기상을 가지기에 힘써야 한다.

15. 이웃의 고난을 나아가 도와야 한다.

16. 불행한 사람들을 위로하고 일으키기에 힘써야 한다.

17. 이성 및 이성적인 세계를 언제나 존중하고 또 거기서 인간의 존엄과 성실을 배우도록 해야 한다.

18. 놀고 먹으려고 해서는 못쓴다. 일생을 그대로 놀고 지나가려는 퇴폐적인 태도를 물리쳐야 한다.

19. 소질, 검박한 생활을 존상하여 호화롭고 사치스러운데도 떨어지지 않도록 해야 한다.

20. 친구와 사귐은 담백(淡白)하고 오래 가도록 해야 한다.

21. 자기의 감정을 가볍게 얼굴이나 동작에 드러낼 것이 아니다.

22. 노여움을 일이나 사람에게 옮겨서는 못쓴다.

23. 자기 속에 깃들인 교만과 허영에 대하여 견결히 싸워 여기에 이겨야 한

다.

24. 사치와 허영이 외면생활의 빈곤의 원인하는 것임을 알아야 한다.
25. 옷차림이나 행실에 있어서 경박한 유행에 따라가서는 못쓴다.
26. 말과 문장의 바른 표현을 존중해야 한다. 시와 노래는 언제나 웅건한 또 건설적인 것을 외우도록 해야 한다.
27. 자기 마음 속에 여러 모양의 물결이 일어나는 것을 보고 또 이것을 맑히기에 힘써야 한다.
28. 남을 거꾸러뜨리는데 쾌재(快哉)를 부르는 병신된 이조적 성격에서 벗어나야 한다.
29. 일에 언제나 정성을 들여야 한다. 적은 일이라고하여 이것을 아무렇게나 할 것이 아니다.
30. 모르는 이에게 가르치기를 게을리해서는 못쓴다.
31. 남들이 해도 안 해야 할 때가 있고 남들이 안 해도 해야할 때가 있다.
32. 세속적인 썩은 풍조에 영합하려고 해서는 못쓴다.
33. 사상, 생활 및 신앙의 형식주의를 물리쳐야 한다.
34. 자기의 운명은 자기의 노력으로 이것을 개척해야 한다. 잔꾀나 재주로 요행을 쏘아 마치려고 해서는 못쓴다.
35. 자기 혼자만을 높여 고거(孤居)와 청담(淸談)을 일삼지 말아야 한다.
36. 일에 임하여는 여성의 꼼꼼스러움과 남성의 시원스러움을 아울러 갖추도록 해야 한다.
37. 안의 인격이 밖에 나타나고 밖의 표현이 안에 영향하는 것임을 알아야 한다.

3. 향 토

01. 내 고장 내 향토(鄕土)의 존엄스러움을 알도록 해야 한다.
02. 내 고장 내 향토의 풍토와 전통을 존중하여 별 까닭없이 집을 옮기거나 고향을 떠나거나 하지 말아야 한다.
03. 내 고장 내 향토를 끝까지 지키고 또 인정 두터운 마을로 만드는 것은 나라에 대한 가장 긴중한 의무이다.
04. 내 고장의 산과 들, 숲과 시내를 언제나 아끼고 사랑하여 조금이라도 그 자연의 아름다운 모습을 상하는 일이 없어야 한다.
05. 내 고장의 명승(名勝)·사찰·기념물에 대하여는 언제나 그 보존·관람·사용·청결에 유의하여 조금이라도 훼손되는 일이 없어야 한다.
06. 내 고장의 공공시설 원유지(園遊地) 같은 곳의 사용에 관하여는 일정한 절차와 질서를 유지하도록 하고 이것을 어지러운 놀이터나 유흥장소로 만드는 일을 삼가야 한다.
07. 내 고장의 묘지는 그 주위, 환경, 통로를 아름답게 가꾸고 그 앞을 지나다닐 때는 언제나 경건한 태도를 지니도록 해야 한다.
08. 산에 올라가 나무를 베거나 함부로 나무 가지를 따서는 못쓴다.
09. 꽃 가지나 단풍 가지를 꺾어서는 안된다.
10. 못이나 논바닥에 장난으로 돌이나 병·깡통·철사 등 오물을 집어던져서는 못쓴다.
11. 길을 질러간다고 해서 남의 밭이나 마당 귀를 마구 통행해서는 안된다.
12. 내 고장에 오래 전해 내려오는 풍습을 존중하도록 하고 그것을 고치거나 걷어치우거나 할 때는 깊은 생각과 조심하는 태도로써 해야 한다.
13. 내 고장의 순후한 풍과 어진 숲속은 이것을 보존하고 가꾸기에 힘써, 이 눈에 보이지 않는 유습유풍(遺習遺風)이 향토의 품위를 높이는데 이바

지하는 바 큰 것을 생각해야 한다.

14. 퇴폐적인 유행 · 가요 · 사치 · 음란 · 도박 · 방탕 · 그 밖의 경박한 기풍이 내 고장에 들어오는 것을 견결히 막아야 한다.
15. 이웃의 환난을 서로 돕도록 하고 이것을 통하여 인정의 아름다움을 뿌리깊이 가꾸어야 한다.
16. 자기 문중의 화목을 두텁게하는 것은 좋거니와 일가나 친척이 아니라고 해서 남을 배척하거나 남에게 각박하게 해서는 못쓴다.
17. 겨레의 향토생활 속에 자리잡고 있는 일체의 봉건적인 인습과 요소를 물리쳐야 한다.
18. 모든 종류의 미신(迷信)을 타파해야 한다.
19. 조혼이나 인신매매의 누습(陋習)을 고쳐야 한다.
20. 자기 개인의 이익을 위하여 향토를 희생시키는 일이 있어서는 안된다.
21. 내 고장의 생활수준 그리고 문화와 교양의 수준을 높이기에 힘써야 한다.
22. 내 고장의 생산물을 존중하고 애용하여 그 품질을 높이고 신용을 두텁게 하는데 힘써야 한다.
23. 내 고장 내 향토를 부지런하고 넉넉하고 서로 협동하는 마을로 만들어 겨레와 나라의 모범 지역이 되게 해야 한다.
24. 이웃이 생산 · 소비 · 협동의 한 단위가 되어 밖에 대하여 한 덩어리로 움직여야 하고 그 속에서 사사로운 이익에 몰리거나 전체의 협동을 깨뜨리거나 하는 일이 없어야 한다.
25. 이웃 전체에 관련된 일은 이것을 전체의 협의나 의견에 부쳐 결정하도록 하고 자기의 편익만에 기울어져 그 때문에 이웃의 화(和)를 깨뜨리는 일이 있어서는 안된다.
26. 이웃의 젊은이들은 향토의 전위대(前衛隊)가 되어 힘을 모아 생산에 정

신(挺身)하고 신의와 예절을 존중하며 마을의 굳건한 기풍을 일으키기에 힘써야 한다.

27. 이웃의 화목과 발전에 유의하여 전체를 돌보고 보살피기에 힘써 한편 구석이 유난히 병들고 썩어 들어가지 않도록 서로 돕고 이끌어야 한다.

4. 사 회

01. 개인은 겨레 속에 있고 또 겨레에 이바지해야 할 것임을 깨달아야 한다.
02. 자기 한 몸을 겨레와 사회를 위하여 바친 많은 선인(先人)들의 유업을 사모하고 또 행적을 본받기에 힘써야 한다.
03. 개인은 겨레에 대한 충성을 게을리 해서는 못쓴다.
04. 개인의 재능 · 기술 · 교양, 또는 재산은 언제나 겨레와 사회의 융창을 가져오는 방향으로 사용되어야 한다.
05. 이기주의 · 공명심(功名心) · 출세욕 같은 그릇된 생각과 행동을 생활의 전면으로부터 견결히 물리쳐야 한다.
06. 겨레와 사회에 대한 올바른 생각을 가져야 하고 전체를 위하여 부분을 바치는 헌신의 정신을 잠시라도 잊어서는 안된다.
07. 각급 선거에 있어서는 그 일을 맡길 수 있는 충성된 일꾼을 뽑도록 할 것이고 돈이나 정실에 흘러 겨레의 긴중한 민주발전을 꺾어버리는 일이 있어서는 안된다.
08. 각급 선거에 있어서는 그 규정된 절차를 밟도록 하고 함부로 기권하거나 생각 없이 아무렇게나 투표하는 일이 없도록 해야 한다.
09. 자기가 던지는 깨끗한 한 표가 겨레의 운명과 사회의 발전에 직결되는 것임을 깊이 생각해야 한다.
10. 공무원은 자기가 겨레 또는 사회로부터 선임받은 자임을 알아 그 맡은

일에 있어서 지성으로 민중에 봉사해야 한다.

11. 공무원은 자기를 민중보다 높은 자로 알아 그들을 마음대로 부리고 휘두를 수 있다고 생각하거나 또 일을 거들어 준 보수를 따로 받으려고 해서는 못쓴다.
12. 공무원은 예절과 염치를 존중하고 일에 있어서 공명정대한 처사를 신조로 해야 한다.
13. 공무원은 그 생활이 질박 검소하여 일반의 전범(典範)이 되어야 한다.
14. 준법정신을 제고하는 것은 나라에 대한 하나의 긴중한 의무다.
15. 법을 준봉하는데 있어서 사람이나 계층에 따라 차이가 있어서는 안된다. 지위가 높으면 높을수록 법의 준봉에 한층 더 엄격하고 충실해야 한다.
16. 자기의 지위나 체모에 빙자하여 법을 굽히려고 해서는 못쓴다.
17. 인권을 존중해야 한다.
18. 과거의 인습에 붙잡혀 성별 · 지위 · 문벌 · 교양에 따라 그 사람을 차별하려고 해서는 못쓴다.
19. 각급 회의의 의원은 그 수임 받은 일에 대하여 성실하게 이것을 연구 · 심의 · 결정 · 감사에 힘쓸 것이고 부질없이 당파를 지어 의회안에서 파쟁을 일삼아서는 못쓴다.
20. 각급 의회의 의원은 생활과 작풍에 있어서 일반의 전범이 되도록 해야 하고 이권을 쟁탈하거나 부허한 풍조에 흐르거나 하여 사회의 지탄을 받지 않도록 해야 한다.
21. 국민의 바치는 세금이 국가재정의 근간임을 생각하여 납세를 언제나 기일 안에 바치도록 하고 탈세 같은 것을 생각해서는 못쓴다.
22. 납세의 의무를 거절하고 또 기일을 천연하기 위하여 정부를 비난하거나 행정에 대한 불평을 말하거나 해서는 못쓴다.

23. 행정기관을 신뢰하고 또 일반에 대한 시책에 나아가 협력해야 한다.

24. 행정기관으로부터 신고의 요구나 조사가 있을 때는 언제나 사실을 숨기지 말고 정직하게 신고해야 한다.

25. 함부로 정부를 비난하고 그 시책을 방해하는 것은 국민된 자의 도리가 아니다.

26. 자기 한 사람의 이해 · 손익을 표준으로 하여 국가의 시책을 일일이 비난 공격해서는 못쓴다.

27. 집권당이나 반대당은 각각 그 정책을 가지고 당당히 싸워야 할 것이고 부질없이 인신을 공격하거나 함부로 민중을 선동하거나 하여 겨레의 화(和)와 도의를 파괴하는 일이 있어서는 안된다.

28. 집권당이나 반대당은 화협과 상호 비판 속에서 나라의 일을 올바로 이끌어 나가기에 힘써야 한다.

29. 산업단체, 문화단체, 각 학회, 각 교파 같은데 있어서는 각각 겨레와 사회에 봉사하는 그 본령에 비추어 단결 · 교양 · 훈련 · 교화에 힘쓸 것이요, 부질없이 파쟁에 떨어져 겨레의 독립과 융창을 위태롭게 하는 일이 있어서는 안된다.

30. 산업에 종사하는 개인이나 기관은 신용과 성실을 신조로 하여 생산기술과 생산품의 향상에 힘써 겨레의 산업발전에 공헌하도록 해야 한다.

31. 산업에 종사하는 개인이나 기관은 원조를 받기 위하여 없는 기구를 만들거나 또 하지 않는 일을 하는 것처럼 꾸며서는 못쓴다.

32. 산업에 종사하는 개인이나 기관은 이중장부를 만들거나 이중 계획서를 꾸며 사사로운 이익이나 특혜를 낚아 올리려고 해서는 못쓴다.

33. 산업에 종사하는 개인이나 기관은 자기 책임 아래 만들어 내거나 사들이는 물건이 견고하고 정순하여 소비자에 의하여 두터운 신뢰를 받도록 해야 한다.

34. 교육기관이나 교회 및 사원은 그 본래의 사명에 비추어 겨레에 대한 올바른 교육과 교화를 담당해야 할 것이요, 이것을 가지고 영리에 흐르거나 자파의 세력을 부식하는 도구로 쓰거나 해서는 못쓴다.

35. 교육기관이나 교회 및 사원은 겨레의 질박건강한 정신 및 윤리의 중심이 되어야 하고 부질없이 의식 · 선전 · 자기도취에 떨어지거나 민중의 공명심, 헛된 원욕에 영합하거나 해서는 못쓴다.

36. 언론은 언제나 겨레 및 사회의 정당한 여론을 존중 또는 향도하기에 힘써야 할 것이요, 없는 사실을 조작하여 일당일파의 편벽된 소견을 민중에게 퍼뜨리려고 할 것이 아니다.

37. 언론은 언제나 그 주장이 공명정대하고 그 보도가 공평하여 일반으로 하여금 바른 판단을 내릴 수 있는 재료를 제공하기에 힘써야 한다. 글쓰는 사람의 말재주나 붓방아로 민중의 흥분된 감정을 조발 선동하는 방향으로 이끌어서는 못쓴다.

38. 영화 · 음악 · 연극 · 문학에 종사하는 예술인 및 기업인은 예술이 민중의 정서에 미치는 영향에 유의하여 겨레의 건전한 전통이나 풍상을 저해하는 저속한 장면, 음곡의 제작 · 상영을 폐기 금지하도록 해야 한다.

39. 영화 · 음악 · 연극 · 문학에 종사하는 예술인 및 기업인은 성실 또 웅건한 작품을 제작 보급시키기에 힘쓰고 그들 자신의 생활작풍이 질박 검소하여 일반의 전범이 되도록 해야 한다.

40. 신문 · 잡지 편집이나 그 집필은 독자에게 미치는 영향에 유의하여 저속한 선정적(煽情的)인 장면 및 사건의 서술을 삼가도록 해야 한다.

41. 라디오, 텔레비전의 프로는 민중의 정서를 순화하고 그 건전한 생활 기풍을 북돋우는데 유의해야 한다.

42. 고아원 양로원 같은 자선사업에 있어서는 그 본래의 취지와 정신에 부합하기에 힘써야 할 것이요, 이것을 빙자하여 개인이나 기관의 사사로

운 이익을 도모해서는 못쓴다.

43. 청소년 원호에 대한 법안이 제정되어야 한다. 학교 · 교회 그 밖의 사회 단체에서는 전쟁고아, 직업소년에 대한 적극적인 구원의 손을 뻗쳐야 한다.
44. 관 · 혼 · 상 · 제와 같은 예식에 있어서는 각각 그 식의 취지와 정신에 비추어 근엄 정중하게 행해야 하고 쓸데없이 허식, 허례에 흘러 부화 · 사치한 풍상에 따라가서는 못쓴다.
45. 밀수입, 밀수출은 국가의 명맥을 쏘는 자벌레이다.
46. 겨레와 겨레 사이의 이해와 협조에 유의하여 협동과 단결에 의하여 국제평화를 달성하고 문화의 진전에 공헌하도록 해야한다.
47. 민족중흥의 긴중한 책임이 나 하나, 내 한 가정의 결심과 작풍에 달렸음을 깊이 생각해야 한다.

5. 직 장

01. 출근시간, 집무시간을 엄수해야 한다.
02. 집무 중 쓸데없는 이야기를 주고 받고 할 것이 아니다.
03. 자기가 맡은 일이 전체의 업무 속에서 어떤 지위 · 성질 · 관련을 가졌는지 알아두도록 해야 한다.
04. 자기가 맡은 책임을 끝까지 또 성실하게 이행하도록 해야 한다.
05. 자기 일이 바쁘다고 하여 동료나 손님에게 까닭 없이 짜증을 내서는 못쓴다.
06. 일의 처리는 순서있고 신속히 해야한다.
07. 일의 성질에 따르는 종 및 횡에 대한 연락을 잊어서는 안된다.
08. 번거럽다고하여 마음대로 일의 순서와 절차를 빼버릴 것이 아니다.

09. 손님을 오래 기다리게 하거나 그 말이 끝나기 전에 앞선 판정을 내리거나 해서는 못쓴다.
10. 일을 위하여 일에 충실 하도록 해야한다. 일에 있어서 보수나 표상(表賞)이나 평판같은 것을 생각해서는 못쓴다.
11. 집무 중은 물론 일체의 한담 · 한화(閑話)를 금해야 한다.
12. 집무 중에는 절대로 정숙해야 한다.
13. 같은 직장에 있으면서 성격이 다소 맞지 않는다고 하여 유난히 멀리하거나 미워하거나 하지 말아야 한다.
14. 직위에 따라 그 사람을 구별하려 하지말고 그 사람됨을 배우고 특히 남의 수고와 고생을 헤아릴 줄 아는 아름다운 가슴을 기르도록 해야 한다.
15. 여럿이 앉아서 남을 흉보거나 비난하거나 하지 말아야 한다.
16. 직장이 밖에 있어서의 한 개의 따뜻한 가정임을 생각해야 한다.
17. 책임과 질서, 그리고 전체의 유기적인 움직임이 곧 직장의 생명이다.
18. 직장의 정돈 · 청결, 그 환경 정리에 유의해야 한다.
19. 직장 안의 설비, 용품을 소중히 해야한다.
20. 직장이 자기교양의 장소임을 잊지 말아야 한다.
21. 한가한 때가 돌아왔다고 하여 지나친 농담이나 험구에 빠질 것이 아니다.
22. 자기 직장, 직업에 대하여 불평을 말하지 말아야 한다.
23. 자기 직장, 직업에 대하여 불평을 말하지 말아야 한다.
24. 자기 손에서 만들어지는 물건 하나, 그 처리되는 문서 한 건이 나라에 이바지하는 바 큰 것을 생각해야 한다.
25. 꾸준히 묵묵히 또 부지런히 일하는 것이 어떻게 고귀하다는 것을 알고 또 자기 스스로 이같은 빼어난 습성을 기르기에 힘써야 한다.
26. 동료의 결점, 비행을 여럿 앞에서 이야기할 것이 아니다.

27. 언제나 건강에 유의하여 몸을 무리하게 쓰는 일이 없어야 한다. 일할 수 있는 튼튼한 몸이 허락된 것을 고맙게 또 소중하게 알아야 한다.
28. 맡은 일을 성과있게 치러나감은 즐거운 일이다.
29. 자기가 어떤 일에 능숙하다고하여 그 솜씨를 뽐내거나 자랑하지 말아야 한다.
30. 다소 기분이 언짢다고하여 그 분풀이를 사람이나 일에 옮기지 말아야 한다.
31. 남의 가정 · 사상 · 신앙에 대하여 알려고 하지 말고 또 비난, 비평하려고 하지 말아야 한다.
32. 지나친 농담을 피해야 한다.
33. 직장의 평화와 질서를 존중하고 언제나 정답고 품위있는 일터가 되게 해야 한다.
34. 자기 직업 속에서 희망과 즐거움을 찾아내도록 하고 또 그것이 자기에게 맡겨진 천직(天職)임을 깨달아야 한다.

6. 간 부

01. 간부는 겨레의 머리요, 심장임을 자각해야 한다.
02. 간부는 진실한 민중의 벗, 끊일줄 모르는 민중의 교육자가 되어야 한다.
03. 간부는 그 맡은 일에 있어서 흔들리지 않는 예지(叡智)로써 이것을 판단하고 치밀한 계획과 과감한 실천력을 갖추도록 해야 한다.
04. 간부는 겸손해야 한다.
05. 간부는 그 배하(配下)의 전원을 장악하고 간난(艱難)과 신고(辛苦)의 선두에 서서 몸소 그들을 이끌고 나아가기에 힘써야 한다.

06. 간부는 지도자로서의 금도(襟度)와 의표(儀表)를 갖추어 지나친 걱정이 나 간섭을 하려고 하지 말아야 한다.

07. 간부는 깊이 독재 · 전제(專制)의 풍을 삼가야 한다.

08. 간부는 그 생활과 지조가 있어서 청렴 · 고결(高潔)로써 일반의 사표(師表)가 되기에 힘써야 한다.

09. 간부는 일에 대한 열과 성과 고아(高雅)한 인격에 의하여 한 개 정신적인 중심을 형성해야 한다.

10. 간부는 깊이 그 쓰는 사람을 알고 또 끝까지 믿어야 한다.

11. 간부는 그 배하에 있는 이들을 권모와 술수에 의하여 통어(統御)하려고 해서는 못쓴다.

12. 간부는 일의 전영야(全領野), 전국면(全局面)을 살펴 그것을 살리기에 힘쓰고 그 한 구석의 득실(得失)에 붙잡히지 말아야 한다.

13. 간부는 자기의 식견이나 경험에 만족할 것이 아니다.

14. 간부는 자기 주위에 한 개 정다운 가정적 분위기를 만들기에 힘써야 한다.

15. 간부는 일의 중심이 될 뿐만 아니라 나아가 교양의 중심, 화협과 신의의 중심이 되기에 힘써야 한다.

16. 간부는 끊임없는 희망, 끊임없는 계획, 끊임없는 노력 속에서 살도록 해야 한다.

17. 간부는 아침에 남보다 먼저 나오고 저녁에 늦게 돌아가도록 해야 한다.

18. 간부는 자기 직역(職域)의 일과 함께 남의 직역의 일을 존중하고 또 거기서 배울 줄을 알아야 한다.

19. 간부는 일의 잘못된 책임을 자기가 지고 그 잘된 성과는 아래에 있는 이들에게 돌려야 한다.

20. 간부는 겨레와 민중이 무엇을 요구하는지를 바로 알도록 해야 한다.

21. 간부는 거칠거나 경솔해서는 못쓴다.

22. 간부는 굳건한 신념의 사람이 되어야 한다.

23. 간부는 일에 임하여 우유부단(優柔不斷)한 태도에 떨어져서는 못쓴다.

24. 간부는 그 생활을 질박, 간소하게 하여 깊이 부화(浮華) · 허식(虛飾)의 풍을 삼가야 한다.

25. 간부는 자기 자신이 언제나 겨레의 윤리를 높이기에 힘써야 한다.

26. 간부는 그 주위에 있는 이들을 높고 뜨거운 동지애로 대하도록 해야 한다.

27. 간부는 부단히 자기 교양에 힘써야 한다.

7. 당 및 단체

01. 당 및 단체의 국가에 있어서의 지위 책무 한계를 바로 알아야 한다.

02. 당 및 단체의 지도 정신 그 강령(綱領)을 체득하고 또 일상화하기에 힘써야 한다.

03. 당 및 단체의 가입을 신중히 해야 한다.

04. 당 및 단체가 자기에게 맡기는 책임을 성실 또 완전히 이행하도록 해야 한다.

05. 당 및 단체원으로서의 훈련을 게을리 해서는 안된다.

06. 당 및 단체의 회의에 반드시 출석하고 또 그 토의에 참가하도록 해야 한다.

07. 자기의 보는 바와 같지 않다고 하여 당 및 단체의 결정에 불평을 가져서는 못쓴다.

08. 당 및 단체의 결정 계획을 함부로 외부에 이야기하지 말아야 한다.

09. 당 및 단체의 규율을 존중해야 한다.

10. 회의 때의 토의나 결정에 무관심할 것이 아니다.
11. 당 및 단체의 명의를 빌어 자기의 이익을 도모하려고 해서는 못쓴다.
12. 자기를 내세우기 위하여 당 및 단체를 내세우지 말아야 한다.
13. 당 및 단체의 당성 · 당풍 · 당의식(黨意識)을 존중해야 한다.
14. 당 및 단체 안의 질서와 평화, 우당(友黨) 및 우단(友團)과의 연계, 협력에 힘써야 한다.
15. 당 및 단체원은 굳은 동지애로 묶이고 서로 그 인격을 존중해야 한다.
16. 당 및 단체 안에서 쓸데 없이 종파(宗派)를 만들거나 또 만들려고 해서는 못쓴다.
17. 당 및 단체의 일은 당의 노선(路線), 그 실천강령에 비추어 이것을 집행, 처리하고 개인 사이의 정의(情誼)에 이끌려 당시(黨是), 당의(黨議)를 굽히는 일이 없도록 해야 한다.
18. 겨레 및 독립국가의 본령(本領)에 배반되는 당을 위한 당, 단체를 위한 단체에 떨어지지 않도록 해야 한다.
19. 견고한 조직, 규율 및 훈련- 이것이 당 및 단체의 생명임을 잊어서는 안된다.
20. 당 및 단체가 겨레의 전위대(前衛隊)임을 깨달아야 한다.
21. 당 및 단체는 민중에 대하여 강력 또 광범한 조직력, 교양력을 가져야 한다.
22. 당 및 단체원은 깊이 민중 속에 들어가 민중의 진정한 벗이 되어야 한다.
23. 당 및 단체의 주위에 부단히 광범위한 민중을 묶어 세우기에 힘써야 한다.
24. 당 및 단체로부터 징계나 처벌이 있다고 하여 당 및 단체에 대한 충성심을 버리지 말아야 한다.

8. 국토의 보위

01. 국토의 보위는 온 겨레의 신성한 의무다.
02. 국군창립의 숭고한 정신을 생각해야 한다.
03. 국군의 빛나는 전통과 기풍을 이어 나아가기에 힘써야 한다.
04. 국군의 규율과 명령을 생명 이상으로 중히 알아야 한다.
05. 군인으로서의 경력과 자질을 갖는 것은 겨레에 대한 지극히 높은 의무요, 또 권리다.
06. 군인은 언제나 싸움터에 있는 생활과 태도를 가져야 한다.
07. 군인은 세속적인 영예에서 벗어나 지고지순(至高至純)한 사생관(死生觀)에 철저 해야 한다.
08. 군인은 신의(信義)를 지켜야 한다.
09. 군인은 생활 및 지조에 있어서 일반의 전범(典範)이 되기에 힘써야 한다.
10. 군인은 예절을 존중해야 한다.
11. 군인은 부화(浮華) · 허식 · 유락(遊樂) · 방종의 풍을 삼가야 한다.
12. 군인은 숭고한 사랑의 정신에 철저해야 한다.
13. 군인은 언제나 그 하는 일이 분명하고 계획이 있고 또 확실해야 한다.
14. 군인은 그 접하는 사물에 부드럽고 치밀 해야 한다.
15. 군인은 군의 지도정신과 그 조직을 파괴하려는 내외의 세력에 대하여 견결히 싸워야 한다.
16. 국토 없는 겨레, 국토를 잃은 겨레의 불행을 상기하라.
17. 국토의 일촌일토(一寸一土)라도 이것을 남에게 빼앗겨서는 안된다.
18. 국토를 훼손 손모(損耗)하는 것은 겨레의 생명의 근원을 모독(冒瀆)하는 소행이 되는 것임을 알아야 한다.

19. 국토애가 민족애의 처음이요, 또 나중이다.

20. 국토의 일토일목이 그대로 겨레의 피 어린 역사임을 생각해야 한다.

21. 우리 국토를 헐고 또 이것을 남에게 내어주려는 일체의 움직임과 행동을 견결히 물리쳐야 한다.

22. 국토의 존엄성을 인식해야 한다.

23. 국토가 겨레의 유구(悠久)한 터전임을 생각해야 한다.

25. 최후의 일인, 최후의 일각까지 국토의 보위를 위하여 영용히 싸워야 한다.

26. 사치 · 방종 · 무규율한 군대는 군(軍)이 아니고 겨레의 죄인임을 알아야 한다.

9. 집회 및 공중

01. 집회에는 그 집회의 목적, 성질 및 한계가 있음을 알아야 한다.

02. 집회의 시간을 엄수해야 한다.

03. 집회는 언제나 예정된 시간에 시작하여 예정된 시간에 마치도록 해야 한다.

04. 민족적 및 국가적 식전(式典)의 참렬에 있어서는 용의(容儀)와 태도를 바로하고 근엄 · 정숙(靜肅)히 하여 식전의 존엄성을 나타내기에 힘써야 한다.

05. 기념식 · 추도식 같은데 있어서는 깊이 그 식(式)의 정신에 돌아가 경건한 태도를 잃지 않도록 해야 한다.

06. 집회가 있을 때 거기에 모인 이들은 그 집회의 목적을 달성하고 또 일반에 대한 교육적인 성과를 거두기에 힘써야 한다.

07. 집회 때의 절차 및 의사(議事)의 집행은 질서정연한 한 개의 체계를 이

루도록 해야한다.

08. 질의 발언 의견의 개진(開陳)에 있어서는 언제나 회(會) 전체의 진행에 유의하고 쓸데없이 반대를 위한 반대, 토론을 위한 토론에 떨어지지 않도록 해야한다.

09. 자기의 견해는 언제나 간절 또는 요령 있게 개진(開陳)하고 쓸데없이 그 경험이나 지식같은 것을 늘어놓지 말아야 한다.

10. 자기 혼자서 회의 발언을 독점하거나 함부로 남의 의견을 반대하거나 해서는 못쓴다.

11. 회석(會席)에서 사담(私談)을 할 것이 아니다.

12. 표결이 있을 때 함부로 기권하거나 태도의 표명을 아무렇게나 하지 말아야 한다.

13. 경연회, 음악회 같은 데서는 교양 있는 청중으로서의 질서와 예양(禮讓)을 지켜 품위 있고 아름다운 회합을 만들기에 힘써야 한다.

14. 체육회 경기회 같은데 있어서는 민족적 기상의 옹호 · 건립을 제일의로 하여 단순한 승부 관념을 넘어서서 공명정대하게 최후까지 싸우기에 힘써야 한다.

15. 웅변회 · 음악회 · 경연회의 출장(出張) 같은데 있어서는 자기의 가진 바 실력을 성실하게 발휘하기에 힘쓰고, 쓸데 없이 그때 그때의 청중에게 영합 아첨하려고 해서는 못쓴다.

16. 시위 행렬, 가두 행진 같은 행사에 있어서는 특히 지휘처의 명령에 복종하여 질서정연한 민족적인 의표와 훈련을 들어내도록 해야 한다.

17. 경기회 · 경연회 같은데서 지나치게 자기편을 응원하고 남의 실수를 기다리고 조롱하는 그릇된 태도를 버리도록 해야 한다.

18. 공원 · 유원지 기타의 공공시설을 애호하고 특히 그 청결에 유의해야 한다.

19. 정거장 극장 같은 혼잡되기 쉬운 곳에 있어서는 각자가 그 경우에 따라 질서있게 움직이고 쓸데없이 앞을 다투어 혼잡을 한층 더 심하게 하는 일이 없게 해야 한다.
20. 전동차나 기차에 타고 내리는 것을 순서 있게 해야 한다. 바쁘다고 하여 뛰어오르고 뛰어내리고 하지 말아야 한다.
21. 전동차나 기차 안에서 웃고 떠들거나 노래를 부르거나 해서는 못쓴다.
23. 차 안의 위생 청결 정돈에 유의하고 또 협력해야 한다.
24. 정거장 우편국 극장 같은 창구에 있는 이들에게 조그만 일로 짜증을 내어 그들의 피곤한 신경을 괴롭히지 말아야 한다.
25. 안내원, 운전기사 같은 이들에게 자기의 조그만 불편으로 시비를 따지려고 하지 말아야 한다.
26. 길거리에서 지나가는 사람을 손가락질 하거나 그 행색(行色)을 비평하거나 할 것이 아니다.
27. 교통 규칙, 교통 도덕을 엄수해야 한다.
28. 보행은 언제나 인도를 통행하도록 하고 특히 차도의 횡단 신호에 주의해야 한다.
29. 복잡한 길거리에서 가로 열을 지어 웃고 떠들면서 걸어가는 일은 보기에 좋은 것도 아니고 또 남에게 폐가 되는 일임을 알아야 한다.
30. 길거리, 열차의 홈, 대합실 같은 곳에 함부로 침을 뱉거나 또 뱉게 하지 말아야 한다.
31. 공중 변소의 사용을 깨끗이 해야 한다.
32. 남에게 길을 묻거나 가리키거나 할 때는 예의와 친절을 다하도록 해야 한다.
33. 화재의 예방, 화기 단속에 유의해야 한다. 특히 담뱃불 같은 것을 함부로 버리지 않도록 해야 한다.

34. 외국인에게 대하여는 적당한 예의를 표하고 또 우리의 민족적 체면을 유지하기에 힘써야 한다. 까닭없이 남을 희롱하거나 또 희롱하게 하거나 해서는 안된다.

35. 단체의 행진이 있을 때 함부로 그 앞을 건너가려고 하지 말아야 한다.

36. 목욕탕 수영장 같은 데서 함부로 물을 낭비하거나 더럽히거나 하지 말아야 한다. 자기의 편의만을 생각하여 그 시설의 이용을 거칠게 하거나 또 여러 사람에게 폐되는 행동 같은 것을 해서는 안된다.

37. 협동 작업, 공동 청소 같은데 있어서는 언제나 솔선 협력하여 그 예정된 성과를 거두기에 힘써야 한다. 자기 혼자서만 빠지거나 또 편하려고 해서는 못쓴다.

38. 자기집 문 앞, 가로와 집 주위를 언제나 깨끗이 해야 한다. 특히 당국의 수거 방침에 협력하고 쓰레기를 놓은 장소와 그 사용에 유의하고 모인 쓰레기를 지정된 장소 이외에 버리지 않도록 해야 한다.

參考文獻

高範瑞, 행복의 윤리학, 소화,1994.

金基錫, 윤리강령, 금문사, 1970.

金得光, 韓國思想史, 白岩社, 1978.

金暎遂, 五教兩宗에 대하여, 震檀學報 8, 1937.

金龍德, 朝鮮後期思想史研究, 乙酉文化社, 1977.

金泰吉, 윤리학, 박영사, 1987.

金哲埈, 韓國古代國家發達史, 韓國文化史大系 1, 1964.

김정호, 향토사 이론과 실제, 향토문화진흥원, 1992.

姜在彦, 近代韓國思想史研究, 미래사, 1983.

姜在彦, 實學에서 開化에로의 思想的 系譜, 比峰出版社, 1981.

琴章泰, 實學思想의 發興과 展開, 韓國學入門, 1983.

朴鍾鴻, 韓國의 思想的 方向, 博英文庫, 85.

朴忠錫, 宗教 · 倫理名文輯, 志學社, 1985.

손봉호, 사회윤리의 실제, 학문사, 1999.

李基白, 三國時代 佛教傳來와 그 社會的 性格, 1954.

李基白, 新羅淨土信仰의 두 類型, 歷史學報 99. 1983.

李相益, 서구의 충격과 근대한국사상, 한울, 1997.

이서행, 청백리정신과 공직윤리, 인간과 사랑, 1991.

이현희, 우리나라 근대인물사, 새문사, 1994.

李定九, 貞敏, 全州李氏景明公派宗親會, 2006.

李鍾文, 全義李氏淸江公子孫錄附錄, 刊行委員會, 1994.

李恒老, 華西集, 大洋書籍, 1975.

임희규, 생활예절, 동문사, 1996.

張三鉉, 華西學派의 忠義孝烈錄, 양평문화원, 2002.

張三鉉, 취업지도와 직업윤리, 학문사, 2004.

張三鉉, 華西學派의 斥邪思想 硏究, 사단법인 화서학회, 2005.

張三鉉 · 文福姬, 楊平人物誌, 양평문화원, 2006.

張三鉉 · 張世鎭, 人間과 倫理, 研學社, 1995.

張三鉉 · 鄭炳閏, 國民倫理, 研學社, 1992.

張基德, 結城張氏竪碑記, 結城張氏東雩公後孫宗中, 2000.

鄭玉子, 유교정치의 꽃 淸白吏를 만나러가자, 月刊朝鮮, 2005.11월.

洪淳昶, 韓末의 民族思想, 探求堂, 1975.

裵宗鎬, 韓國儒學史, 연세대출판부, 1974.

석영환, 한국민족의 얼과 맥, 미래문화사, 1994

申國柱, 近代朝鮮外交史研究, 探求堂, 1965.

신홍범, 마더 테레사, 도서출판 두레, 1997.

梁憲洙, 荷居集, 國防軍史研究所, 1997.

劉明鍾, 朝鮮後期性理學, 以文出版社, 1985.

劉奉學, 燕巖一派 北學思想 硏究, 일지사, 1995.

劉元東, 韓國實學概論, 正音文化社, 1984.

최종고, 법과 윤리, 경세원, 1992.

崔昌圭, 近代韓國政治思想史, 一潮閣, 1973.

韓國國民倫理學會, 韓國의 傳統思想, 형설출판사, 1990.

韓沽劤, 李朝後期의 社會와 思想, 乙酉文化社, 1961.

玄光浩, 大韓帝國의 對外政策, 신서원, 2002.

玄相允, 朝鮮儒學史, 玄音社, 1982.

찾아보기

ㅈ

ㅊ

ㅌ

ㅍ

ㅎ

저자 약력

▷약 력

• 건국대학교 교육학석사
• 국사편찬위원회 사료조사위원
• 양평군지 · 성남시사 집필위원
• 현 양평문화원 향토사료조사위원
• 현 楊平郡 鄕土遺蹟保護委員
• 현 울란바타르대학교 객원교수
• 현 韓國明倫會 理事
• 현 경원대학교 교양대학 교수
• 국립 울란바타르대학교 철학박사
• 민주평화통일 자문위원
• 성남문화원 향토사연구위원
• 현 城南市 地名委員
• 현 사단법인 華西學會 법인이사
• 현 몽골과학아카데미철학연구소연구원
• 현 대한검경일보 논설위원

▷편 · 저서

• 「李恒老의 衛正斥邪思想」(87) / 「李恒老先生의 生涯와 思想」(88)
• 「城南의 뿌리」(89) / 「城南二十年史」(91)
• 「國民倫理」(92) / 「城南의 地名과 人物」(94)
• 「人間과 倫理」(94) / 「楊平義兵運動史」(96)
• 「직업생활과 윤리」(98) / 「蘆山祠誌」(99)
• 「蘗溪淵源錄」(99) / 「성남 · 광주의 설화」(00)
• 「楊平義鄕誌에 關한 비판적 고찰」(01) / 「취업지도와 직업윤리」(01)
• 「乙未義兵記念碑白史」(02) / 「華西學派의 忠義孝烈錄」(02)
• 「暻園의 思索」(03) / 「李恒老와 華西學派의 斥邪思想 硏究」(03)
• 「양평의병기념관 건립 적지는 지평」(04)
• 「華西의 斥邪思想과 그 運動의 歷史的 思考」〔몽골어번역판〕(04)
• 「華西學派의 斥邪思想 硏究」(05) / 「한국전쟁 楊平戰亂史略」(05)
• 「蓬山書齋硏究」(06) / 「楊平人物誌」(06)

▷수 상

• 법무부장관 감사장 · 교육부장관 표창장
• 계간 '時調生活' 공모 신인문학상(시조) 수상
• 월간 '文藝思潮' 공모 신인문학상(수필) 수상
• 毅菴大賞(공로부문) 수상 외 다수

韓國思想과 敎養

2007년 2월 26일 초판 인쇄
2007년 3월 5일 초판 발행

지은이 | 장삼현
펴낸이 | 오판근
펴낸곳 | 교우사

주　　소 | 서울시 동대문구 제기2동 148-19
대표전화 | 925-2861
팩　　스 | 925-2860
전자우편 | kw2861@chollian.net
홈페이지 | www.kyowoo.co.kr
출판등록 | 1994년 3월 24일(제 6-0256호)

ISBN 978-89-8172-668-3(93150)
값 18,000원